新编21世纪
高等职业教育精品教材

市场营销系列

中国特色高水平高职学校建设项目成果
教育部骨干专业配套教材
浙江省重点建设高职院校成果
浙江省高职高专市场营销优势专业建设成果

门店运营与管理实务

Store Operation and Management Practice

（第3版）

主　编 / 陈杏头

中国人民大学出版社
· 北京

前言（第3版）

"门店运营与管理实务"是一门实践性非常强的应用性课程，随着社会技术和社会环境的变化，门店运营与管理的思想、理论、技术、方法和手段都在发生着变化，为跟上时代的发展，在本教材的修订过程中，编者着重于以下几个方面：

第一，为深入贯彻党的二十大精神，全面融入社会主义核心价值观，传承中华优秀传统文化，弘扬正能量，寓价值观教育于知识体系和能力培养之中，落实立德树人根本任务，体现育人与育才相结合的教学目标，本次修订在每个项目中增加了"学思之窗"任务，并将本教材第2版中的国外案例全部换成了国内案例。

第二，为进一步贯彻党的二十大精神，推动我国经济建设高质量发展，加快建设数字中国，本次修订除了3个不太适合的项目外，其余11个项目都增加了数字化内容。

第三，根据"三教"改革的要求，结合门店运营与管理实务实践性强的特点，本教材在内容安排上采用模块化设计，包括四大模块十四个项目，涵盖了门店开发、运营、管理的全过程。每个项目内含五大任务：大家来讨论、操作指导、案例学习、学思之窗和团队项目实战训练，通过边做边学、教学一体、深入思考、强化训练等系统性练习，着重培养学生日后成为店长所需要的综合能力。

第四，本教材配套了丰富的教学资源，包括教学课件、题库、视频、案例库等，用二维码来呈现微课视频、拓展知识，体现了新形态，实现了线上线下一体化教学，可充分满足学习者碎片化学习的需要。

在本教材的编写过程中，编者参考了大量的国内外专家学者的研究成果及相关文献，并得到了浙江苏宁易购商贸有限公司和中国人民大学出版社的大力支持，在此一并表示衷心的感谢。

由于编者水平有限，加上修订时间匆忙，书中难免存在不足或欠妥之处，新增的内容也可能不够全面、完善，敬请各位专家、同仁和广大读者批评指正！接下来编者将不断地进行修改、完善和补充，希望一如既往地得到大家的支持，谢谢！

编者

2023 年 4 月

前言（第2版）

连锁经营是现代化流通经营方式和组织形式。从全球范围来看，发展连锁经营已经成为现代商业与服务业共同的潮流。在我国，连锁经营已呈现出跨行业、多业态、全方位的发展态势。可以说，连锁经营越来越显示出强大的生命力和巨大的发展潜力。连锁经营企业的整体业绩取决于连锁经营企业各门店的日常运营与管理。因此，连锁经营企业的门店运营与管理直接影响连锁经营企业经营战略的实现。

同时，随着社会经济的发展和人们生活水平的日益提高，消费者购物已不再只是单纯的消费行为，而是通过轻松愉快的购物过程来满足心理上的享受，进而取得身心的满足和精神的愉悦，而门店购物已成为现代人快节奏的生活方式之一。作为门店的员工，最大化地满足消费者的需求是其价值的体现，这就对从事门店管理的工作人员提出了更高的要求。因此，学习如何有效地进行门店运营与管理，更好地满足消费者的需求就成了门店工作人员的当务之急。

门店运营与管理实务是一门实践性非常强的应用性课程，目的是通过门店运营与管理所涉及的各个项目对学生进行系统性的强化训练，让学生在学完具体项目后能够掌握门店运营与管理所需要的知识，具备相关的技巧和能力，着重培养学生日后成为店长所需要的综合能力。故本教材具有以下特点：一是根据门店开发、运营、管理的流程，考虑知识技能的模块化，将内容设计成四大模块十四个项目。模块一是门店开发与设计，包括门店开发、门店外部设计、门店内部设计三个项目；模块二是门店现场管理，包括商品陈列管理、理货作业管理、销售作业管理、促销管理、收银作业管理、防损管理六个项目；模块三是门店后场管理，包括商品采购与进存货管理、盘点作业管理、顾客投诉与顾客关系管理三个项目；模块四是店长综合管理技能，包括员工管理、突发事件和安全管理两个项目。二是在教材结构上，突出高职教育的实务性特征，强化案例教学。每个项目均先从若干个体现教学内容的实际案例入手，通过思考、讨论，以引起学生的学习兴趣，然后简单介绍相关的理论知识要点，接着重点介绍相关理论的应用操作，并尽可能通过实际项目或案例为学生演示如何应用相关的理论知识，最后在学生熟悉、掌握了相关操作实务后，再通过实训练习，使学生进行实际操作训练。

第 2 版在第 1 版的基础上，根据这几年教学的情况和门店的发展态势，对相关内容进行了修订，增删了一些内容。例如：对项目三中的商品配置部分进行了更新，更换了有小问题的磁石点示意图；项目六增加了很多真实的情景案例；项目十增加了采购的内容，删除了调拨作业；等等。此外，还更换了本书的大部分案例。因此，第 2 版比第 1 版更加科学合理，实践性更强。

在本教材的编写过程中，编者参考了大量的国内外专家学者的研究成果及相关文献，并得到了中国人民大学出版社的大力支持，在此一并表示衷心的感谢。

由于编者水平有限，书中难免存在不足或欠妥之处，敬请各位专家、同人和广大读者不吝赐教。

编者

2017 年 9 月

目录

模块一　门店开发与设计

模块二　门店现场管理

模块一
门店开发与设计

项目一　门店开发

知识目标

1. 了解门店开发的重要性
2. 掌握门店开发的流程

技能目标

1. 能够分析门店开发的环境
2. 能够分析门店开发的业态选择和经营规模
3. 能够运用相关的方法调查和分析商圈
4. 能够根据门店开发的目标和要求确定选址

任务1　大家来讨论

珠海奥园广场

一、项目概况

珠海奥园广场项目概况详见图 1-1 和图 1-2。

二、项目交通条件

项目四面临路、交通便捷，10 分钟直达唐家湾新城，是珠海各大高校师生往返主城区的必经之路，旅游路、梅界路、蓝盾路均为城市主干道，双向四车道、车流量大、展示面佳（见图 1-3）。

项目			指标
占地面积			6.2万㎡
总建筑面积			37.83万㎡
容积率			4.36
建筑密度			35.2%
其中	住宅		8.2万㎡
	办公		10.69万㎡
	商业	商业总面积	8.3万㎡
		购物中心	6.3万㎡
地下部分面积			10.38万㎡

图 1－1　项目概况 1

图 1－2　项目概况 2

图 1－3　项目交通条件

三、周边配套

项目位于新香洲与中山坦洲片区交汇处，紧邻梅溪牌坊等旅游景点，有较好的景观资源，周边高档小区、政府/文体单位聚集，各类配套齐全（见图1-4）。

图1-4　项目周边配套

四、项目3千米内人口统计

项目3千米内现有常住人口规模达20万以上，以新香洲中小学教职工、公检法等各级机关公务员及私企老板为主，未来将有近30万居住人口（见图1-5）。

项目	户数	项目	户数	项目	户数
富豪花园	188	招商花园城一期	290	俊明苑	200
中经花园	160	招商花园城二期	1904	太阳城	150
翠竹花园	195	翠景新村	864	都市文园	191
东方新地	180	晴朗新地园	302	新加坡花园一期	120
翠前新村	764	森宇鸿翠庭	250	新加坡花园二期	850
宝源花园	300	翠景苑	128	金桦城市花园	650
翠海新居	150	翠花苑	900	金梓苑	158
祥云新园	300	金鸿嘉利阁	454	龙光·海悦熙园	866
天诚花园	300	鼎城鸿馨园	480	香山人家	154
翠华·城市风景	468	中珠上城	1852	华发四季	1705
翠华新村	700	杏花苑	320	尚东领御	934
香洲安居园	446	仁恒星园	2000	方圆·明月山溪	81
君苑	150	龙光·海悦云天	757	凤凰别墅	80
怡景苑	200	嘉林苑	132	幸福里	824
富华广场一期	576	翠林美居	176	中颐海伦堡	6484
富华广场二期	1314	新景雅苑	276	海伦堡·海伦春天	4000
富康花园	610	丽景名城	236	金山城	390
金域华府	1612	翠景山庄	448	朝捷·锦绣明珠	2399
上林苑	154	阳光花园	555	合计	45116
吉祥苑	150	香都·三好名苑	539		
尚雅苑	180	新城市中心广场	250		
明珠花园	282	春泰新苑	198		
恒隆明珠	166	安景苑	300		
诚丰嘉庭	274	宝龙春香村	1100		
海宏苑	200	嘉景园	150		

图1-5　项目3千米内人口统计

五、项目辐射客群

项目辐射范围广泛，以周边 3 千米内常住人口为核心客群、高校大学生为重要客群、珠海游客为项目机会客群（见图 1-6）。

图 1-6 项目辐射客群

六、客群消费特征

周边客群家庭消费占比大、消费频率稳定，注重品牌档次及生活品质。全日制高校师生追求潮流，常举办聚会娱乐活动，群体消费潜力巨大。

（1）中高档小区密集，高度集聚珠海各类企事业单位职工，3 千米内客群收入稳定，受教育程度高；

（2）高校师生往返主城区必经之路，10 分钟辐射各大高校珠海校区 5 万学生。

七、楼层业态

项目合计可出租面积约为 57 199 平方米，共计 110 个品牌（见表 1-1）。地上部分业态主力店比例见图 1-7。

表 1-1 项目合计可出租面积

品类	数量	面积
主力店	4 家	23 073m^3
服饰	33 家	9 635m^2
潮流精品	11 家	2 189m^2
配套	16 家	4 442m^2
儿童	8 家	3 749m^2
餐饮	38 家	14 111m^2
合计	110 家	57 199m^2

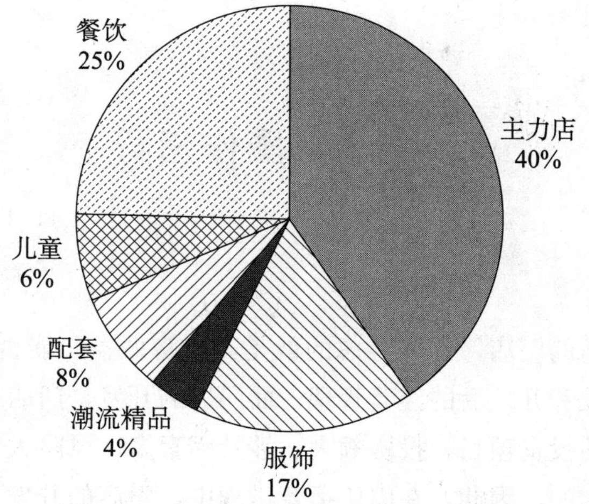

图 1－7 地上部分业态主力店比例

1. B1——优尚生活

B1 层定位为优尚生活，全层规划为国际品牌连锁超市，利用大型超市主力店吸引客流。

2. 1F——国际时尚主题

于项目两端入口布局休闲餐饮业态，项目东入口侧以国际二线/国内一线服饰为主，西侧入口以精品珠宝配饰为主。

3. 2F——都市潮流主题

该层围绕餐饮进行布局，以主中庭作为男女装分界点。西侧以女装为主，重点引入少淑品类；东侧重点引入休闲男装品类。

4. 3F——休闲亲子主题

该层主要考虑同类消费人群布局，东侧以儿童为主题，西侧以休闲运动及家居配套为主题。

5. 4F——娱乐美食主题

该层主要为影院、冰场及餐饮业态，餐饮布局于影院及冰场之间，以特色餐饮及休闲餐饮为主，搭配影院及冰场客群。

6. 5F——新派盛宴主题

该层以餐饮作为主力业态，引入美容护理等作为目的性消费品类，餐饮主要以具备吸客能力的品牌为主。

资料来源：道客巴巴，见 https://www.doc88.com/p－1721309427353.html.

讨论：

1. 你认为珠海奥园广场能取得成功吗？

2. 影响其成功或失败的因素有哪些？

任务2 操作指导

开发、建设一家新的门店，首要考虑的就是其经济效益。能否获得较好的经济效益，主要取决于门店的开发和开发后的经营管理。而门店的开发是门店运营能否成功的先决条件，尤其是大型门店的投资项目，投资额大、涉及因素多、风险大，其成功与失败所带来的收益或损失都是巨大的，因此，在门店运营过程中，门店的开发工作尤其重要。如果不按照科学的流程进行门店的开发，极有可能就会经营失败。

门店开发的系统流程如图1－8所示。

环境分析 → 门店业态选择和经营规模分析 → 商圈调查 → 商圈分析及确定 → 确定选址

图1－8　门店开发的系统流程

一、环境分析

门店经营是在一定的环境中进行的，应不应该开发、如何开发、开发效果如何，都要受到环境的影响。因此，开发、建设一家门店首先要对环境进行深入、透彻的分析，通过分析找出有利与不利因素，寻求机会，以便决定是否开展下一步工作。门店开发的环境分析主要包括以下内容：

（一）宏观环境分析

宏观环境分析主要包括：(1) 国内开店相关行业发展现状分析，如改革开放以来我国开店相关行业发展过程分析、目前开店相关行业发展状况分析等；(2) 未来几年影响开店相关行业发展的宏观因素分析；(3) 未来几年影响开店相关行业发展的国际环境分析，如世界局势、不同国家或地区的开店相关行业发展趋势及摩擦分析等。

（二）地区行业概况分析

地区行业概况分析包括门店拟开发地区的商业运行特点、整体发展状况和趋势、商业网点布局及规模、各种零售业态的优势及劣势比较、外商进入情况等。

（三）地区市场需求情况调查和预测

地区市场需求情况调查和预测包括对门店拟开发地区人口数量、人口结构、收入水平等情况的调查和预测。

（四）主要门店的竞争状况调查分析

商场如战场，这是早已被人们接受的观点。在某一地区开设门店时，第一要研究消费者，第二要研究竞争对手。

二、门店业态选择和经营规模分析

如果是独立门店或直营连锁，可以根据上述的调查分析结果，结合自己的资金实力及经营管理能力等因素，基于需要与可能性来确定拟建门店的经营业态和经营规模。例如：如果主营业态是大卖场，可以选择从普通超市进入；如果是特许连锁，那么开店业态必须按总部的要求予以选择。

三、商圈调查

商圈调查包括确定商圈范围、绘制商圈简图和搜集资料三个具体步骤。

知识点：

商圈及商圈调查法

（一）确定商圈范围

确定商圈范围非常复杂，受到很多因素的制约。用来确定商圈范围的基本因素如表 1-2 所示。

要确定未来门店商圈到底由哪些因素决定、商圈有多大，很难一语断定，必须视各个店铺的具体情况而定。

对现有商店商圈的大小、形态和特征可以较为精确地确定。在国外，一般通过信用卡和支票获取顾客的地址、购物频率、购物数量等情况；在国内，可以通过售后服务登记、顾客意向征询、赠券等形式搜集有关顾客居住地点的资料，进而确定商圈，如可以通过其他商店发放海报的范围来确定商圈，以及一些大型超市开设的免费班车的路线来确定。例如：杭州世纪联华某店开通了 6 条免费班车线路，西至闲林、五常，东至东山弄、浙大，南至古荡，其中有 3 条线路是往西的，也就是它的商圈以西为主。

新建门店的商圈范围相对难以确定，不过可根据当地零售市场的潜力，运用趋势分析方法，通过对城市规划、人口分布、住宅建设、公路建设、公共交通等方面的分析来确定。由于受各种因素的影响，商圈确定会存在差异，因此在调查时，通常可以配合单纯划

表 1-2　确定商圈范围的基本因素

商圈范围确定的基本因素	外部因素	量的方面	人口数量、人口密度、家庭数量 流动人口数量、客流规律 零售业销售额、营业面积 大型店状况 交通设施及交通量
		质的方面	年龄、职业、家庭人口构成 收入水平、消费水平 就业状况、产业结构 城市规划、城市间关系 竞争店、互补店的地区分布 市政设施、商业街的规模
	内部因素	主体方面	店铺规模、业态 商品配置、楼层构成及配置 吸引顾客的设施状况，如停车场 销售促进、营销及其活动组织状况
		附加因素	公共设施的配套

分法、经验法和数学分析法加以判断。

（二）绘制商圈简图

绘制商圈简图的目的在于从整体上了解欲调查的商圈范围与基本概况。简图中需标示出商圈的方位及地段，以及在此区域内的竞争店、互补店及人潮汇集的地段、大型集会场所、道路及巷子等。具体来说，在绘制商圈简图时需要标示以下内容：

(1) 重要的建筑物及楼宇，如办公楼；

(2) 著名商店及影响生活形态的地段特征，如影院、百货公司；

(3) 人潮汇集地段及大型场所，如超级市场、广场；

(4) 竞争店或同性质商店所在位置；

(5) 与本企业连锁店有互补作用的店铺；

(6) 政府重要行政中心；

(7) 车站、加油站、学校、停车场、公园等；

(8) 街道（单行道）行驶方向；

(9) 选择抽样点以及抽样时间。

视频：

门店选址

在商圈内设置几个抽样点对当地商圈进行实地考察及估算，目的在于了解人潮走向，推算人口数量、住户数量，明确交通状况、顾客购买力以及店铺的发展前景等。

一般要预先确定3～4个抽样点，其中尽量有1个抽样点为同性质的商店。除了选择抽样点外，还要选择抽样时间，应注意以下几点：

(1) 将一周分为两段，即周一至周五，周六、周日及法定节假日；

(2) 从早晨 7 时至 24 时，每两小时细分为一个小段；

(3) 以每 15 分钟为一个计算单位，计算抽样点的实际经过行人、非机动车及机动车数量；

(4) 将抽样计算人数转变以两小时为单位的行人流动数。假如 15 分钟内实际经过的行人数为 100 人，则两小时内行人流动数为 800 人。然后将其记入人流抽样调查表（见表 1-3）。

表 1-3 人流抽样调查表

抽样时间： 年 月 日 星期： 间隔时间： /次

区域	A			B			C		
时间段	1	2	3	1	2	3	1	2	3

（三）搜集资料

商圈调查的目的在于评估该商圈与拟扩张的门店的相容性、该商圈的市场容量、市场饱和度及发展潜力。具体而言，商圈调查所需搜集的资料如下：

(1) 商圈内人口数量、人口密度、人口增长率等。对于此调查一般可以通过户籍管理部门、居委会、物业或城建联络部门得到较为准确的数字。

(2) 年龄、教育程度、经济收入。包括商圈内人口的年龄分布、受教育程度、经济收入情况等。这些因素直接影响消费者的商品偏好、产品需求以及消费能力。

(3) 交通状况。交通因素至关重要，因为良好的交通可以带来大量的客流，提高商圈内的消费能力。商圈内交通的顺畅度、公交车的线路安排及站点设置、道路限制等，均会影响客流量。

(4) 商店分布情况及特色。包括建筑形态、行业形态、分布情况及地点类型等。应搜集、整理竞争店和互补店的相关情况。

1) 住宅特色。主要包括住宅建筑形态和分布情况。如建筑的高度、楼数、分布的区域、目前改建情况以及 1～3 年内改建情况。

2) 集会场所类型。了解本商圈内汇聚人流的场所类型，包括商店（肯德基、麦当劳、大型百货店等）、电影院、娱乐中心、学校、公园等。同时还要了解聚集人口的类型，是上班族、学生族、特定行业人士、家庭主妇还是其他人群。

四、商圈分析及确定

在对商圈进行了详细的调查、搜集相关资料后，接下来要对预选商圈作深入的分析。

商圈分析的目的有两个：一是确定此商圈是否具有开店的可行性，即确定网点开发的目标商圈；二是准确识别市场地理位置特点，作为具体选址的参考。

门店商圈分析包含的内容非常多，包括人口、消费、交通、竞争等诸多因素，但归纳起来可以将这些因素归结为商圈潜力分析、城市结构分析、商圈内竞争状况分析三大方面，最后形成商圈调查分析报告。

（一）商圈潜力分析

商圈潜力分析是指分析该商圈内消费者的生活状态，了解商圈范围内的人口数量、潜在消费额度、人们的消费行为等，了解商圈本身的转变情况以及政府规划情况，以确定其发展前景如何。一个门店的建立和发展依赖商圈范围内有充足的购买力。如果消费者没有相当的购买力，门店将难以为继。

1．商圈人口分析

具体包括：人口数量、人口密度、人口职业构成、家庭规模、男女比例、人口年龄比例、教育结构、小区规模等。

在商圈人口分析过程中，要注意三点：一是人口数量，门店所要求的商圈人口数量依规模、地点、竞争情况有所不同，店铺规模越大，要求的人口数量越多；二是空间障碍因素，如河流、沟壑会阻止部分消费者；三是竞争店因素，竞争店会瓜分市场份额。

在商圈人口分析过程中，要注意该商圈有无人口增加的潜力，在一个人口逐渐增加的地区开店容易成功，而在一个人口逐渐减少的地区开店容易失败。

2．商圈客流量分析

客流量的大小是门店成功的关键因素，客流包括现有客流和潜在客流，除固定商圈内居民外，流动的消费者也是门店一个重要的客户来源。随着交通的便利和生活方式的改变，流动的消费者比例有所增加。如果所选择的店址交通便利、人员来往频繁，无疑会给零售店带来可观的经济收益，所以商圈客流量调查不容忽视。例如：深圳罗湖区吸引香港过境人员购物的人数逐年增加，据不完全统计，平均每天出入罗湖口岸的人数达10多万人，节假日超过50万人；位于火车站南端的罗湖商业城日客流量达2万多人，节假日高达七八万人，其中90%是香港同胞，这给商业城的繁荣创造了得天独厚的条件。

（1）分析客流目的、速度、滞留时间。不同地区的客流规模可能相同，但其客流目的、速度、滞留时间各不相同。例如：车辆通行道的客流多，但客流的目的不是购物，客流通过速度快，滞留时间短。

（2）分析街道两侧的客流规模。由于交通条件、公共设施等影响，因此街道两侧的客流规模也有所不同，可选择客流较多的一侧。

（3）分析街道特点。选择开店地点时，还要分析街道特点与客流的关系，可选择交叉路口等客流集中、能见度高、交通便利的地点。

3. 潜在消费额分析

由消费者的收入水平可以知道其消费的可能性，并将每个人或每个家庭的收入与其他地区比较，以作进一步分析。消费水平资料是消费地区消费活动的直接指标，也是商店最重要的指标。借此我们可以了解每个人或每个家庭的消费情况，并针对消费内容依商品类别分别预测各种商品的消费额，作为企业决定商品结构时最重要的参考资料。

一个店铺究竟需要多大的潜在消费额，应根据店铺规划及利润目标来确定，其最低标准是：商圈潜在消费额必须大于店铺的规划销售额，并且这些潜在消费额应剔除店铺不经营的商品部分。

4. 消费者的消费倾向分析

门店选址时，仅对商圈内人口、收入、支出进行一般分析还不够，要在此基础上具体分析消费者的消费倾向，从而确定门店经营的目标市场，具体包括：

（1）消费者行为分析。包括消费者购买的动机与购买习惯、购买的时间与次数、购物地点和购买所用的交通工具。

（2）消费意愿分析。包括了解消费者感兴趣的商品与服务，对未来商店有何期望，希望在该地建何种规模和类型的商店。

（3）耐用品拥有率分析。主要是指家用轿车、电冰箱、微波炉等的普及率，这些耐用品的普及率直接反映出消费者的消费习惯。

对于消费者购买行为的调查，可以通过消费者购买商品时的活动范围及经常到哪家商店购买某种商品等获取信息，由此亦可获悉消费者购物活动的范围、消费者选择商品的标准与习惯。

5. 商圈未来发展分析

商圈的选择要分析城市建设的规划，既包括短期规划，又包括长期规划。有的商圈在当前情况下分析是合适的，但是随着市场的改造和发展将会出现新的变化，导致无法拓展新网点；反之，有些商圈从当前来看不甚理想，但是从规划前景来看，其今后会成为前景广阔的商业中心区。因此，企业经营者必须从长远考虑，在了解区域内的交通、街道、市政、绿化、公共设施、住宅及其他建设或改造项目的规划前提下，作出最佳选择。

（二）城市结构分析

城市结构分析即对该地区的地域范围、气候条件、交通状况、繁华地段、各项城市机能、城市发展规划进行分析。

1. 地域范围、气候条件

对地域范围与其腹地的大小都要分析，对于气候的特殊性也要稍加研究，零售商店的经营与气候因素也有相当大的关系。

2. 交通状况

一般而言，商店开设于交通枢纽比较好。因为交通网密布的地方，往往是人口集中或客流量特别大的地方，自然是开店的理想地点。交通路线与车辆往来班次、载客量都要列入调查、分析的范围。

3. 繁华地段

繁华地段往往是商店集中之处，因此商家应选择热闹地点开店，但是繁华地段在地价及租金上都较昂贵。在投资成本提高的状况下，如何有效利用地段优势，是在繁华热闹地段开店的考虑事项。

4. 各项城市机能

一般而言，商店位置若为行政、经济、文化活动等聚集之处，那么它的整个机能都易于发挥出来，如行政管理、商贸流通、娱乐、物品贩卖等机能。对于人口流动量的测算，究竟是以上下班的人流为主体还是以购物、社交、娱乐的人流为主体，都是调查分析时应明确的事项。

5. 城市发展规划

除了城市结构的现状外，城市未来的发展规划如交通网的开发规划、社区发展规划与商业区的建设规划等，都是开店时所需考虑的因素，这些因素对将来商圈的变化会产生重要影响。尤其是对于以连锁经营的方式发展的超市而言，不仅仅是单店的选址，还要考虑连锁网点的发展。

（三）商圈内竞争状况分析

商圈内竞争状况分析包括：竞争者的数量及规模、不同竞争者的优势与弱势、竞争的短期和长期变动趋势、商圈内市场饱和度等。下面着重介绍商圈内市场饱和度。

商圈内市场饱和指数可以用来判断商圈内有无再开店的市场空间。首先计算出饱和指数，然后分析新建门店对这一指数的影响。如果指数过低，达不到平均水平，则应放弃开店或缩小规模。

饱和度分析是利用成本效益方法，推算出每平方米必须实现的最低销售额，然后利用饱和度分析法确定能达到此指标的地区。饱和指数是指现存店铺每平方米营业额。新建店铺可能使这一指数降低，一定要考虑待建和正在施工的店铺面积。饱和指数高，说明该区域内每平方米的营业额高，在该区域开店较好；反之，饱和指数低，说明该区域内每平方米的营业额低，在该区域开店是不明智的。饱和指数的计算公式如下：

$$ISR=\frac{H \cdot RE}{RF}$$

式中：ISR 表示饱和指数，H 表示某地区购买某类商品的潜在消费者数量，RE 表示某地区每位消费者的平均购买额，RF 表示某地区经营同类商品的商店营业总面积。

[例 1-1] 某连锁零售企业计划开设一家新店，现有 A、B、C 三个地区供其选择。三个地区的购买商品的潜在消费者数量、每位消费者的平均购买额以及经营同类商品的商店营业总面积如表 1-4 所示，那么该企业应该选择在哪个地区开店？

表 1-4　某市三个地区商业圈商店饱和指数分析

项目	A 区	B 区	C 区
购买商品的潜在消费者数量（*H*）/人	60 000	30 000	10 000
每位消费者的平均购买额（*RE*）/元	30	35	40
经营同类商品的商店营业总面积（*RF*）/平方米	15 000	10 000	2 500
饱和指数 *ISR*=［（*H*·*RE*）/*RF*］	120	105	160

根据上述饱和指数计算公式，我们可以得出三个地区中饱和指数最高的是 C 区，因此应该选择在 C 区开店，从而可以取得较好的效益。

[例 1-2] 假设在商圈内有 10 万家庭，每周各家庭在零食方面支出 25 元，共有 15 个饱和店铺在该商圈内，共有 144 000 平方米销售面积。则该商圈的饱和指数为：

$$ISR=\frac{H \cdot RE}{RF}=\frac{100\ 000\times 25}{144\ 000}=17.36$$

饱和指数越高，表明该商圈现有卖场面积对于居民来说越少，或者说明商圈的饱和度越低。

饱和指数与商圈发展潜力大小组合后会出现四种状况，如图 1-9 所示。

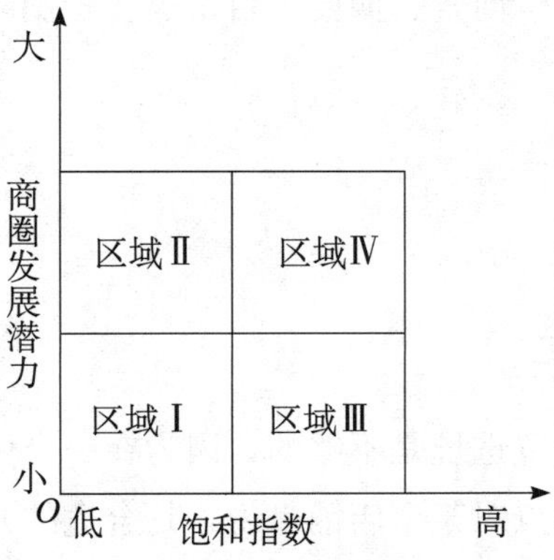

图 1-9　饱和指数—商圈发展潜力组合

对于门店来说，最具有吸引力的商圈是区域Ⅳ（饱和指数高且商圈发展潜力大）。饱和指数高而且有很大的发展潜力，该商圈的市场总需求就会增加，在该区域开店较为理想。对于区域Ⅰ（饱和指数且商圈发展潜力都低），竞争激烈且发展潜力有限，对门店的吸引力也小。对于区域Ⅲ（饱和指数高但商圈发展潜力小），门店的发展空间不大，该商圈的吸引力也不大。对于区域Ⅱ（饱和指数低但商圈发展潜力大），该商圈虽然发展潜力大，但是竞争非常激烈，已有多方投资者进入，若在此区域开新店，就必须和已有商店竞争，只有具备一定的竞争实力和经营特色的门店，才能进入此种类型的区域。

（四）商圈调查分析报告

通过以上的商圈调查与分析，最后形成的是为经营决策提供依据的书面报告，即商圈调查分析报告。它是商圈调查分析结果的具体体现。商圈调查分析报告的具体内容包括以下几部分：

（1）调查的背景。包括企业的发展形势、企业的扩张战略、企业的开店策略、国家的政策背景、店铺所处行业的发展前景等。

（2）调查的目的。主要是获得有关商圈范围、商圈性质、商圈结构、商圈发展规模等方面的资料，为开店决策、经营操作提供依据。

（3）商圈调查的内容与因素，具体见前文表1-2。

（4）商圈调查与数据处理的方法。主要有观察法、经验法、直接询问法、间接调查法、对手分析法、专家判断法、雷利法则。数据处理包括资料的统计分组、频数分布与累计分布、绘制统计图的类型。

（5）报告结果。应按一定的逻辑顺序提出紧扣调研目的的一系列结果，其主要包括数据结果（消费水平）、现象结果（汽车的档次、住宅的类型）、政策结果（导向问题）、趋势结果（威胁与前景）等。

（6）结论与建议。主要包括肯定与否定的意见，针对意见提出下一步的举措或思路。

（7）体现形式。包括封面、前言、摘要、目录、各种图表、报告正文、调查表、参考资料、被访问人员名单等。

五、确定选址

（一）选址评价参数设定

仅仅作出了店址的区域位置选址是不够的，因为在一个区域内，一个门店往往可以选择好几个开设地点；但有些地点对某个店铺来说，是合适的开设地点，而对另一个店铺来说，就不一定合适。因此，一个新设商店在选择好区域位置后，还要切实考虑多种影响和制约因素，选择具体的开店地点。

选择门店地址时，可以对多个备选地址设置选址评价参数及其权重，选址评价参数归纳如图1-10所示。

企业可以根据自身特点从以上参数中选择几个来进行排序，设定每个参数的权重，也可以根据实际情况再添加几个参数。例如：某企业要在店址1、店址2、店址3中作出最佳选择，各参数对应数据如表1-5所示。

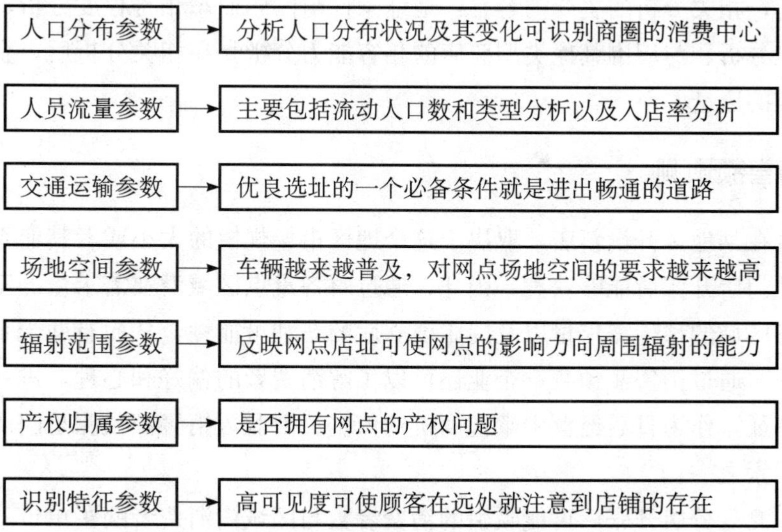

图 1-10 选址评价参数

表 1-5 店址评价参数计分表

评价参数	交通运输	辐射范围	人员流量	竞争状况	人口分布	场地空间	加权平均值
权重	6	5	4	3	2	1	10
店址 1	8	8	9	2	3	2	6.57
店址 2	6	6	5	7	4	4	5.67
店址 3	6	4	6	8	6	7	6.00

上例中，首先，企业可根据自身特点将评价参数设定为 6 个，分别是交通运输、辐射范围、人员流量、竞争状况、人口分布、场地空间，然后按重要程度分别赋予 6、5、4、3、2、1 的权重。

其次，设定好店址评价参数及每个参数的权重后，就可以根据店址分析所得到的资料给每个参数打分，总分 10 分。分数越高，代表该参数越有利于新店的开发。

最后，计算出各店址评价结果的加权平均值。

通过计算，可知店址 1、店址 2、店址 3 的加权平均值分别为 6.57、5.67 和 6，即店址 1＞店址 3＞店址 2。但是并非加权平均值最大的店址就是最佳选择，还需要对排位在前面的店址进一步作相关分析。

上例中，虽然通过计算得出加权平均值为店址 1＞店址 3＞店址 2，但是从备选店址的参数得分中可知：店址 1 竞争激烈，进入这一市场可能会因竞争过度而无利可图，甚至可能会使企业经营陷入困境；店址 2 位于流动人口多、居住人口少的商业区，这与便利店接近居民区的要求相差较远；店址 3 的流动人口多、人口分布集中、竞争者少、交通运输和场地空间条件较好。相比之下，店址 3 是最佳选择。这一分析过程就是企业优化决策的过程。

一般而言，相关分析的主要内容有：地址条件与门店业态相符程度分析、销售前景分析、竞争地位分析、与周围其他类型商店的相容能力分析。在相关分析后，企业可以找到预期获利最佳的店址。

（二）销售额预测

企业是否在某地区开设新店，取决于这个地区市场规模的大小或者其能否在将来迅速发展，以保证门店开张后能够获利。因此，通过对各重点区域潜在需求量的定量分析，企业可以发现各区域的预计需求量以及门店设立后的获利可能性，从而有助于企业选定具体的店址。此外，通过销售额预测，企业还可以了解消费者的偏好和心理，进一步分析市场商品需求的特征，作为日后经营中掌握商机的依据。因此，销售额预测是门店开发过程中必须考虑的因素之一。

销售额预测是分店开张后可能吸引的消费者数与区域内消费者购买单价（消费者平均购买金额）的乘积。消费者购买单价等于所售商品平均单价与消费者平均购买件数的乘积。具体的预测方法有：

1. 占有率法

占有率法的计算公式为：

预计销售额＝潜在需求额×商圈内市场占有率

市场占有率由各商圈吸收率来体现，各个门店对三级商圈的吸收率的判定各有不同，主要根据以往的经验以及对商圈和本身经营属性的定位来判定。如果在商圈内竞争对手与门店本身的竞争实力相当，市场占有率可等同于营业面积的占有率。

［例1-3］某连锁企业想开设一家新店铺，在商圈范围内共有6 000个住户。其中，核心商圈3 000户、次级商圈2 000户、边缘商圈1 000户，三级商圈占有率分别为20%、8%、3%，每户每月的平均支出额约为2 000元，该店销售的食品支出额占30%，预计该店的月销售额与年销售额。

每户每月食品支出额＝2 000×30%＝600（元）

三级商圈的食品需求额分别为：3 000×600＝1 800 000（元）

2 000×600＝1 200 000（元）

1 000×600＝600 000（元）

月预计销售额＝1 800 000×20%＋1 200 000×8%＋600 000×3%＝474 000（元）

年预测销售额＝474 000×12＝5 688 000（元）＝568.8（万元）

2. 购买力预估法

购买力预估法的计算公式为：

日销售额＝顾客数×购买金额

顾客数＝（家庭数＋流动人口数）×支持率×日光顾率

购买金额=所售商品平均单价×顾客平均购买件数

企业要想对每个区域及包含其中的具体店址进行评价，需要做大量的分析。在任何区域，对某一特定商店而言最合适的店址，被称为百分之百店址。由于不同类型的零售商需要不同类型的位置，对某个企业而言是百分之百的店址，对另一家企业而言可能就不是最合适的，因此，一家中高档女士服装店要寻求的店址不同于一家便利店要寻求的店址。该服装店需要巨大的客流量，靠近大百货公司，接近其他专业店，而便利店则适合选择配置宽敞停车场以及车流密集的位置，它不需要靠近其他商店。

选择门店位置时，零售商应根据众多的评价参数逐步评价备选地段（或店址），并对每一项作出全面评价。不同企业对同一个位置的评价可能差异较大，这取决于企业自身的要求。

六、数字化门店开发

2021 年 3 月 11 日第十三届人民代表大会第四次会议通过的《国民经济和社会发展第十四个五年规划和 2035 年远景目标纲要》明确指出，加快数字化发展、建设数字中国成为重大发展战略。如何迎接数字时代、激活数据要素潜能、驱动数字化商业赋能是所有商业决策者面临的课题。市场洞察与规划是商业行为的前驱，数字化成为必不可少的催化剂。

视频：

大数据选址

快速地认知市场环境、科学规划市场布局、高效地选择目标店址，并有效地获得预期收益是门店成功的关键。而数字化可以在其中扮演很重要的角色。

（一）数字化门店开发的基本步骤

1. 大数据助力筛选目标城市高潜力商圈

借助于数字化工具获取相关数据，如城市概况（城镇化率、辖区等）、经济概况（房价等）、片区概况、POI 概况（住宅小区、写字楼、学校、医院等）、人口概况等，多维度动态数据可实现对目标片区客流的全面、准确分析，筛选出符合自身商业布局及运营属性的高潜力优质商圈。

2. 以科学模型给目标店址评分

在确定高潜力优质商圈后，再利用相关的软件或程序对商圈内的目标店址进行数据分析、对比、逐一打分，获取店址评估排行，并综合考虑量化指标和非量化指标，选择几个目标店址。

3. 预估营业额，提升开店成功率

营业额与成本之间的平衡，以及营业收入的可持续性，是店址选择正确与否最直观的衡量标准。确定了目标店址后，往往想要提前预知选择的店址能否达到盈利预期目标，但有时候高分店址选择机会较多，超出了预期开店数量。因此，还要以已开业的某个单店为样本，通过对已开业店铺的营业额、营业成本等多维度的重要指标与目标店址进行类比分析，以此对目标店址的营业额进行预测，完成店址优中选优，最终确定店址，提升开店成功率。

总的来说，在数字化大战略背景下，以科学方法，应用大数据的门店选址是更经济、更便捷、更高效、更精准的选址方式。

（二）数据来源

数据来源包括：专业化的数据提供商、自己调查的数据、公开的统计数据、自有的App、数字化地图、社交软件、支付平台、交易平台、其他 App 等。

（三）数据分析工具

数据分析工具包括：商业化机构、专业化软件、自己开发的软件等。

任务3 案例学习

案例1 中国便利店之王每月新开店 200 多家，营收超百亿元

一说起便利店，国人很快就会想到 7-Eleven、全家、罗森，似乎只有上述便利店才是正宗的、主流的、上档次的。殊不知这些国外品牌便利店却是中国本土便利店的手下败将。

根据德勤研究的数据，中国便利店排名第一的是本土品牌美宜佳，全家排名第四，7-Eleven仅排名第五（见图 1－11)。

值得注意的是，7-Eleven 早在 1978 年就已进入中国，而本土品牌美宜佳成立于 1997 年，比前者晚 19 年。

起步晚、底子差的美宜佳，靠什么打败了行业巨头 7-Eleven?

1. 中国便利店之王

创始人叶志坚是土生土长的东莞人，在创立美宜佳之前，他还是东莞市糖酒集团的董事长。不只美宜佳，东莞市便利店第二名天福便利店和第三名上好便利店也都出自糖酒集团，前者是叶志坚的秘书创办的，后者曾经是第一代美宜佳店主。可以说，东莞所有便利

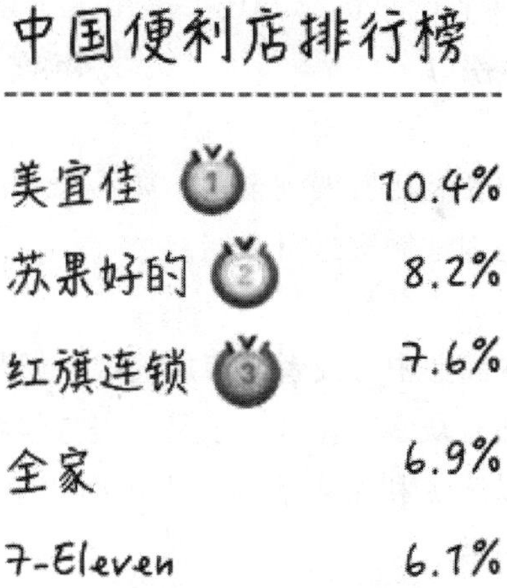

图 1－11 中国便利店排行榜

店都具有美宜佳的血统，创始人叶志坚也因此被誉为“东莞零售业教父”。2016 年，叶志坚荣获 CCFA 中国连锁业终身成就奖，这是中国零售业的最高奖项。

然而，在 1997 年，美宜佳的前身美佳超市刚成立时，叶志坚可没那么风光。那两年，他颇感压力。彼时，世界零售巨头沃尔玛、家乐福相继进入东莞，它们的营业面积在 10 000 平方米左右，而占据糖酒集团一半营业额的美佳超市只有 300～500 平方米。与前两者相比，美佳超市根本微不足道。但是，叶志坚果断地选择了转型，学习 7-Eleven 的模式，把店做小，成立美宜佳便利店（见图 1－12）。

图 1－12 美宜佳便利店

经过 20 年的博弈，美宜佳非但未被外资超市打败，反而越发壮大。截至 2018 年 5 月，美宜佳在全国（不包括港澳台地区）的门店数超过 13 000 家，比上海农工商超市集团（拥有好德、可的）和 7-Eleven 的总和还要多出上千家，是当之无愧的“中国便利店之王”。

2. 美宜佳的逆袭之道

美宜佳能从一个地方的小便利店发展到全国，离不开“创新”二字。这种创新，不是简单地复制国外的模式，而是因地制宜进行改造。

■ 把店开到工业区

7-Eleven 便利店一般开在商业中心或者城市居民区，但是东莞却是一个“世界工厂”，没有严格意义上的市中心，拥有众多工业区。于是，美宜佳就把门店的选址放在工业区周围：一来人流密集，二来可以避免和家乐福等巨头正面相争，从而化整为零、遍地开花。图 1－13 为早期的美宜佳便利店。

图 1－13　早期的美宜佳便利店

■ 放低门槛，开放加盟

与 7-Eleven 高昂的加盟费和阶梯式抽成不同，美宜佳从一开始就决定走特许加盟扩张之路。只需一次性投入最高 20 万元的资金，即可开店当老板。这是一个连打工族都可以实现的梦想。在这种刺激下，美宜佳的门店数量很快就翻番了。

■ 学习 7-Eleven，建立供应链

刚开始，美宜佳并未强制性要求加盟商统一采购和配送，而是让他们自己解决，但随后不少加盟店出现了商品质量问题，直接影响美宜佳的声誉，于是，美宜佳决定整顿，学习7-Eleven，建立供应链。

一方面，全面引进 POS 系统，解决总部与门店之间的衔接需求。但是，1 万多元的 POS 机比 3 000 元的收银机贵太多，很多加盟商不愿意更换，最终导致 1/4 的加盟商退出，他们另行成立嘉和便利店公司。到今天，美宜佳风生水起，而东莞街头却已很难见到嘉和便利店。

另一方面，完善物流。2002 年，时捷物流成立。随后，美宜佳又兴建了两万平方米的仓库。到 2012 年，时捷物流每天都有几百辆货车为店铺配送货品，美宜佳门店实现了两天配送一次。完善了供应链这一关键服务之后，美宜佳就此进入飞速发展的时期（见图 1－14）。

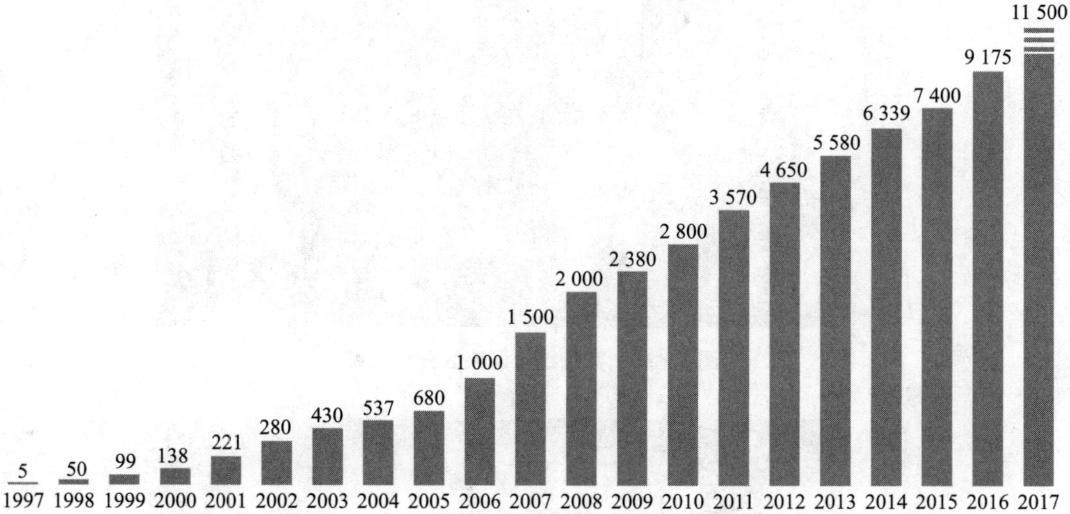

图 1－14　美宜佳 1997—2017 年店铺数量增长

3. 新零售时代，美宜佳的挑战

2018 年 6 月，在北京举办的中国便利店大会上，叶志坚表示，在新的时代下，美宜佳正在谋求经营方式的变革，通过打造三大平台，实现从便利店渠道商向服务商的转型。这三大平台是指：供应链数据化平台、门店智能经营平台、会员精准营销平台。这三个平台要完全建立起来，需要强大的数据支撑。为此，美宜佳做了以下的改变：

■ 便利店智能化升级

雅量科技是中国知名的客流统计系统品牌，此次参与美宜佳的改造，增加了客流统计、人脸识别、热区分析、巡店等全套的零售科技，帮助智能化、精准化管理客流，提高商品整体成交率（见图 1－15）。

■ 数字化会员

对美宜佳来说，拥有 1 万多家门店，每天接待超过 350 万顾客，庞大的会员数据是美宜佳最大的财富。在外卖还不像如今这么便利的时期，美宜佳就已经能够实现微信点单、送货上门了。线上线下会员体系的打通，使得美宜佳顾客画像和需求规律总结也更加精准。数据显示，以前每周来店里消费 2 次的用户，现在增加到 5 次。

■ 升级门店，更多便利

对于顾客来说，便利性是选择便利店最关键的指标。最新升级的美宜佳门店不仅提供新鲜食品、日常用品、粮油副食、个护化妆品等消费品，还提供充值缴费、代收代寄、便民支付等 20 余项生活服务，并且已开始尝试经营十几种广式早茶（见图 1－16）。

图 1-15　客流统计、热区分析系统

图 1-16　最新升级的美宜佳门店在功能上强化了鲜食区和休闲区

但是，美宜佳的形势非常严峻，且不说便利店行业本身竞争激烈，在新零售时代，阿里巴巴、腾讯、京东、苏宁等巨头都纷纷参与到便利店行业。可以说，中国便利店即将迎来一场前所未有的数字化改革。但事实上，这已经是叶志坚领导的糖酒集团第三次转型了。早在 1990 年，还是供销社的时代，叶志坚就发现这种模式无法跟上时代的潮流，于是果断率领团队进行改革，学习国外先进零售经验，成立本土化连锁超市——美佳超市。之后，美佳超市又再次转型成为美宜佳便利店。

可以说，创新、颠覆是美宜佳的基因。

资料来源：搜狐网，见 https://www.sohu.com/a/259171054_99890220.

问题

分析并总结本土便利店打败国际化连锁店的原因。

案例 2

林先生的火锅店

林先生原本是一家 IT 公司高管，在成功赚到了人生的第一桶金后，开始把视线投向传统餐饮行业。虽说林先生对餐饮业有着极大的热情，但由于没有行业的相关经验，在征询了朋友的意见后决定加盟一家成熟的品牌。他认为借助成熟品牌和管理可以让他这个外行变成内行。

经过一番选择和比较，林先生最终选择了一家在行业内有极强影响力的火锅品牌。同时，林先生的选址计划也在推进。很快，一个位于十字路口黄金码头的门面进入了林先生的视线。林先生有个观点：经营餐饮店，地段很重要；贵一点不要紧，关键要看人气。

这一地段周边是几家大的手机卖场，没有同类火锅店作为竞争对手，林先生似乎看到了广阔的经营前景，按照总部对物业的要求，几轮谈判，场地很快就敲定了。

开业、促销都按照计划如期进行，但是生意却不尽如人意。即使是开业促销，也是勉强坐满。林先生开始有点不明白了：如此黄金位置，人流也不缺乏，为什么生意却不上门呢？然而就在距离火锅店不到 1 000 米的另外一条街上，七八家火锅店每日顾客盈门，排队候餐的场景每天都在上演。前期的大手笔投入和现在不温不火的现状让林先生陷入了困惑之中。

资料来源："学习啦"网站，见 http://www.xuexila.com/success/chenggonganli/1262694.html.

问题

林先生火锅店失败的原因是什么？

任务 4 学思之窗

便利店助解老龄化问题

根据国家统计局的数据，截至 2019 年末，我国 60 岁及以上老年人口达 2.54 亿，占总人口的 18.1%，而据全国老龄工作委员会办公室、中国老龄协会编印的《奋进中的中国老龄事业》，2035 年和 2050 年前后，老年人口占比将分别超过 1/4 和 1/3。

一、老龄化给便利店带来了发展机遇，便利店也能为老年人提供更多便利

老龄人口的不断增长，导致了更多便利性的需求，老龄化社区是伴随人口老龄化应运

而生的名词，而随着我国老龄化程度的不断加深，老龄化社区在全国社区中的占比将越来越大。老龄化带来的诸多问题、老年人的生活作息和消费特征，都将为社区周边的服务性设施带来新的变化。由于社区的老龄化，老年居民的出行半径会大幅度变小，因此针对老龄化社区的消费服务中，便利性成为最重要的目标，而便利店在地理位置方面和服务方面的特色、优势，使之成为老龄化社区服务必不可少的设施之一。

人口老龄化是不可逆的趋势，而老年人也带动了消费市场的变化，促进了便利店的创新发展。一方面，老年人的活动习惯成为便利店发展的有利市场。老年人由于身心所处的特殊时期，其活动习惯与年轻人相比，更倾向于深居简出。据可靠资料表明，许多老年人特别是男性在退休之后更多的时间是待在家里，即便外出活动也仅限于社区附近。这让小型的可以入驻社区的针对特定群体顾客的便利店获得了足够的消费市场。另一方面，当前许多老人处于空巢状态，通常只有老两口共同生活，子女不在身边，衣食起居是生活中必不可少的活动，而老年人的体力、精力有限，因而需要开发更多的服务项目，以满足老人们的服务需求，而这些也是便利店可以开拓的更大的市场空间，能够间接推动便利店的创新发展。

二、完善和创新便利店服务，满足老龄社区的需求特点

1. 精准分析老龄化社区顾客需求，重视商品组合，在有限的空间里推出更多高性价比精品

由于老龄化社区内的便利店针对的是本社区的相对固定的顾客群，因此，在店铺规模上不宜过大，而在货品的供应上也不应一味求规模、求全面，而应在有限的空间内合理地实现商品组合，提升单项商品的性价比和出货量。便利店销售的最大弊端就是顾客想买的商品缺货，卖不出去的商品却占据大批的货架，所以，提升便利店服务特色能力，就是要针对便利店所在老龄化社区的顾客群体进行精准的分析，保障畅销商品的供应，推荐给顾客更多性价比高的新品、精品，为顾客带来满意的商品体验，从而提升顾客的来店频率，提升销售额。

日本国内便利店的成功经验表明，便利店内最受欢迎的是丰富多样的快餐食品。随着年龄的增长，老年人的精力有限，越来越多的老年人倾向于选择方便、快捷的用餐方式，便利店的快餐、简餐成为老年人比较喜欢的选择。因此，强化便利店的服务特色，可以在快餐食品的丰富性、多样性上多做努力（如 7-Eleven 的快餐和每日配送食品占到了门店销售额的 1/3 以上，而且这些快餐食品都是自我开发的，不断进行商品的更新，保持顾客的新鲜体验），提升食物的新鲜度、口感，开发针对老年人口味、喜好的特色食品——低糖型简餐、降脂型快餐等，都是提升便利店综合竞争力的手段。此外，还可以配合老年人其他特征加强便利店的特色，如在店中提供可以休息的座椅，让老人购物之余可以吃东西、

聊天；商品的价格标签放大字号，方便老年人辨认等。

2. 创新服务内容，提升服务能力

老龄顾客对便利店额外服务的需求往往更多，老龄化社区的居民由于年龄层的原因，可能会出现腿脚不便的情况，因此仅在便利店内为社区居民提供服务是远远不够的。老龄化社区的便利店不仅在商品提供上要满足前述要求，而且提供的服务更要全面，如送货到家、ATM取款、打印、缴费等服务，这些功能将大大满足消费者的“一站式”购物消费需求，不仅增加了便利店的收入，而且将改善便利店的顾客流。除此之外，还可以依据所在社区居民的需要，增加类似“物业”的工作，如疏通下水道堵塞、更换灯泡、搬运大型垃圾等生活琐事，提升顾客的消费满意度。

3. 与时俱进，构建线上线下一体化运作模式

尽管老龄化社区内便利店面对的主要服务对象是老人，但便利店线上、线下一体化运作模式是不可逆转的趋势，而且老龄化社区的居民也不单单是老人，其他居民也应是便利店的服务对象，并且随着网络科技覆盖率的增加，越来越多的老年人也成为网络的“熟人”，也习惯了线上的一些消费模式。因此，便利店不能忽视线上的服务内容，在经营实体便利店的同时，可以建设线上店铺，拓展服务范围，为习惯线上购物的顾客或者不方便下楼的顾客提供服务，使之享受到更加人性化、便捷的购物体验。同时，开通网上店铺，还可以方便独居老人的子女了解老人的生活情况，如客户可以在网上为独居老人订餐，便利店店员在送货时可以顺便了解老人情况，并通过网络反馈给客户。

资料来源：参考网，见 https://www.fx361.com/page/2018/0311/4990320.shtml.

任务5 团队项目实战训练

1. 建立项目团队，讨论模拟项目。

2. 以团队为单位，在前期做好开店计划后，对所在区域进行宏观分析，并拟定开店的目标区域，制定商圈调查分析计划书。锁定预设店址，进行深入的调查分析后确定选址。

需撰写商圈调查分析报告或者准备商圈调查分析汇报资料（PPT文件），在全班汇报。

项目二　门店外部设计

知识目标

1. 对门店外部整体的设计有清晰、全面的认识
2. 了解和掌握门店外观设计的原则与风格
3. 掌握店名、店标、店门、招牌、橱窗、外部环境等设计原则、要求和方法

技能目标

1. 能够进行店面外部布局
2. 能够设计店名
3. 能够设计店标与招牌
4. 能够设计门脸与橱窗
5. 能够进行门店与外部周围环境的协调设计

任务1　大家来讨论

金利来的终端形象设计

金利来品牌由曾宪梓先生于1968年在香港创办，创业伊始主要是家庭作坊，制作领带。历经半个世纪，金利来的业务由手工制作领带扩展至成衣、鞋履、皮具、配饰等男士高级服饰全系列产品。1984年，金利来产品开始进军中国内地市场。金利来集团在中国市场经过十余年不断革新，已成功地树立起“金利来”的金字招牌。

该集团已将金利来的优良形象植根于消费者和社会公众心中，凭借长期作用的形象力，影响了消费者的购买行为。金利来的形象经营目标是致力于在社会公众与消费者中塑

造良好的企业形象、诚信的商业形象、卓越的品牌形象。金利来务求营造一种形象氛围，这种氛围足以令消费者在购买金利来产品时，产生一种自豪感、高贵感、享受感。从这种感觉中折射出金利来的产品形象、商业形象、企业形象。

金利来以成功的、成熟的男士，以及上班族中的白领阶层为目标群体，吸引了更多阶层人士的追求。金利来品牌形象和商业形象的塑造还与价格定位、广告策略、专卖店形象等相关。

金利来专卖店专柜统一设计为红、黑、白三种颜色，搭配产品精美的包装，彰显庄重、高贵；经销商的领带经销三原则——统一定价、现金交易、不得挑选花色等，均与金利来的品牌地位、形象定位相关，从而使金利来终端形象逐步确立（见图 2-1）。

图 2-1　金利来终端形象

金利来商标（见图 2-2）是公司创始人曾宪梓先生亲自设计的，它包括商标图案，品牌名“goldlion”，中文“金利来”，三者构成了一个整体。

图 2-2　金利来商标

品牌名“goldlion”的中文译意为“金狮”，是喜庆吉祥的象征，给人们带来幸福。狮为百兽之王，喻示在服饰行业里，独占“男人世界”的鳌头，具有王者的风采，创出中国名牌、世界名牌。但是，粤语“金狮”和“今输”谐音，为免有的顾客忌讳，便把英文 goldlion 之“gold”意译为“金”，“lion”音译为“利来”，再合二为一，便成了今天的

"金利来"。中文品牌名的改动既不失原来金狮的王者风范，又含有金利滔滔的佳兆，牌名响亮、雅俗共赏、大受欢迎。

金利来的商标图案由 goldlion 的缩写 GL 拼合而成的，其内涵还是金狮，其视觉形象则使人们联想到 G 是地球、L 是金狮，地球上雄踞着一头金狮唤醒东方，预示金利来的产品有无限广阔的前景。英文标准字用毛笔书写，独辟蹊径，飘洒起伏的笔画间描绘出丝绸之路的逶迤，闪动着东方民族的神韵。

资料来源：百度百科，见 https://baike.baidu.com/item/%E9%87%91%E5%88%A9%E6%9D%A5/1306410?fr=aladdin.

? 讨论：

1. 门店外部设计应具备什么样的特征、达到什么目的？
2. 门店外部设计的要素包含哪些？每个要素的设计有什么要求？

任务 2 操作指导

太多店铺意味着消费者有太多的选择，而消费者一般在购物时决定是否进入店铺的时间只有 1 分钟甚至几秒钟，如何在短短几秒钟时间里吸引消费者进入店铺，是门店经营成功的关键一步。根据相关统计，消费者对门店的第一印象往往来自：视觉形象（62%）、推荐或传说（18%）、促销或活动（12%）及其他（8%）。由此可见，门店的外部设计关系到门店经营的成败。

门店外观设计具有方便消费者和广告促销的作用，包括店名、店标、店门、招牌、橱窗及外部环境等。优秀的店铺外观设计能够向消费者传递有价值的信息，包括店铺的规模、档次、风格、经营特色、经营理念及经营主题等，它能吸引消费者注意店铺、走进店铺，从而创造更多的经济效益，同时也装点、丰富了城市环境，体现了现代都市的整体秩序和商业风貌。

一、门店外观设计的原则与风格

（一）门店外观设计的原则

1. 突出经营特色

店面设计必须符合自身的行业特点，从外观和风格上使人一目了然地了解店铺的经营特色。这是店铺外观设计的基本要求。

2. 醒目、刺激消费者

开设店铺的目的是让消费者消费，消费的前提是进入店铺，进入店铺前必须先关注店铺，而关注店铺的前提是店铺给消费者以刺激，使消费者一看外观就驻足观望并产生进店购物的欲望。达到醒目、刺激消费者的手段很多，新颖的店名、简洁明快的标识、醒目有特色的装饰物等都是不错的选择。例如：台湾一家零售店在店前设置了一个高约1米的塑像，该造型以该店老板为原型，只是进行了漫画式的夸张，这一塑像每天都站在店门口笑容可掬地迎来送往，吸引了不少消费者。但采用这种方法需要注意两点：

知识点：

CIS

（1）装饰宜简洁，色彩要协调。装饰不宜采用过多的线条分割和色彩渲染，以免消费者产生视觉疲劳；色彩要统一协调，不宜采用生硬的、对比强烈的色彩。例如：白、蓝、黄等比较常见的颜色不会用在时尚服装店面装饰上，白色一般用于正装，黄色一般用于童装，而时尚服装店面应该选择黑、大红、灰、亮白、银等一些比较年轻化和时尚气息比较浓的颜色。协调的店铺主体颜色不应超过3个，且应与店铺经营类型风格相联系。

（2）与周围环境要协调。外观设计要与周围商业设施相区别，给消费者以鲜明醒目的印象，但也要注意造型与色彩的整体效果，不宜与周围商业环境反差过大。若外观设计风格过于迥异，反而会使消费者难以接受，从而影响销售。

3. 方便消费者，服务大众

门店外观设计必须坚持以消费者为中心的服务宗旨，方便消费者、满足消费者多方面的要求是门店经营的基本点之一。方便消费者的内涵可从以下几个方面理解：

（1）从交通往来角度：方便消费者寻找、到达和离开店铺。

（2）从交通工具停放角度：有宽畅方便的停车场，出入畅通无阻，且收费合理。

（3）从进入店铺角度：出入口标识清晰，店门外不能有任何障碍物，让消费者能顺利方便进入店铺。

4. 注意安全

门店是人口密集的地方，也是货物、资金、设备集中的地方，一旦出现安全事故，后果不堪设想。因此，进行店铺外观设计时不能降低对安全事故的防范意识，如发生倒塌、火灾、疾病、地震等情况时，如何安全撤离或采取有效的应急措施等。

5. 遵纪守法

店铺外的灯箱、布告板、宣传栏等的设计与安装要遵守交通法规或城管条例。

（二）门店外观设计风格的选择

1. 门店外观风格的类型

个性化的门店风格具有能够强化人们对店铺识别和记忆的功能，能展示企业经营的文化底蕴和经营理念，激发人们的购物欲望，对购物活动产生积极影响，并建立良好的销售形象。和谐完美的购物环境能愉悦人们的心理，进而起到促销作用。

市面上众多的店面设计可以按其风格归纳为两大类：一是趋前性设计，二是趋后性设计。

（1）趋前性设计。店铺不拘泥于旧有的店面风格，一切从新、奇、美的角度出发进行创作，采用富有新意的设计理念。

根据设计思路的不同，这类设计包含先锋派与现代派两种不同的风格。

先锋派风格设计构思奇特，个性张扬突出，常常用出人意料的形式抓住人们求新、好奇的深层心理。例如：上海市区某餐厅将一架退役的喷气式客机摆在街头，作为营业部分，庞大的机体与变异的功能吸引了众多的顾客，可谓出奇制胜，造成了强烈的轰动效应。

不过先锋派的店铺设计往往过分夸大与强调某种气氛效果，注重试验性，因此免不了会有许多不够成熟的地方，如忽略与人文环境的呼应、店面效果持久性较差等。有些设计则偏离了店面自身的功能，成为纯粹的设计表演，难免有喧宾夺主之嫌或给人以荒诞怪异之感。这在设计中应避免。

现代派风格的外观给人以时代的气息和现代化的感觉。大多数的店铺都采用现代派风格，它采用先进的施工方法，选用有特色的装饰材料，加以合理的运用和发挥，从而体现构思新颖、富有魅力的现代商业形象。这对大多数时代感较强的顾客具有激励作用。现代派风格的店铺让人有一种新鲜的感受，使之与现代高速运转的社会和谐统一，也体现了商品的潮流。

（2）趋后性设计。趋后性的店铺设计就是从传统的建筑样式、店面风格中汲取设计灵感，获取构图元素，甚至局部或全部地模拟传统样式的设计方法，它具体分为经典派和实用派两种风格。

经典派的设计者们注重研究古代范例的制造工艺与营造法式，常常制造出惟妙惟肖的古建筑复制品。传统的形式在今天已属少见，“物以稀为贵”，民众的思古幽情在经典派的作品里可以得到一些满足。

国内常见的经典派作品有中式与西式两种。中式传统店面以木结构为主，多见于茶馆、中式餐厅或工艺品商店、文化用品商店等。北京较知名的有琉璃厂商业街、颐和园苏州街以及富有民族特色的木构建筑。具有民族传统风格的外观给人以古朴殷实、传统丰厚的心理感受。西式传统店面主要是仿古希腊、古罗马的建筑风格，细部多采用柱式、浮雕、山花等构件，常见于服饰精品店、西式餐馆等。较之中式风格，西式作品更新奇，因此目前在市面上比较流行。

实用派不满足于照抄照搬经典样式，作品带有传统的意蕴，然而只是挑选一些古代作品的典型部分或构件融入店面设计中。在这里，旧有的构件已失去其原有的意义而被赋予新的语义，常用的手法是剪辑或变形传统构件，在似与非似之间找到新的突破，用隐喻或象征给人以想象。

通过以上的风格类型介绍，可理清店面设计的大体脉络，在实际应用中，可以研究分析商店及其周围环境，根据设计定位来确定设计的思路。

2. 门店外观风格的选择策略

在选择门店外观风格时，应注意以下问题：

（1）形式与内容的关系。由于经营内容的不同，反映在店面形式上必然也千变万化。例如：设计快餐店时，若以钟表首饰店的精致典雅外观作为设计依据，显然是不适宜的。另外，经营规模、面积上的差异，同样也将决定店铺外观的不同形式。规模不大的店铺只求一种雅致、精巧的外观气氛，若是具有一定规模的购物中心或超级市场，则需要呈现华贵气派、宏伟大方的形象。

（2）根据目标顾客群进行设计。每一个店铺都有自己的目标顾客群，以他们的喜好来进行店面的设计是门店外观设计的基础。年龄、心理不同，欣赏、观察事物的角度也不同，这就要求店面风格需要根据年龄设计。例如：经营婴儿产品的店面应温馨；经营青少年产品的店面应活泼；经营青壮年产品的店面应庄重、大方，不应用太艳丽的色彩；经营老年产品的店面应厚重、凝练。

（3）店面设计要有独创性和唯一性。个性化的店面设计与别的店面有明显差异，是消费者识别店铺最重要的标志。而且，店面设计的独创性和唯一性与经营的区域有关系。若想在全国范围内发展连锁店铺，则你的店面必须在全国具有差异性和唯一性。若想成为全球企业，店面的设计必须具有全球范围的适应性和差异性。这里的适应性是指店面的风格在世界各地都能被接受。

二、店名设计

门店的名称不仅是一个代号，它还是外观形象与企业品牌的重要组成部分，是企业的一笔重要的无形资产。好的店名不仅能将企业的经营理念传输给消费者，更有利于增强目标市场上消费者的口碑传播效应，扩大门店的市场知名度。现实中消费者在表达消费地点时通常有两种方式——“我是在××（店名）买的”，或者“我是在某条街第几个店铺买的”。当店铺更换地址的时候，好的店名可以减少消费者流失的数量，因为消费者认的是店铺本身，而不是特定的店铺地址。由此，店名这个首席“推销员”的重要作用可见一斑。

（一）门店命名的原则

视频：

门店命名的原则

为门店设计店名时，一般应遵循以下原则：

1. 易读、易记

易读、易记是对店名的最根本的要求，店名想要高效地发挥它的识别功能和传播功能，必须坚持易读、易记原则，如“好客”

“苏宁”等。要使门店店名易读、易记，应该做到以下几点。

(1) 简洁。中文名称以 2～4 个字为宜，英文名称以 4～7 个字母为宜，这样的名称易于消费者记忆及进行信息交流。冗长、复杂的店名不易被人辨识和记忆。例如：有家餐馆叫“富兰永福楼烤鸭家常菜馆”，听起来和叫起来都不顺口，而且难记。

(2) 独特。名称应具备独特的个性，力戒雷同，避免与其他店名混淆。中国最大搜索引擎“百度”二字出自宋朝诗人辛弃疾的“众里寻他千百度”。2016 年，小米公司对小米生态链进行战略升级，推出的全新品牌——MIJIA，中文名为“米家”，品牌名取自小米智能家庭中的“米”和“家”字，理念是“做生活中的艺术品”。

(3) 新颖。这是指名称要有新鲜感，迎合时代潮流，创造新概念。新颖的店名有令人过目不忘的效果，如周星驰电影中的“有间客栈”在令人为之一笑的同时，也引得无数商店竞相模仿。

(4) 响亮。这是指店名要朗朗上口，难发音或音韵不好的字，都不宜用作名称。响亮的店名易于流传及扩大其知名度。

(5) 高气魄。这是指名称要有气魄、起点高，具备冲击力及浓厚的感情色彩，给人以震撼。如“劲霸”男装让人一听便可知其“王者归来”的寓意。

2. 暗示门店经营产品属性

门店名称还应该暗示门店经营产品的属性，如“衣见钟情”让人一看就知道与服装有关。但是名称越着重描述某一类产品，那么这个名称就越难向其他产品延伸。因此，企业经营者在为门店命名时，要充分考虑企业未来的经营战略和品牌延伸问题。要谨慎选择暗示经营商品的种类或属性的店名，否则将不利于企业的发展。

3. 启发联想

这是指店名要有一定的寓意，让消费者能产生愉快的联想，而不是消极的情绪。例如：“好客”超市表现了商家热情好客的服务精神，“物美”超市则使消费者联想到店铺里的商品物美价廉。

4. 支持店标

店标是指门店中可被识别但无法用语言表达的部分，如麦当劳醒目的黄色“M”、家乐福的红蓝双向箭头等。

店标是门店经营者命名的重要目标，需要与店名联系起来一起考虑。当店名能够刺激和维持店标的识别功能时，门店识别系统的整体效果就加强了。例如：当人们听到“劲霸”男装时，立刻就会想起那个挽起强有力的臂膀、拳王形象的男人，这样“劲霸”在消费者心目中就留下了根深蒂固的印象。

5. 适应市场环境

门店名称要适应市场环境，经营者在考虑经济效益的同时，还要考虑市场上消费者的文化价值观念。店名不仅要适应目前目标市场的文化价值观念，而且要适应潜在市场的文化价值观念。

文化价值观念是一个综合性的概念，包括风俗习惯、宗教信仰、价值观念、民族文化、语言习惯、民间禁忌等。不同的地区具有不同的文化价值观念。因此，门店经营者要想使门店进入新市场，首先必须入乡随俗，具备适应当地市场文化环境并被消费者认可的名称。例如：某市一酒店原名为“帝国大酒店”，消费者反映让人不舒服，有帝国主义情结之嫌，后迫于舆论的压力，该酒店最后更名为“国宝大酒店”。

另外，店名还要考虑文化地区环境的因素。不同的国家和地区，在文化上具有很大的差别。同样的植物或动物具有不同的象征意义。例如：熊猫在我国乃至多数国家和地区均颇受欢迎，是和平、友谊的象征，但在信奉伊斯兰教的地区，消费者则非常忌讳熊猫；仙鹤在中国与日本都被视为长寿的象征，而在法国则被看作愚蠢的象征。

因此，经营者在为门店命名时，要把眼光放远一些，应给门店起一个被目标市场认可的名字，这样才有利于门店的发展。

6. 受法律保护

门店经营者还应该注意：绞尽脑汁得到的店名一定要能够注册，受到法律的保护才有意义。要使店名受到法律保护，必须注意以下几点：

（1）店名是否有侵权行为。门店经营者要通过有关部门查询是否已有相同的名称被注册。如果有，则必须重新命名。因为注册商标具有排他性、独占性、唯一性等特点，属于注册商标所有人所独占，受法律保护，任何企业或个人未经注册商标所有权人许可或授权，均不可自行使用，否则将承担侵权责任。

（2）店名是否在允许注册的范围内。有的店名虽然不构成侵权，但仍无法注册，难以得到法律的有效保护。如以前德国商标法规定仅有数字内容的商店名称是不能注册登记的。门店经营者应向有关部门或专家咨询，询问该店名是否在商标法许可注册的范围内，以便采取相应的对策。

（二）门店命名的方法

在给门店命名时，除了查找字典、引经据典外，还可参照以下方法：

（1）人名。即以人名作为店名，这种方法常用于成立较早、历史较长的店铺。人名作为店名与众不同，会让人感到熟悉和亲切。很多饮食店、理发店、时装店都采用此法，如朱哥牛肉粉、王记烧卤等。

（2）数字名。以数字作为店名让人易读易识，如 7-Eleven 便利店、99 时装城等。

（3）动植物名。以动植物作为店名，会使人对动植物产生联想。如“蒙牛”就容易使人联想到广阔的内蒙古大草原，产自天然牧场的奶源更令人信赖。

（4）组字名。即借用一些字和词组构成店名，如华润万家、百联集团、苏果超市等。

另需要注意的是，一般不要用地名作为企业名。一则不利于企业今后向外地发展；二则商标法规定，县级（含县级）以上的地名不得作为企业商标和名称。

门店命名时，可以通过多种途径征集和筛选。例如：发动单位职工为本公司命名，委托专业公司或向社会有奖征集名称等方式。

三、店标设计

（一）店标的概念与作用

店标是指门店标识系统中可以被识别，但不能用语言表达的部分，也可以说是门店标识的图形记号。

店标的标识作用由来已久。《清明上河图》中的幌子多达几十处，或悬挂于门上，或立于铺门前，为香料店、药店、酒舍、绸缎店等店铺的标志。店标对门店的具体作用如下：

（1）店标是公众识别门店的指示器。特色鲜明、新颖的店标具有独特的面貌和出奇制胜的视觉效果，能引起消费者的注意，产生强烈的感染力。将众多店标放在一起，能够被消费者在短时间内辨认出来的，肯定是风格独特的店标。

（2）店标能够引发消费者产生联想。店标能使消费者产生有关商店经营商品类别或属性的联想。

（3）店标能促使消费者产生喜爱的感觉。例如：肯德基和蔼可亲的老爷爷、憨态可掬的米老鼠、康师傅的胖厨师，这些标识能够引起消费者的共鸣，并对它们产生好感。通常来说，消费者会把对店标的感情（喜爱或厌恶）转移到商店上，进而影响消费者对门店形象的认知。

（二）店标的分类

店标是企业标识系统中的重要组成部分，是一种视觉语言，代表门店本身，是门店形象的说明。通过一定的图案、颜色来向消费者传递企业经营理念、经营内容、经营作风等信息，以达到使消费者识别门店、促进销售的作用。

店标设计中经常使用各种几何图形。如图 2-3 所示，上层图形为月亮、皇冠、星星、爱心，这些图形较为常见，故认知率较高；下层图形很少见，代表何种意义，无以明了，故认知率较低。因此在设计店标时，赋予一定的图形以特殊意义就显得非常重要。

1. 根据标志的形态划分

标志的表现手法多种多样，从造型的角度来看，标志可以分为具象型、抽象型、具象抽象结合型三种。

（1）具象型标志。具象型标志是在具体图像（多为实物图形）的基础上，经过各种修

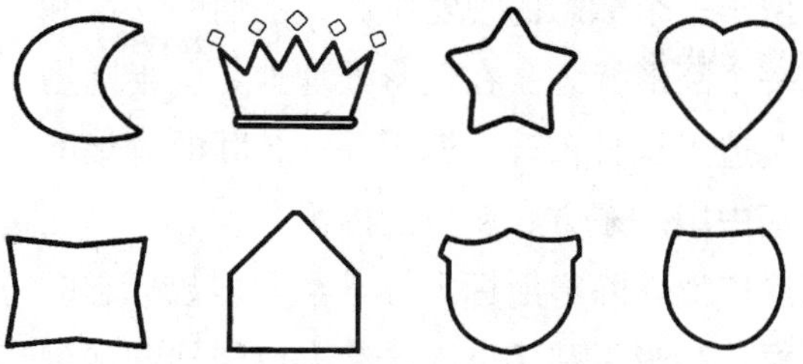

图 2-3　常见的几何图形

饰，如简化、概括、夸张等设计而成的，其优点在于直观地表达具象特征，使人一目了然。如七匹狼服饰标志就是写实的（见图 2-4）。

图 2-4　七匹狼服饰标志

（2）抽象型标志。抽象型标志是由点、线、面、体等造型要素设计而成的标志，它突破了具象的束缚，在造型效果上有较大的发挥余地，可以产生强烈的视觉刺激，但在理解上易于产生不确定性。

备受世界瞩目的北京 2008 申奥标志（见图 2-5），从探寻民族文化精神的深层内涵入手，创作出了现代和传统结合、国际与民族相融的太极五环图形。但可贵的是它没有对这一传统造型直接借用，而是运用了中国书法中所特有的“笔不到而意到”的写意手法，恰到好处地传递出“中国结”和“运动员”两个动势与意象。仅仅几笔，就表达了标志主题和传达人民的祝愿。

中国邮政的标志（见图 2-6）也是抽象型标志的代表。中国邮政的标志的基本元素出自金文，在此基础上，设计师根据我国古代“鸿雁传书”这一典故，将大雁飞行的姿态融入标志的造型中。此外，还有文字符号型的抽象标志设计，如中文变形的文字组合、英文变形的文字组合，汉语拼音、阿拉伯数字和其他的图形组合等。

柒牌男装的商标图案抽象于一面迎风飘动的旗帜，表现一种“迎风而立”的品牌形象（见图 2-7）。该品牌的核心价值是励志。即激励男人的自信，无论他目前所面临的是成功还是失败，呼唤起男人内心的男儿气概；一种不畏惧任何困难、勇往直前的心态，打造一个积极、乐观、勇敢、迎风而立的男人形象。

图 2-5　北京 2008 申奥标志

图 2-6　中国邮政标志

图 2-7　柒牌男装标志

（3）具象抽象结合型标志。在设计中各种手法结合应用，具象抽象结合型标志也很常见。如中国东方航空公司标志（见图 2-8）表现形式即是具象与抽象形的高度统一。展翅飞翔的燕子代表飞行，位于整个标志的视觉中心；上面的汉字和下面的英文相结合组成一个圆形标志。在色彩处理上，上半圆用红色，下半圆用蓝色，营造了旭日东升、海天一色、壮丽辉煌的宏大场面，充分地表达了中国、东方、航空的内涵。

图 2-8　中国东方航空标志

标志种类繁多、用途广泛，除隐形标志外，绝大多数标志的设置就是要引起人们注意，能吸引和感染人，给人以强烈和深刻的印象。

2. 根据标志的内容划分

根据标志的内容，店标可划分为名称性标志、解释性标志和寓意性标志。

（1）名称性标志。即店标就是店名，直接把门店名称的文字、数字用独特的字体表现出来。这类店标通常将第一个字母或字艺术化地放大，使其突出醒目（见图 2-9）。

（2）解释性标志。即对店名本身所包含的事物、动植物、图形等，用名称内容本身所包含的图案来作为店铺的标志。例如：苹果电脑的苹果、小肥羊餐饮连锁有限公司的小羊都属于解释性标志（见图 2-10）。

图 2-9　名称性标志

图 2-10　解释性标志

（3）寓意性标志。即以图案的形式将店名的含义间接地表达出来的标志。这种标志根据文字、图形等组合因素的不同，又可分为名称字母式标志、名称线条式标志两种。

名称字母式标志，是指在店名前面、后面或中间加上一个字母，以构成独特的店标。名称线条式标志，是指在店名周围艺术化地加上一段线条的标志。这种标志充分利用了几何图形的内在美感，增加了店标的艺术性，也强化了标志的视觉效果。图 2-11 所示的哈根达斯的店标便属于此类。

图 2-11　名称线条式标志

（三）店标的设计原则

如果我们将世界上众多知名企业的标志放在一起，可以发现一些共同的特点，这些特点正是它们成功的因素。

1. 简洁、鲜明

门店店标不仅是消费者辨认商店的标志，也是提高门店知名度的一种手段，这就要求店标上的图案和名称简洁、鲜明，易于认知、理解和记忆。在现代物质丰富的社会，品牌多如牛毛，如果店标线条繁杂曲折，很难让人记住。因为消费者不会特意去记忆某一个品牌，只有那些简单的标志才能留在人们的脑海中。苹果电脑是全球最具影响力的50大品牌之一，其“被咬一口的苹果”的标志非常简单，却让人过目不忘。苹果电脑作为最早进入个人电脑市场的品牌之一，一经面市就大获成功，这与其简洁、鲜明的标志设计密不可分。

巧妙运用点、线、面、体和色彩的结合方式，可使店标发挥出简洁、鲜明的效果。下面简单介绍一些图形所代表的特征。

直线：果断、坚定、刚毅、力量。

曲线或弧线：柔和、灵活、丰满、美好、优雅、优美、抒情、纤弱、犹疑。

水平线：安定、寂静、宽阔、理智、死亡、大地、天空。

垂直线：崇高、肃穆、无限、悲哀、宁静、生命、尊严、永恒、权力。

斜线：危险、崩溃、行动、冲动、无法控制的感情与运动。

参差不齐的斜线：闪电、意外事故、毁灭。

锯齿状折线：紧张、压抑、痛苦、不安。

螺旋线：升腾、超然、脱俗。

圆形：圆满、简单、结局、平稳感和控制力。

圆球体：持续的运动。

椭圆形：妥协、中和、不安定。

等边三角形：稳定、牢固、永恒。

2. 准确表达企业特征

门店店标归根到底是为企业服务的，标志要让消费者感知这个门店是干什么的，它能给自己带来什么利益。例如：食品行业的特征是干净、亲切、美味，房地产行业的特征是温馨、人文、环保，药品行业的特征是健康、安全等。企业标志只有很好地体现这些特征，才能给人以正确的联想。在设计门店店标时，要巧妙地赋予寓意，形象地暗示，以意造形、以形寓意，达到易解的目的，这样的店标才有利于扩大商店的知名度。

例如：M只是个非常普通的字母，但是在许多小朋友的眼里，它不只是一个字母，它代表着麦当劳，代表着美味、干净、舒适。同样是以M为标志，与麦当劳圆润的棱角、柔和的色调不一样，摩托罗拉的M标志棱角分明、双峰突出，以充分表达品牌的高科技属性。

3. 新颖、有美感

店标既用来表达企业独特的个性，又以此为独特标记，要让消费者识别独特的品质、风格和经营理念。因此，在设计上要别出心裁，使标识富有特色、个性明显、让人耳目一新。同时，店标的造型要优美流畅、富有感染力，保持视觉平衡，兼具静态与动态之美。

例如：百事可乐的圆球标志是成功的设计典范：圆球上半部分是红色，下半部分是蓝色，中间是一根白色的飘带，让人在视觉上极为舒服顺畅；白色的飘带好像一直在流动，使人产生一种欲飞欲飘的感觉，这与喝了百事可乐后舒畅、飞扬的感官享受相一致。

4. 稳定、适时

门店店标设计要兼具持久性和时代性：店标要为消费者熟知和信任，就必须长期使用，长期宣传。如果不能持久使用，经常改变，就会给人反复无常的混乱感觉，也浪费了宣传费用。但是店标也应根据市场环境的变化不断改进，不能顺应时代，就难以产生共鸣，标识能发挥的作用也就大打折扣了。

中国移动在 2013 年更改了标志形象（见图 2 - 12）。第一是将“中国移动通信”改为“中国移动”，淡化“通信”的行业属性。第二是英文字母的调整，将“CHINA MOBILE”改为“China Mobile”，保留首字母大写，带入活泼、亲切感，减少严肃、庄重感。第三是调整图形，去掉圆形外框边界，更加简洁，强调延伸、延展性。第四是色彩调整，将相对强势、冷峻的深蓝调整为轻松、动感的浅蓝，加入代表生机活力的绿色，为企业注入轻松活力的品牌联想，使其更具时代感。

中国移动通信 CHINA MOBILE（老标志）　中国移动 China Mobile（新标志）

图 2 - 12　中国移动新老标志

四、店门设计

门店外观设计第一关便是店门的设计。招牌漂亮只能吸引消费者的目光，而店门开阔才能吸引消费者进店。店门选择的好坏是决定门店客流量的关键。不管什么样的店门都要易于出入。店门设计应考虑店铺规模、客流量大小、经营商品的特点、所处地理位置及安全管理等因素，既要便于消费者出入，又要便于门店管理。

（一）店门的类型

由于经营规模以及经营商品类型的不同，店门开放程度也不同，具体可分为以下几种：

1. 封闭型

此类店门设计的入口较小，面向大街的一面用陈列橱窗或有色玻璃遮蔽起来。消费者进入店铺后，可以安静地挑选商品，免受外界干扰。这种类型通常比较适合用来经营珠宝首饰等高档商品。封闭型店门大都店面装饰豪华，橱窗陈列讲究，店面入口即可给消费者留下深刻印象，感觉商品高档、昂贵，使入店买东西的消费者产生优越感。

2. 半封闭型

半封闭型是指入口大小适中，消费者经过店铺时能够较清楚地看清店内的情形。此类型适合经营化妆品、服装、装饰品等中高档商品。购买这类商品的消费者，一般都是从外边看到橱窗，对门店经营的商品产生兴趣，才进入商店，因而开放度要求不高，消费者在店内就可以安心挑选商品。

3. 开放型

开放型是指店门面向马路一边全开放。消费者从街上很容易看到店内情形和商品，没有橱窗，顾客可以自由地出入店铺，没有任何阻碍。此类型适合经营食品、水果、蔬菜、日杂用品等大众化的消费商品。需要注意的是，由于这种店铺出入没有障碍，就要注意商品的管理，防止商品被抢或被盗。

（二）店门设计的考虑因素

店门设计是门店外观设计中的重要一环。店门的作用是引导人们的视线，进而使人产生想进入店铺里一探究竟的想法。

1. 店门位置

根据客流量情况的不同，店门安放的位置也有所不同：是将店门放在中央、左侧还是右侧？一般大型商场的大门可以安置在中央，并且适当扩大门面，因为如果门面宽敞，就有自由开放感，使消费者能够自由自在地购物，同时心情也会快乐、舒畅。

小型商店的店门放置在中央就不妥当，因为店堂面积小，直接影响了店内习惯使用右手做主要动作的人，此类人的注意力往往集中在右侧，由右侧开始行动。小型商店若要有效利用有限的店铺面积，让消费者自由流动，店门设计在右边的一侧比较合理。且有研究显示：店门设在右侧，商品更畅销。原因是右眼视力比左眼视力好的人多，惯用右手的人比用左手的人多。

2. 店门材料

以前通常使用质地较硬的木材做店门，或者在木质外部包铁皮或铅皮，制作较简便。随着时代的发展，店门的制作工艺和选料有了更多的选择：使用铝合金材料做店门，轻盈、耐用、美观、安全、富有现代感；无边框的整体玻璃属于豪华型店门，这种门由于透光性好、造型华丽，现在被许多首饰店、时装店、化妆品店、电器店、超市等各种类型的门店所使用。

根据开启方式，店门可分为旋转门、推开门、推拉门、卷帘门、双重门等。无论哪一种，店门的安全和美观都同等重要。

3. 店门风格

明亮、通透的店门能够有效地提高消费者的进店率。如果店门昏暗无光，消费者很难分辨这家店铺到底正在营业中，还是已经关门了，或令人产生幽闭、阴暗的负面感受。

店门的设计必须符合自身行业的特点，从外观和风格上反映店铺的经营特色，符合店铺定位的消费者的品位。例如：大商场、大酒店可使用豪华的外观装饰，具有现代感；小商场、小店铺则应有自己的风格和特色，引人入胜。

4. 店门与环境

店门的设计要充分考虑本店风格与周围店面是否协调，不能为了差异而差异。个性虽然抢眼，一旦使消费者觉得粗俗，其就会失去信任。同时，店门前路面是否平坦，水平还是斜坡，前面是否有隔挡及影响店门形象的物体或建筑，采光条件、噪声影响及太阳照射方位，都是影响店门设计的因素。例如：当店门与路面有落差时，应利用斜坡过渡，避免消费者入店时产生磕碰；店门应有防滑材料的铺设，一是避免下雨天路面湿滑使人滑倒，二是避免消费者把脚上的泥土带入店内，防止灰尘扬起落到商品上，从而减少清扫的麻烦。

五、招牌设计

在繁华的商业中心，消费者所做的第一件事便是浏览大大小小、形式各异的商店招牌，寻找购买目标或值得游逛的商业场所。因此，具有高度概括力和强烈吸引力的商店招牌，对于扩大商品销售、增强顾客对门店的亲切感、树立门店形象起着重要的作用。

（一）门店招牌的种类

招牌的种类很多，常见的招牌有以下几种：

1. 直立式招牌

直立式招牌是一种树立在店门前的带有店名的招牌，它比贴在门上和门前的招牌更能吸引顾客。直立式招牌不会像门上招牌那样受到篇幅限制，它可设计成各种形状，有竖立长方形、横列长方形、长圆形和四面体形等。为增加可见度，招牌的正反两面或四面体的四面都应有门店的名称；另外，直立式招牌若配以美观的图案，还可以起到点缀门店的效果。

2. 人物、动物造型招牌

别出心裁的经营者经常以人物或动物的造型做招牌。此类招牌具有较大的趣味性，能吸引行人的目光。值得注意的是，人物和动物的造型要明显地反映自身的经营风格，使人在远处就可以看到面前是什么类型的商店，可在招牌上列出商店的名字和特色。例如：很多速食店为了强调店铺的个性，在入口处设置大型人物或动物塑像，伴以轻松、愉快的广告音乐，很受顾客的喜爱。

3. 霓虹灯、灯箱招牌

华灯初上，流光溢彩的城市夜景分外迷人，其中霓虹灯及灯箱招牌可谓功不可没。在夜间或光线不足之时，霓虹灯和灯箱招牌能使店面明亮醒目，增加门店在晚间的可见度。不停变幻闪烁的灯光给人以欢快活跃的感觉，还可配以不同的形状和色彩，创造出梦幻迷人的景象。

4. 壁式招牌

壁式招牌设计由于贴在墙上，其可见度不如其他类型的招牌。要使此类招牌吸引人们的注意，就必须使之从墙上凸显出来，招牌的颜色既要醒目，又要与墙的颜色协调。所以，壁式招牌的设计强调具有独创性，不能只是枯燥的一行字，应配合门店经营的主题，若配上动物的雕刻或者商品的典型图案，就能使招牌生动地从墙上凸显出来。

5. 悬吊式招牌

这就是挂在店门口的招牌，由于挂得高、比较突出，并且一般双面都会印上店铺名称，可使两边往来的人们远远地就能看见招牌。

6. 电子招牌

电子招牌就是通过电流产生闪动或是挂在商店门前作为标志的电子显示屏，可显示汉字或图像。现在国内主流的 LED 电子闪动招牌，有白天美观、夜晚亮丽、省电节能、经久耐用等诸多优点，正以燎原之势迅速走红。

（二）门店招牌设计的技巧

招牌是门店的象征，这就要求招牌设计使消费者对企业的经营内容与特色一目了然，同时又能体现店铺的个性特征。在具体设计门店招牌时，一般有以下几个技巧：

1. 内容简洁明确

招牌是向消费者传递信息的一种形式，招牌的内容是设计的核心部分，它主要包括店名和店标。无论是店名还是店标，首先必须做到简明扼要，让消费者便于记忆；其次是表达明确，字体书写要大众化，不宜潦草做作，不宜使用不常见的文字，让消费者难以辨认，造成沟通障碍。

2. 色彩搭配合理

消费者对招牌的识别往往是先从色彩开始再过渡到内容，所以招牌的色彩在客观上起着吸引消费者的巨大作用。因此，色彩选择上应做到温馨明亮、醒目突出，有较强穿透力，使消费者过目不忘。一般应采用穿透力最强的红、黄、蓝、绿，同时还要注意各色彩之间的恰当搭配。例如：麦当劳的招牌是红底黄字，联华超市的招牌是黄底蓝字，沃尔玛购物广场的招牌是蓝底黄白字等。

3. 选材精当

招牌材料的选择也是招牌成功与否的要素之一，招牌应使用耐久、耐用、抗风且有质感的坚固材料制作。各种材料利弊明显，底板和招牌上的文字可根据实际情况进行相应的选择。

4. 安置得当

招牌必须安置在合适的位置，才能充分发挥它的宣传作用。门店可根据自己的实际情况选择具体的安置方法。有研究表明：眼睛与地面的垂直距离为1.5米左右，以该视点为中心上下25°～30°的范围为人视觉的最佳区域，在此区域内放置招牌效果最佳。也就是说，招牌要使20米以外的消费者看清，则招牌本身的高度以2.5～3米最佳。

另外，招牌上的文字大小也直接影响招牌位置的安置。招牌位置与文字大小的关系可参考表2-1所示数据。

表2-1　招牌位置与文字大小的关系

招牌位置	视觉距离	文字大小
一楼（4米以下）	20米以内	高8厘米左右
二楼（4～10米）	50米以内	高20厘米左右
楼顶（10米以上）	500米以内	高100厘米左右

六、橱窗设计

橱窗展示是为了实现营销目的，及时地传递最新的商品信息或介绍商品特性，方便消费者选购而精心设计的一种宣传形式。曾有人把商店比喻成一本书，把橱窗比喻成书的封面。假如一本书的封面都设计得枯燥乏味、缺少魅力，就不会使人产生打开来翻读的愿望；反之，会令人爱不释手。设计精良的橱窗可以反映品牌的个性、风格和对文化的理解。橱窗设计作为产品促销及文化传播的一个有力武器，已开始扮演重要的角色。橱窗的直观展示效果使它比其他广告媒体具有更强的说服力和真实感。其无声的导购语言、含蓄的导购方式，是店铺中的其他营销手段无法替代的。

（一）橱窗陈列的方法

视频：

橱窗陈列设计

一般情况下，为了使橱窗广告主题明确，有利于消费者了解商品，通常采用以下几种陈列方法：

1. 专题陈列法

所谓专题陈列，是指将一些专用商品、同类型的商品，用一个橱窗单独陈列，如妇女、儿童、体育、医疗卫生等专用商品。这类橱窗实质上是同类商品的综合展示，围绕一个主题。例如：新婚用品展示，虽然商品多而复杂，但必须以青年男女新婚房间布置为目的，这样既主题突出，又富有生活情调。

2. 特写陈列法

这类橱窗主要是向消费者突出并较全面地推荐新产品。一般在新产品上市之前，消费者对商品尚未彻底了解，为了系统全面地加以介绍，有必要将其在一个橱窗中单独陈列出来。这种橱窗必须重点渲染、集中表现某一厂家的某一牌号的一种产品或某一牌号的系列产品，目的在于重点展示、树立形象。

3. 系统陈列法

系统陈列法也称综合陈列法，是指将几种类型不同但又相互联系的产品陈列在一个橱窗内。这种联系指的是这些产品在功能用途上有着密切的关联。例如：泳装系列，包括泳衣、伞、帽、太阳镜、救生圈等。这种陈列意在增强消费者的商品群体意识，便于扩大销售，方便顾客。

4. 季节和节日陈列法

在换季前或重大节日前，根据季节或节日的消费需要和消费习惯，选择适应季节或节日使用的商品，在橱窗中以新颖的方式展示出来，能给消费者一种新鲜的感觉，同时使其意识到新季节或节日的到来。这不仅能提醒消费者及早选购应季商品和节日商品，起到刺激、指导、引导、方便消费的作用，而且在重大节日前的橱窗展示也能为人们增添一种节日的氛围。因此，这类陈列方式是商家十分重视的。

5. 展示卡片或照片

目前，由于新产品上市较快，消费者不熟悉的商品也越来越多，采用写有商品特点、性能、使用方法的说明卡以及写实照片同样能起到刺激消费者购买欲望的目的。

（二）橱窗设计的要求

1. 基本要求

橱窗的位置应设置在客群主流向上游的地方。客群主流向就是客群流动的主要方向。例如：一条街道上的主流人群是靠右走的，则最好把橱窗设在店面的右边。可以想象当消费者路过门店时，第一时间抓住消费者眼球的是橱窗，优秀的橱窗设计能激发消费者的兴趣使其走进店铺。有人做过实验，橱窗左右位置的改变，同样的商品、同样的价格、同样的营业员，业绩可相差20%左右。

橱窗设计的角度和高度也有讲究。多数橱窗好像都是为站在正前方的目不转睛的消费者设计的，事实上消费者很少会这样做。所以，应根据客群主流向把橱窗向某个方向倾斜，以便从那边来的消费者更容易看到，这个小小的改变将会使进店率得到更大的提升。橱窗底部高度一般设计为离地面80～130厘米，小件商品在100厘米以上的高度陈列，大件商品如电视机等可陈列在离地面5厘米高的位置。

橱窗陈列要反映门店经营特色。橱窗内容应与店铺经营特色相符，不能把门店不经营的商品摆在橱窗内，让消费者感到橱窗只是做样子而已。橱窗所展示的应是能激发消费者兴趣、想购买的商品。

橱窗陈列要有艺术感。橱窗实际上是艺术品陈列室，通过对商品进行合理的搭配来展示商品的美。经营者在橱窗设计中应站在消费者的立场上，以满足他们的审美心理和情感需要作为目的，运用对称与不对称、重复与均衡、主次对比、虚实对比、大小对比、远近对比等艺术手法，表现商品的外观形象和品质特征，让消费者在美的享受中，加深对商店的视觉印象并产生购买欲望。

2. 背景要求

橱窗陈列作为一种静态的商品展示，其方法也是多种多样的，通过背景的衬托可以使原本单调的色彩变得生动，背景同时也可以起到空间延伸的作用。背景图案可以通过人物、风景、几何图形等形式来表现，其设计风格要与所陈列的商品统一和谐，这样更有利于陈列后的整体效果。背景颜色的基本要求是突出商品。也可以选择无背景的陈列方式，这种方式适用于无背景墙的橱窗。

3. 道具要求

陈列道具可以是多种形态的。展柜展台、挂钩衣架、小型支架、托板等道具的使用可以增加空间立体感，但应注意支架的摆放越隐蔽越好。使用有机玻璃和无机玻璃作道具，更能突出商品；布料道具可以使陈列展示更丰富、更新颖，但需注意布料道具颜色一定要和展示商品有一定的差异；模特道具可以使商品更形象、更生动，如展示服装用的道具模特，其裸露部分如头脸、手臂、腿等部位的颜色和形状，可以是简单的球体、灰白的色彩，或者干脆不用头脸，这样反而比真人似的模特更能突出服装本身。

4. 灯光要求

对于橱窗陈列来说，良好的照明设备是必备的。一个照明良好的橱窗可以引起消费者的兴趣，激发其购买欲望。橱窗陈列的灯光不能是刺眼的日光灯，应该运用比较柔和的灯光，如顶灯和角灯，不仅能起到一定的照明作用，而且能使橱窗原有的色彩产生戏剧性的变化，更好地营造陈列的气氛。对灯光的一般要求是光源隐蔽、色彩柔和，避免使用过于鲜艳、复杂的色光。尽可能在反映商品本来面目的基础上，给人以良好的心理印象。例如：食品橱窗使用橘黄色的暖色光，能增强人们对商品的食欲；而家用电器橱窗，用蓝、白等冷色光，能给人一种产品精良、性能优越的感觉。

另外，现代橱窗设计还可充分利用滚动、旋转、振动的道具，给精致的橱窗布置增加了动感，或者利用大型彩色胶片制成灯箱，形成一种新颖的具有立体感的画面等。

总而言之，现代橱窗设计不但要随着科学的发展、设计思想的更新，从形式、内容等方面不断充实提高，而且在设计制作上要注意广告宣传的目的，不能喧宾夺主，否则就是失败的橱窗设计。

七、外部环境设计

（一）停车场设计

门店的停车条件是现代化综合性百货商场、大卖场、仓储商场存在的基本条件之一。从某种意义上说，现代社会是汽车社会。兴建供消费者专用的停车场，成为商店必不可少的设施。

（二）门店与周边道路、绿化、相邻建筑的协调设计

（1）门店与周边道路的关系。门店一般设在交通要道处，或位于大型社区的中心地带。它和道路的关系主要有以下几点：

1）门店的车辆不能影响社会公共车辆的运行。

2）消费者到达门店很方便。

3）停车场出入口不设在主干道上，这是大城市规划的基本要求。

4）店铺前应有较多的车站，以保证有一定的客流。

（2）门店周边绿化的设计。门店周边绿化关系到整个店铺的环境的优美。

（3）门店与周边建筑协调布局。主要有以下几点要求：

1）距离道路应远近一致，形成纵向一条线的景观（也就是距离红线的距离应差不多）。

2）高度上要相得益彰，太高太低都显得有失协调。

3）建筑风格应一致。不能将民族特色浓厚的建筑和现代化外观材料的大厦并肩而立，反差太大会使顾客产生不愉快的感觉。

4）建筑物外观色彩上要协调，黑白、红绿等颜色的建筑尽量不要搭配在一起。

任务 3　案例学习

案例 1

龙力派健身品牌视觉形象系统设计

一、品牌背景

针对我国健身品牌标志风格多为参照欧美健身品牌视觉风格、老一代较为陈旧的健身品牌标志依旧使用等情况，结合健身行业品牌标志要突出力量感这一特点，融入中国传统

文化元素，设计出龙力派健身品牌视觉形象。龙力派健身品牌视觉形象结合东方审美，着重突出视觉力量感，将中国传统文化元素与健身行业符号完美结合，形成具有中国特色的健身品牌视觉体系。

二、基础设计部分

1. 标志设计

标志设计是整个品牌视觉形象设计的核心部分。龙力派健身品牌标志结合哑铃侧视阴影图、玉猪龙以及英文字母 G 进行设计，既表现出健身行业的力量感，又能突出中国文化元素，设计风格和表现手法新颖、抽象，颜色使用饱和度较高的红色，使人有兴奋感和力量感，又醒目突出（见图 2 - 13）。

图 2 - 13　“龙力派”的标志设计

2. 标志标准字

“龙力派”的标准字用的是较粗的字体，是根据标识设计的专用字体，富有力量感和规范性。在所有制作与实施过程中，必须严格按照制图法所规定的比例和间距以确保标准字的准确性、规范性。在特定的环境下，标准字可单独使用，也可反白使用（见图 2 - 14）。

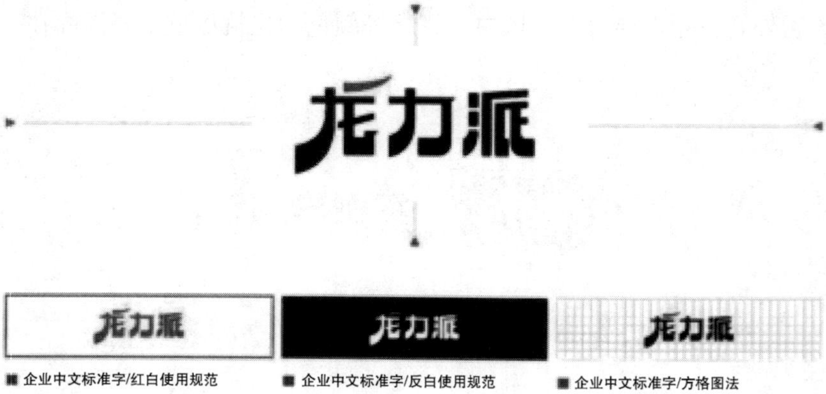

图 2 - 14　“龙力派”的标志标准字

3. 标志标准色

“龙力派”的标准色是由龙力红（C20，M100，Y100，K0）和沉稳黑（C90，M85，Y85，K75）组成。红色给人激情、力量感，黑色给人专业、沉稳的感觉，这类通过色彩呈现的视觉感受正是龙力派获得成功的基础。该色彩搭配（包括反白效果）可以很好地运用在各种视觉传播的媒体平台上，通过标准色的视觉感官刺激与心理反应，以突出龙力派健身的经营理念与服务特质（见图 2－15）。

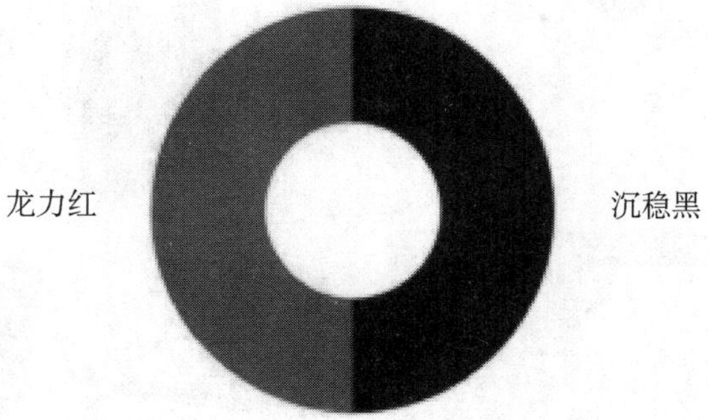

图 2－15 “龙力派”的标志标准色

4. 图标设计

图标作为辅助图形，是品牌视觉识别（VI）系统的重要部分，其目的是增加标志等 VI 设计中的应用面，从而增强品牌视觉效果，尤其在各类宣传媒介中可以丰富品牌整体内容、强化企业形象。通过对常见健身动作的理解绘制龙力派健身图标，方便在 VI 系统和用户界面（UI）设计中的应用（见图 2－16）。龙力派品牌图标设计不仅最大限度地发挥了图标要素的使用价值，还可以使整套品牌视觉系统更为严谨、丰富，使龙力派健身品牌更具活力和市场竞争力。

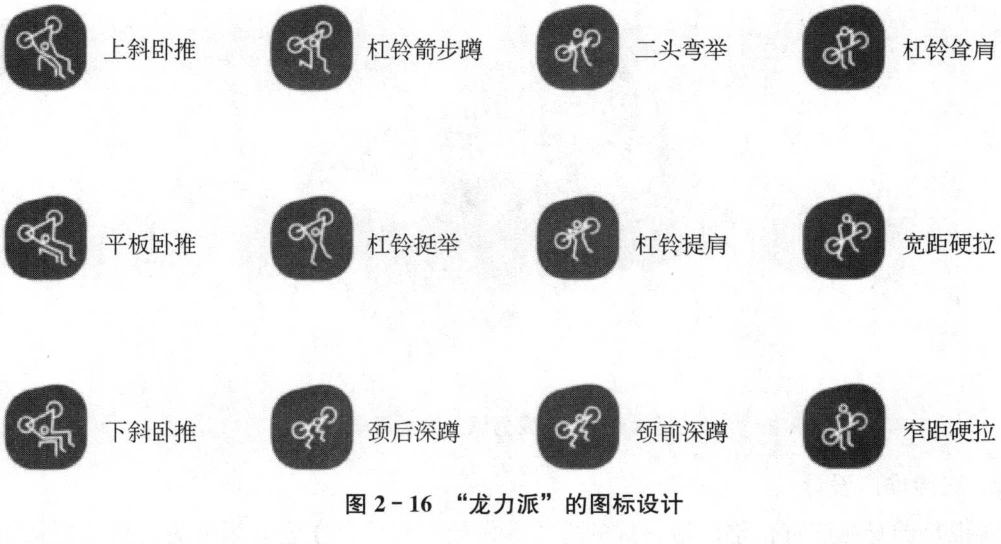

图 2－16 “龙力派”的图标设计

三、应用设计部分

1. 社交办公用品

社交办公用品设计是基于该品牌和各社交用品的联系，通过合理的想象和设计使其很好地融入品牌视觉系统中。在此过程中一定要最大限度地彰显龙力派健身品牌的视觉个性，提升品牌的行业竞争力，发挥最佳的宣传效果（见图 2－17）。

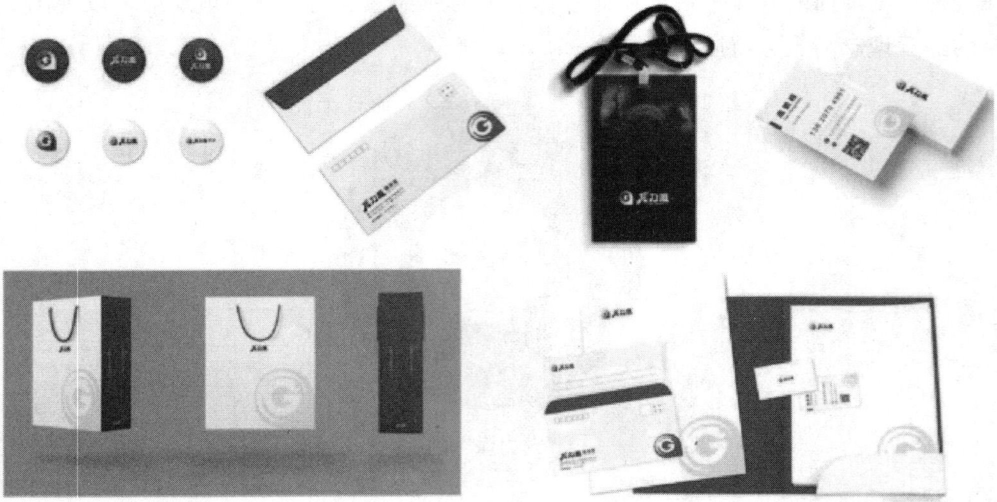

图 2－17　“龙力派”的社交办公用品

2. 会员卡

会员卡是每个健身房必不可少的产品，也是健身房对外宣传的重要产品，因此对健身会员卡的设计提出了较高的要求。龙力派健身会员卡以龙力红为背景色，充满激情和活力，文字和图形反白，主题为“型男”和“靓女”，有较为醒目的视觉效果，会给目标人群留下深刻的印象（见图 2－18）。

图 2－18　“龙力派”的会员卡

3. 宣传推广设计

海报是健身品牌宣传推广最常规的方式。好的海报可以在公共场所为目标人群留下瞬时记忆，之后当人们再次见到该品牌时会瞬间想起，能够很好地帮助目标人群建立品牌认知，扩大品牌影响力。龙力派的海报设计采用中国水墨风格，主题为英文单词“MUSCLE”“POWER”“STRONG”的汉语谐音，中西方设计风格相融合（见图 2－19）。

图 2-19　"龙力派"的宣传海报

4. 龙力派 App

App 也是品牌推广的重要方式之一。随着新媒体平台不断完善，以及健身群体越来越年轻化、多样化，成熟、完善的健身品牌应该开展自己的 App 宣传。龙力派 App 不仅可以让健身群体在因时间、地点等原因无法到健身俱乐部健身时方便在家中、社区进行锻炼，也可以让其充分利用茶余饭后、睡前等碎片时间在 App 上看健身短视频，系统学习专业健身理论知识。同时，健身群体也可以在 App 上进行互动和交流，健身是一个庞大的知识体系，最怕闭门造车，错误的训练会造成更大的伤病、身体形态扭曲等问题，用户可以在 App 上通过互动和交流不断完善和丰富自身训练计划，提高训练效率。在 App 中，龙力派健身也可以与其他行业进行交流融合。例如：引进潮流文化来吸引更多的年轻群体，不断推陈出新，帮助品牌实现宣传效益最大化。

资料来源：道客巴巴，见 https://www.doc88.com/p-00629291551483.html?r=1.

问题

请比较本地有名的健身品牌和龙力派的形象设计，并分析其对顾客的影响力。

案例 2

中国著名品牌标志的寓意

1. 华为

华为标志在设计上采用了聚散的模式，八瓣花瓣由聚拢到散开，寓意着华为发展事业上的兴盛。底部核心聚在一起，说明了华为坚持客户需求、为客户创造价值理念的核心聚焦（见图 2-20）。

HUAWEI

图 2-20　华为标志

2. 格力空调

格力空调商标具有格外有力、绿色环保之义。格力空调标志设计是一个椭圆形被一个类似箭头或者飞鸟分割形成字母 G，呈现力度感。格力空调商标的中文是由格力的创始人朱江洪书写的。格力（GREE）的商标名称包含 GREEN（绿色）、GREAT（伟大）、GLEE（快乐）等含义，朱江洪理解为“格外有力”、彰显诚信（见图 2-21）。

图 2-21　格力空调标志

3. 小米

小米的标志是一个“MI”形，是 Mobile Internet 的缩写，代表小米是一家移动互联网公司。小米的标志倒过来是一个心字，少一个点，意味着小米要让用户省一点心。另外，MI 是米的汉语拼音，正好对应其名称（见图 2-22）。

图 2-22　小米标志

4. 森马

“森马”与“什么”谐音，穿什么就是什么，谐音为穿森马就是森马。“森马”寓意“森立天地，马致千里”。“森”代表众多，取“众木成林立于天地”之意，其延伸意义是十年树木、百年树人，给员工提供良好的成长环境和发展空间，使之长成栋梁之材。“马”则代表着“热情奔放，勇于进取”的具有马的精神的员工团队。其标准色为草绿色，表示崇尚自然、和谐环境，追求快乐和充满希望（见图 2-23）。

图 2-23　森马标志

资料来源：新浪网，见 http://blog. sina. com. cn/s/blog _ b0910ecc0102ym6n. html.

问题

试分析中国其他著名品牌门店的标志。

任务 4　学思之窗

中国元素在品牌标志设计中的应用

在经济全球化的今天，中国的企业正在构建独具中国特色的民族品牌，加入世界品牌的竞争。如何科学地运用中国元素设计出具有中国特色的品牌标志，是当下设计师所要认真思考的问题。跨国企业要进入全球化市场，在构建视觉品牌符号时，必须立足文化的全球化，同时结合本土文化的特色，来构建和谐、融洽的具有中国特色的品牌标志。

中国元素是具有中国特色的文化元素总和，凝结着中华民族的文化精神，体现着民族尊严和民族利益，包括中国独创的有形的外在符号和无形的内在精神两方面。中国元素不仅代表中国传统文化，是中国传统文化的一种象征，而且结合中国现代文化而日新月异，是在国际化视野下被世界人民所认同的中国文化代表。中国元素是中国的民族瑰宝，是中华儿女的骄傲，也是构建中国特色品牌设计取之不尽的资源宝库。

“不忘本来才能开辟未来，善于继承才能更好创新。”要运用好中国元素来设计中国特色的品牌标志，必须以科学的态度对待中国文化，深入了解中国文化，挖掘文化特点，提炼有针对性的设计元素。运用中国元素设计品牌标志是企业自身民族情怀的体现，也是在国际市场中自尊自信的体现。民族品牌标志设计一定要注意受众的文化特征，在避免文化误读的基础上，提炼核心视觉元素来进行艺术加工。

1. 避免运用易引起消费者不利联想的符号来作为核心设计元素

消费者对于品牌的认知往往表现为对品牌形象、产品品质、产品特色等一种整体的综合印象。品牌认知的过程通常是注意—了解—认可—信赖—追随。品牌形象在这一过程中起着重要的作用，尤其是引起消费者注意这一环节。各民族由于地域差别、生活习惯、行为模式等的不同，所形成的文化认知也不尽相同，这将导致品牌不良的认可度而造成品牌伤害。可见由于文化的差异性，消费者对事物的理解也是有差异的，一定要注意避免运用目标消费者容易产生不利联想的信息符号作为品牌构建的设计元素。

2. 运用充满美感、能引发世界文化共鸣的事物作为设计元素

品牌标志一般造型单纯而寓意深刻，具有象征功能、识别功能，是企业形象、特征、信誉和文化的浓缩。一个设计杰出的、符合企业理念的标志，会增加企业的信赖感和权威感，在社会大众的心目中，它就是一个企业或某品牌的代表。

品牌标志的灵魂是文化，不管是文字标志还是图形标志，表现形式都具有一定的风格倾向。在品牌标志的设计风格中所采用的设计元素一定要符合大众消费者的审美观，越是美的事物越能引起丰富的美好想象，也就越贴近于消费者需求的愿景。世界上存在多个民族，虽文化形态各异，而大多数文化都有其能引起美好联想的积极事物。世界人民生活在同一个地球上，对绿色健康的生活向往也是共同的。品牌标志的设计应首先着眼于目标消费者的心理感受，运用美好的、令人愉悦的视觉符号结合企业本身的特点来进行综合的设计。

3. 要用国际化的视野、包容的态度整合运用中国元素

品牌形象符号的设计不是唯美图案的设计，在中国元素的运用中，必须进行目标受众的深度调研，要了解其文化特征，以国际化的视野和包容的态度来整合运用设计元素。如图 2 - 24 所示的 APEC 会议的活动专用标志设计。APEC 会议信息传播的受众遍布全球，在该标志的设计中，设计师在深入了解 APEC 内涵的基础上，对受众进行了文化分析。该标志采用了符合中西方共同审美的点线面设计表达方式，运用了 21 条彩色线条元素来代表 21 个经济体；21 条线条错落有致地排列而形成一个圆形，代表地球与圆满；运用疏密结构隐含了中国首都的标志性建筑——天坛，延伸出来就是地球上的 21 个经济体集聚在

中国，会议将顺利、圆满地举行。在保证标志功用性与识别性的同时，巧妙地融入了中国传统元素，不仅区分了中国 APEC 与他国 APEC 的不同，也表达了中国与 APEC 各经济体紧密合作、共谋发展的美好愿望。整个造型灵动协调，天坛形象呼之欲出，使世界人们记住 APEC 会议的同时，也记住了中国的天坛。在传播中国特色文化的同时，也包容了世界人民的审美需求，被他们所认知和喜爱。

图 2-24 APEC 会议标志

4. 中国元素的运用要能进行本土化的执行

本土化执行方针，简单说就是为了减少文化冲突与文化误读而进行的妥协调整策略。本土化执行方针要求我们在处理目标市场跨文化冲突问题时，本着尊重东道主的本土文化，在不影响本来精神内涵的情况下，适当根据目标市场的消费者文化进行调整，使其更贴近消费者，拉近消费者与企业的距离，提高品牌美誉度。这种策略一般用于已经具有一定影响力的世界品牌在开发更大的市场时遇到跨文化冲突，避免文化冲突而进行的协调方法。这种协调性的调整并不是放弃原来的形象元素，而是在主次上尽量协调，以不影响总体精神寓意为标准。例如：可口可乐公司为了开拓中国市场，又由于中美两国语言文化的差异，为了避免冲突和拉近标志与消费者的距离而进行了适当的符号调整，将原有的英文单词改为了中文，使品牌标志更适合中国市场，受中国消费者喜爱。

总之，中国元素在品牌标志设计中的应用应注重受众分析，以文化为主导进行，融合世界各国的优秀文化，结合企业经营特点和经营理念来提炼符号元素，将所提炼出来的符号图形元素不断打散后重组，最终提炼出具有中国特色的、具有本企业特点的品牌视觉符号。

中国元素对中国特色品牌的建立具有重要的作用和意义。随着互联网时代的来临，网络连接了世界各国的人们，使各国的政治、经济、文化联系密切，形成全球化的社会发展势态。社会的发展变革使文化的全球化已经成为必然。全球化文化的过程，就是世界各国的人们，经过各种文化的碰撞交流、冲突摩擦后，在生活方式和消费意识形态上逐渐融洽而出现一体化的过程。在这个过程中，或将导致强者趋强，而弱者将被逐渐消耗殆尽的可能。构建中国特色民族国际品牌是时代发展的需求，是市场竞争的需求，更是中国文化传承的需求。科学地分析、有效运用中国元素来进行品牌标志设计，将为构建优秀的中国特色品牌形象、培植全球受众喜爱的品牌起到保障作用。如果没有质量、信誉及良好的客户管理作为基础，品牌视觉形象只能是无源之水、无本之木。一个品牌如果没有好的视觉形象，就不能很好地进行品牌推广，不仅影响品牌建立的进程，也是一种品牌缺憾与不完美。

资料来源：参考网，见 https://www.fx361.com/page/2016/1017/277823.shtml.

任务5　团队项目实战训练

每个团队为模拟的门店进行形象设计，包括为门店设计理想的店名并配以文字说明，为门店设计理想的店标，为门店设计简单的招牌，为门店进行合理的店门设计。

项目三　门店内部设计

知识目标

1. 掌握门店卖场设计的原则
2. 掌握门店卖场出入口、通道、货架布局、商品货位、内部装饰等的设计原理与技巧

技能目标

1. 能够根据门店的实际情况进行出入口和通道的合理设计
2. 能够进行货架和商品货位的合理布局
3. 能够设计门店的照明、声音、灯光、色彩、气味、温度等

任务1　大家来讨论

屈臣氏的设计

站在屈臣氏的店铺门口，你会发现一个有趣的现象："顾客一个又一个陆续进入店铺，你却很少发现顾客立刻出来，不一会儿，屈臣氏的店铺就挤满了顾客，顾客手中提着购物篮，慢慢地逛着……"统计数据显示：屈臣氏单个店铺一周的平均交易次数超过6 000次，顾客在店铺的平均停留时间达25～30分钟（见图3－1）。

最近几年，以屈臣氏、万宁、莎莎、丝芙兰等为代表的知名化妆品连锁企业在中国市场迅速发展。在这些企业的影响下，中国本土日化零售经营者日感紧迫，掀起一股前所未有的学习与模仿风潮，店铺改造将是必然趋势。屈臣氏在零售方面取得的杰出成就值得学习，但是，无论学习或者模仿，在投资以前，一定要明确屈臣氏设计的理念。尽量地让顾

图 3-1 屈臣氏门店

客在店内自由选购，这是零售经营业绩突出的基础，屈臣氏正努力在店铺设计方面实现这一点。

要学习屈臣氏的店铺设计，首先必须知晓屈臣氏在店铺设计方面的一些原则：

（1）舒适、和谐、充满活力、令人兴奋的购物氛围；

（2）装修成本合理；

（3）努力让顾客“逛”起来；

（4）发现式陈列原则的应用；

（5）适合连锁发展的标准化陈列道具。

解读一：发现式陈列原则的应用

为了让顾客能快速了解屈臣氏店铺的确切位置，屈臣氏使用最简单直接的方式达到效果。站在屈臣氏店铺的入口处，能快速地找到屈臣氏的经营品类和收银台的具体位置。屈臣氏采用明亮的灯光、较低的中岛货架高度、清晰的经营分类指示牌、明确的主副通道布局等手段来实现。

在店铺，我们会发现屈臣氏使用非常多的道具以及喷画图片，明确地向顾客推荐当期促销的主题、新商品、特惠商品等，而这些道具可以根据活动内容的改变而更换。这些都可以以最低的成本灵活实现经营的效果。

解读二：卖场布局，努力让顾客逛起来

从事零售行业的经营管理者应该都明白，店铺货架的布局是否科学，直接影响店铺的生意，特别是当店铺的经营面积达到 150 平方米，如果采取开架销售的经营模式，会让经

营者非常头疼。通过布局让顾客逛起来，这是一个太专业的课题。在这个布局处理上，有非常多的误区，很多设计者，特别是一些伪专业人士，人为地打乱货架的布局，让顾客找不到方向，自认为可以让顾客“逛”起来。

下面笔者以一个店铺的设计案例来讲解屈臣氏店铺设计的要点：

这是一个不规则形状的店铺，总面积250平方米，深22.2米、宽15.2米（窄处只有8米），有两个出入口，中间不规则地立有9根柱子。

屈臣氏的店铺内没有洗手间，但是一定都配有办公室以及店内仓库，屈臣氏每周进行两次配送，没有足够的库存是没有办法做生意的，店内仓库有利于商品安全管理；办公室、员工休息室、工衣柜是必需的；新的店铺还会配有微波炉、饮水机、冰箱（员工关怀）。

• 第1步：设定收银台位置以及化妆品品牌专柜位置。收银台设在店铺的中后部，目的是鼓励顾客进店，但是保证顾客进门容易看见；化妆品的品牌专柜布置于店铺最显眼的位置。

• 第2步：靠墙货架的布置。靠墙主要设置2.2米高的货架。

• 第3步：以靠墙货架为基准，保证足够的通道。一般采取顺客流方向布置中岛开架货架，保证客人走动顺畅直达收银台而畅通无阻。中岛货架的高度为1.45米，这主要是要保证足够的通透性；副通道宽在1.2米以上、主通道宽在1.6米以上，以保证进门缓冲区有足够空间；收银台前面有足够的空间，一般在2米以上。而中岛货架的布局设计中，对于柱子的处理是关键，如何避开柱子或者利用柱子需要设计者仔细考量。屈臣氏采用货架与柱子对位来隐藏柱子，让顾客在购物的时候感觉不到柱子的阻碍。

• 第4步：在主通道、促销区、进门处布置促销工具，渲染卖场氛围。促销工具主要有：堆头、椭圆形面膜台、四面屏风、促销胶箱等；一共62米货架、4个促销胶箱、1个面膜促销台、5个品牌专柜、25个堆头、3个收银机器位、8个端架促销位。

• 第5步：布置店铺的商品分类。屈臣氏的卖场分为三个购物体验区：美态（化妆品牌专柜、护肤品、饰品）、欢乐（护发、沐浴、口腔、男士用品、纸制品、小工具、小食品）、健康（保健食品、卫生用品）。

（1）核心部门（化妆品、护肤品、个人护理品）重点陈列在视野开阔的位置以显示其重要性；

（2）彩妆布局于入口处或者独立的区域；

（3）化妆品作为主要大类陈列于店铺前部；

（4）日用品作为“目标购物”部门，陈列于店铺的后部；

（5）化妆品和护肤品作为提供近似购物体验的部门，临近陈列在一起；

（6）婴儿用品作为护肤品和日用品的“桥梁”部门，陈列于两者之间或者临近两者之一，或者靠近女性护理用品；

（7）食品部门陈列于收银台旁边；

（8）杂样产品规划为“欢乐”部门之一，主要陈列于高客流的位置——通常紧邻主通道或者收银台；

（9）在店铺醒目位置陈列“推动走廊”，突出最佳促销堆头。

• 第 6 步：为了保持卖场美观，所有电源均采取隐形布线。电源以及天花灯位布置方案如下：清晰标注插座的位置、数量、电话线、网络线、开关位置；入口处的灯光亮度适当高，为双头金卤灯。灯布置规则：横向 20 米、纵向 10 米；注意灯的功率 2×26W 的标准飞利浦 865 色系灯，仓库设置防爆灯；平均每 50 平方米一台 5 匹空调天花机。

• 第 7 步：设计门头的招牌。屈臣氏有规范的招牌制作方案，一般有 1∶6 与 1∶9 两种方法。

通过以上步骤，基本完成了一个店铺的总体设计。当然，屈臣氏还有一套完整的店铺装修设计规范，如灯箱的处理、地面的处理、墙面的工艺要求、玻璃外墙的处理、柱子的处理、货架及柜台的制作规范，这些我们可以参考，但是没有必要一定要模仿。货架的布局是店铺设计中科学性最高的，是关键中的关键。

解读三：陈列工具的选择

熟悉屈臣氏的人都很清楚，其店铺陈列丰富多彩，会引发顾客强烈的购买欲望。屈臣氏认为，卖场布置是一门以商品为主体的氛围布置艺术。最主要突出的是：

（1）商品信息（品牌、品类、功能、规格、包装等）；

（2）价格信息；

（3）容易让顾客发现的商品促销信息；

（4）吸引客源的热烈氛围（这是各种物料、灯光颜色、声音配合的综合体现）。

屈臣氏采用了很多的陈列道具，但是屈臣氏的店铺无论怎样升级，其货架、促销工具功能以及款式都基本不变，只是稍微地调整了颜色、部分尺寸或者在原基础上增加了部分道具；而经常改变的是一些与促销活动主题有关的宣传材料，这样既可以保证屈臣氏的每个店铺标准一样，有利于标准化管理，又能使顾客产生新鲜的感觉。

解读四：吸引顾客的因素，除了卖场的环境，商品的选择与陈列也非常重要

商品的选择也是店铺规划的范畴之一。在顾客的印象中，屈臣氏的商品非常丰富，行业内的经营者也这样认为。屈臣氏的产品会多达上万种，其实专业人士从屈臣氏货架布置图上已经可以看出，按 1 米货架陈列 60 个单品计算，72 米货架所陈列的单品也就4 000多个。那么，屈臣氏是如何实现使并不多的商品达到给人丰富多彩的印象的呢？屈臣氏讲究的是商品组合的艺术：满足顾客商品购买的基本需求（价格、功能、规格等方面）；做到品类齐全、足够的名品数量，通过陈列的技巧让顾客感受到产品的丰富；卖场氛围的丰富元素也很重要。

店铺设计不仅是硬装的问题，软装方面也很重要。灯光亮度、货架的选择、卖场的布局、商品的选择和陈列、促销活动的规划、促销氛围的布置，以及员工的服务，这些都是非常重要的。如果一个设计公司不能全面地考虑这些要素而盲目地规划，就只能设计出一个没有灵魂、只能给顾客暂时新鲜感的店铺。经营者必须了解这些零售方面的知识，不要一味依赖对方，在筛选设计人员时坚持自己的标准，这样经过改造后的店铺才会产生效果。

资料来源：百度文库，见 http://wenku.baidu.com/view/4d087dfb0242a8956bece42d.html.

讨论：

1. 屈臣氏是怎样让顾客在里面长时间选购的？
2. 门店内部设计的核心是什么？
3. 门店内部设计包括哪些方面？

任务2 操作指导

一、卖场设计的原则

（一）层次性

在传统计划经济时代，由于对商品定量定价，卖场简单雷同，那时的卖场设计从严格的意义上来讲只是停留在二维平面设计上。这是在那个特殊年代对卖场设计的片面理解。卖场作为一个为顾客提供商品和服务的立体空间，关于它的设计不仅包括二维设计及在此基础上形成的三维设计，以人为服务对象还决定了它的设计要包含四维设计及意境设计。

1. 二维设计

二维平面设计是整个卖场设计的基础。一旦有了二维平面设计图，卖场的雏形或构架就展现出来了。二维设计运用各种空间分割方式来进行平面布置，包括各种商品或陈列器具的位置、面积及布局、通道的分布等。合理的二维设计是在对经营商品种类、数量、经营者的管理体系、顾客的消费心理、购买习惯，以及卖场本身的形状大小等各种因素进行统筹考虑的基础上形成的量化平面图。例如：根据顾客的购物习惯及消费心理或格调品位来安排货位；根据人流、物流的大小方向、人体力学等来确定通道的走向和宽度；根据经营商品的品种、档次或关联性来划分销售区域等。

2. 三维设计

三维设计即三维立体空间设计，它是现代化卖场设计的主要内容。在三维设计中，针对不同的顾客及商品，运用不同质地的材料、恰当的色彩及造型各异的物质设施，对空间界面及柱面进行错落有致的划分组合，创造出一个使顾客从视觉与触觉上都感到轻松舒适的销售空间。

例如：销售男士用品的商店中的柱子采用带铜饰的黑色喷漆铁板装饰，以突出坚毅而豪华的气势，同时辅之以同样材质的展示架，构成一种稳重大方的氛围。而对于相同建筑结构的销售女士用品的商店，则采用喷白淡化装饰，圆柱设计立面软包的模特台，并辅以小巧的弧型展架，以创造一种温馨的环境。

3. 四维设计

四维设计主要突出的是卖场的时代性和流动性。零售企业并不是存在于真空环境中，它受到各种外在因素的影响和制约。因此，卖场设计需要顺应时代的特点，随着人们生活水平、风俗习惯、社会状况及文化环境等因素变迁而不断标新立异，时刻走在时代的前沿，这便是卖场设计应该具有的时代性。

卖场设计的流动性，是指在卖场中采用运动的物体或形象，不断改变处于静止状态的空间，形成动感景象。流动性设计能打破卖场内拘谨呆板的静态格局，增强卖场的活力与情趣，激发顾客的购买欲望。动态设计体现在多个方面：如自动电梯不间歇地运转、输送顾客；电子显示屏不停息地播放各种广告及信息；顾客在卖场中流动；美妙的喷泉，尤其是音乐彩灯喷泉，随着韵律节奏的变动，制造出各种优美动人的造型及色彩。通过这种动态设计，卖场能够充分满足顾客购物、娱乐、休闲等多种需求。

4. 意境设计

意境设计是商店形象设计的具体表现形式。它是商店经营者根据自身的经营范围和品种、经营特色、建筑结构、环境条件、消费心理、管理意图等因素确定企业理念信条或经营主题，并以此为出发点进行相应的卖场设计。例如：按企业形象策略中企业视觉识别系统的标识、字体、色彩而设计的图画、短语、广告等均属意境设计。意境设计是卖场整体设计的核心及灵魂。

著名的北京赛特购物中心就是始终围绕意境来进行卖场的立体设计的：在赛特购物中心设计之初，就确定了以“人”为中心的设计思想，明确了卖场明朗、通透的风格。为确保这一风格，在寸土寸金的销售黄金区域购物中心设计宽敞的通道，主通道不低于 2.3 米，自选区设施间的距离亦在 1.3 米以上；为形成视野宽敞的商品展示，所有陈列设施高度在 1.4 米左右；柱面进行简单喷白处理，整个卖场宽阔，具有强烈的通透感；赛特还采用多层次的立体照明，组合光线柔和明亮，进一步确保了店堂明亮的格调。在这种环境下，顾客能从卖场内任一位置纵观卖场整体布局。宽广的视野令顾客精神振奋、愉悦。顾客在某种理想精神状态的支配引导下，不知不觉就产生了购买行为。

而令广大顾客向往的北京另一著名零售企业——西单购物中心，则以献“四心”——

“把一颗热心、耐心、诚心、爱心奉献您”作为商魂，贯穿整个中心的设计，有异曲同工之妙。

当旭日东升、朝霞洒落大地的时候，两行着装整齐的值班经理齐刷刷地立于购物中心门前两侧，迎接第一批顾客的光临，广播里传来的是动听悦耳的音乐和迎宾词；当夜幕降临、繁星满天的时候，这两行微笑的使者再一次出现，在悠悠惜别的送客词中欢送最后一批顾客。

购物中心优美的环境无不使人倍感温馨：高矗的玻璃大厦，银白的不锈钢柱清爽气派；厅内四季翠柏郁郁葱葱，白色的泰山石铺就出一份典雅，棕榈鲜花悦目可人，一片生机勃勃的自然景观；不时传出的轻松舒缓的轻音乐令人神清气爽、无比惬意；整个货位布局与艺术观赏性融为一体，美在其中。

为使顾客体会到融融的爱心，购物中心将一些宽敞的区域留给顾客，把部分有效的空间作为顾客的休闲场所，并千方百计为顾客提供服务设施。如在寸土寸金的卖场设置了边沿休息椅，在贵重金银首饰柜台放置了试金椅，并为顾客提供放大镜、鉴定仪，服务台备有安康小药箱等。

（二）迎合顾客需求，尊重顾客

顾客是卖场设计的终极评判员，他们对卖场感觉的好坏直接影响商店货品的销售状况。顺应顾客的感觉，抓住顾客的心是商店经营的中心环节。而卖场是商店与顾客进行直接交流沟通的场所，其设计当然不能忽视顾客的心声，不能脱离顾客，否则无法得到顾客的认可及信任。例如：一个超级市场如果按高档百货商场的风格去装饰，极可能会使广大顾客疑惑不解而望而止步。卖场始终是为顾客而存在及服务的，这是身为商店经营者及卖场设计者所必须遵守的一大原则。

（三）灵活变通性

在日常生活中，我们会有如下体会：某事物哪怕开始有多新奇有趣，但如果重复做，都会令我们兴趣索然。缺乏变动，不仅会因熟视无睹而难以吸引注意力，而且会使人觉得枯燥、单调、乏味甚至产生厌倦心理；相反，适当变动，不仅易引人注目，而且能调动人体内部活跃的因子，使人精神愉悦、饱满而振奋。

因此，一个好的卖场不单要有一个好的创意来留住顾客，重要的是能持续保持一种活力，即通过经常对卖场某些方面如店面、陈列、色彩、商品结构等合适的调整变更，达到顾客常往常新的效果。正如人需要不停息地进行新陈代谢一样，卖场亦需常常补充新鲜的成分。卖场经营者应随着季节、节庆日及消费者偏好等的变换，灵活改变卖场的装束，使它更人性化、更具活力。例如：在雨季，商店可重点加强雨具的陈列；设置一个清新雅致的空间，将五彩缤纷的雨衣、雨帽、雨伞、雨鞋等优美搭配成组，合理布局，不仅能使店面充满生机，也能吸引顾客的注意力。又如：在冬季，采用暖色调的背景，给人以温暖如春的感受；夏季则换用冷色调，给人以清爽、荫凉之感。

（四）经济性

卖场中的装饰布置的最终目标是扩大销售量、增加利润。在激烈的市场竞争中，对卖场的投资是很必要的，但这绝不意味着可以盲目地、无计划地进行。卖场设计作为商店的一项投资，在投入时，必然应像其他投资一样，慎重考虑是否值得投入，投入多少才合理；如何以最小的投入达到一定的设计水准等。用一句话概括就是：卖场设计要讲究经济性。

为配合卖场设计的灵活变通性，卖场的设施应尽量避免采用不易拆换的材料，因为这样改造起来非常困难，势必浪费资金。而如果一开始就尽量选择能随时变化、可变性高的设计、材料、设施，就能在改造时避免许多不必要的浪费。

吸引人的卖场并不都意味着是投入高的卖场，如仅花几百元就可以塑造一个别具农家韵味的小吃店，相信有心之人可以在力所能及的范围内创造出既经济又受欢迎的卖场。

二、卖场出入口设计

（一）卖场入口设计要点

卖场入口一般设在顾客流量大、交通方便的一边。通常入口较宽，出口相对较窄一些，入口比出口大约宽 1/3。应根据出入口的位置来设计卖场通道及顾客流向。在入口处为顾客购物配置提篮和手推车，一般按 3 辆（个）/10 人的标准配置。

（二）卖场出口设计要点

卖场的出口必须与入口分开，出口通道应大于 1.5 米。出口处按每小时通过 500～600 人为标准来设置收银台。收银台的数量应以满足顾客在购物高峰时能够迅速付款结算为出发点。一般而言，顾客等待付款结算的时间不能超过 8 分钟，否则就会产生烦躁的情绪。

三、通道设计

售货现场的通道设计要考虑便于顾客行走、参观浏览、选购商品，同时要特别考虑为顾客之间传递信息、相互影响创造条件。

卖场的通道划分为主通道与副通道（见图 3－2）。主通道是诱导顾客行动的主线，而副通道是顾客在店内移动的支线。卖场内主、副通道不是根据顾客的随意走动来设计的，而是根据超市内商品的配置位置与陈列来设计的。良好的通道设置，就是引导顾客按设计的自然走向，走向卖场的每一个角落，接触所有商品，使卖场空间得到最有效的利用。

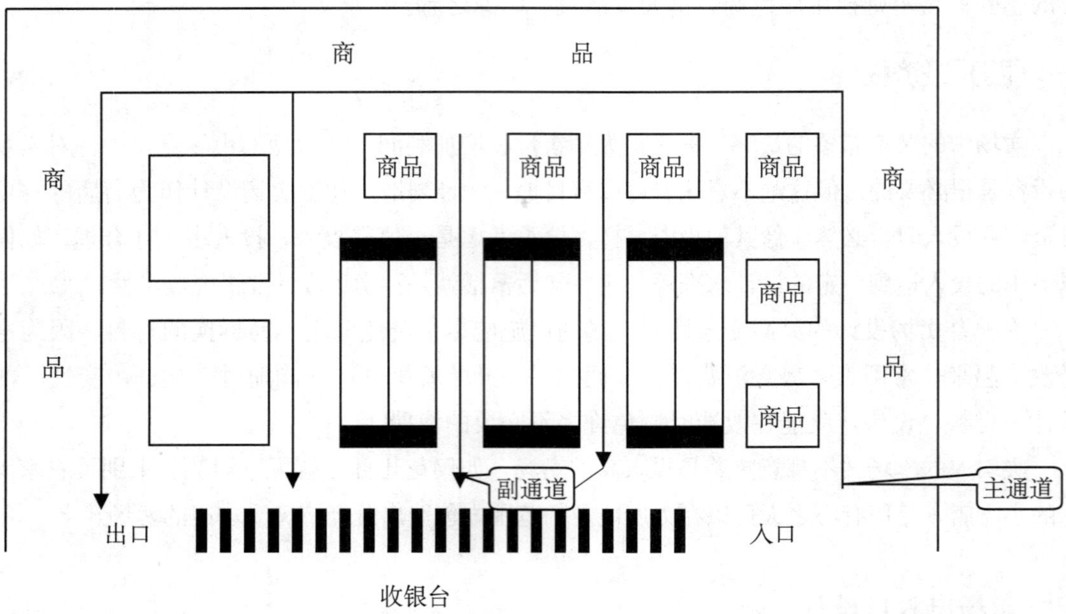

图 3-2　卖场主、副通道示意图

（一）第一主通道

进入卖场后的第一主通道是欢迎远道来店顾客的重要通道。

（1）第一主通道要宽敞。狭窄的通道会使顾客产生压抑的感觉。以大众为对象的商场是以宽广的主通道（一般指四辆购物推车能一起通过）两侧富有特色和吸引力的商品来欢迎顾客的到来。

（2）第一主通道的商品要让顾客进入卖场后感到惊讶和兴奋。在第一主通道要布置具有视觉冲击力的商品，效果就如同听众在聆听气势恢宏的交响乐第一乐章一样极具震撼力，目的是让顾客期待接下来的乐章，让顾客在卖场内购物感到喜悦、兴奋。

（3）第一主通道是获得最大单位面积利益的区域，是销售额和毛利润最大的地方，既有特价商品也有畅销商品。

（二）通道设计原则

以下各项是设计卖场内通道时所要遵循的原则：

（1）足够宽。所谓足够宽，即要保证顾客提着购物筐或推着购物车，能与同样的顾客并肩而行或顺利地擦肩而过。以超市为例，不同规模超市通道宽度的基本设定值如表 3-1 所示。

对于仓储式超市来说，为了保证更大顾客容量的流动，其主通道和副通道的宽度可以基本保持一致。同时，也应适当增加收银台周围通道的宽度，以保证顾客最易排队的收银处的通畅。

表 3-1　不同规模超市通道宽度的基本设定值

单层卖场面积	主通道宽度	副通道宽度
300 平方米	1.8 米	1.3 米
1 000 平方米	2.1 米	1.4 米
1 500 平方米	2.7 米	1.5 米
2 500 平方米	3.0 米	1.6 米
6 000 平方米以上	4.0 米	3.0 米

（2）笔直。通道要尽可能地设计成笔直的单向通道，避免成为迷宫式的通道。

（3）平坦。通道地面应保持平坦，处于同一平面上。有些门店由两个建筑物改造连接，通道途中要上或下几个楼梯，有中二层、加三层之类的情况，令顾客不知何去何从，显然不利于门店的商品销售。

（4）少拐角。事实上，一侧直线进入，沿同一直线从另一侧出来的店铺并不多见。这里的少拐角是指拐角应尽可能少，即通道途中可拐弯的地方和拐的方向要少。有时需要借助连续展开不间断的商品陈列线来调节。

（5）通道比卖场明亮。通常而言，通道上的照度起码要达到 1 000 勒克斯；尤其是主通道，相对空间比较大，是客流量最大、利用率最高的地方。要充分考虑到顾客走动的舒适性和非拥挤感。

（6）没有障碍物。通道是用来诱导顾客多走、多看、多买商品的。通道应避免死角，在通道内不能陈设、摆放一些与陈列商品或特别促销无关的器具或设备，以免阻断通道、损害购物环境的形象。

四、货架布局设计

（一）格子式布局

格子式布局的基本形式如图 3-3 所示。

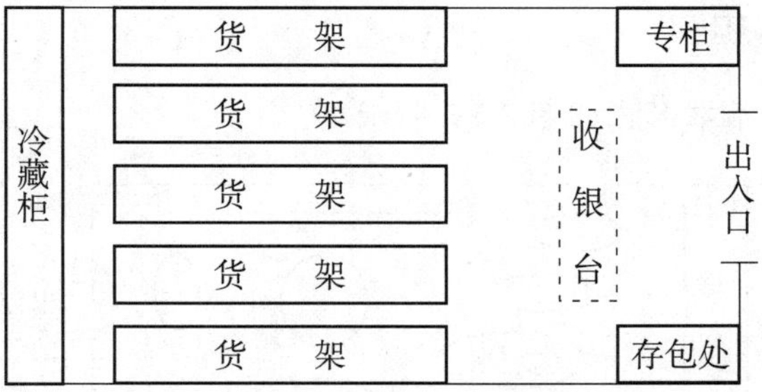

图 3-3　格子式布局的基本形式

（1）优点：创造严肃而有效率的气氛；走道依据客流量需要而设计，可以充分利用卖场空间；由于商品货架的规范化安置，顾客可轻易识别商品类别及分布特点，便于选购；

易于采用标准化货架，可节省成本；有利于营业员与顾客的愉快合作，简化商品管理及安全保卫工作。

（2）缺点：商场气氛比较冷淡、单调；当拥挤时，易使顾客产生被催促的不良感觉；室内装饰方面创造力有限。

（二）岛屿式布局

这种形式一般用于百货商店或专卖店，主要陈列体积较小的商品，有时也作为格子式布局的补充（见图 3－4）。

(a)　　(b)

图 3－4　岛屿式布局的基本形式

（1）优点：可充分利用营业面积，在客流畅通的情况下，利用建筑物特点布置更多的商品货架；采取不同形状的岛屿设计，可以装饰和美化营业场所；环境富于变化，使顾客增加购物的兴趣；满足顾客对某一品牌商品的全方位需求，对品牌供应商具有较强的吸引力。

（2）缺点：由于营业场所与辅助场所隔离，不便于在营业时间内临时补充商品；存货面积有限，不能储存较多的备售商品；现场用人较多，不便于柜组营业员的相互协作；岛屿两端不能得到很好利用，也会影响营业面积的有效使用。

（三）自由流动式布局

自由流动式布局的基本形式如图 3－5 所示。

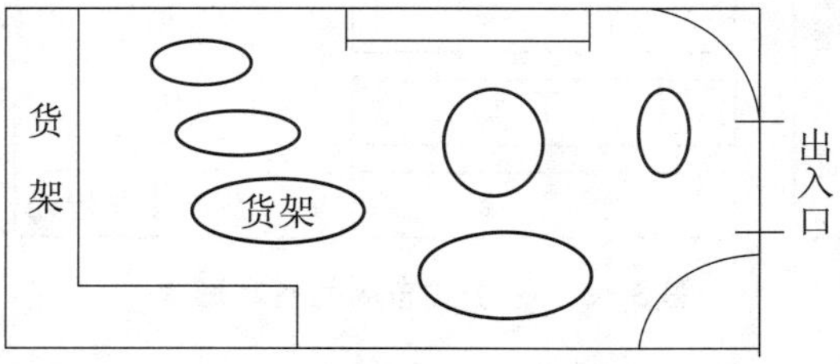

图 3－5　自由流动式布局的基本形式

（1）优点：货位布局十分灵活，顾客可以随意穿行于各个货架或柜台；卖场气氛较为融洽，可促使顾客冲动性购买；便于顾客自由浏览，不会产生急迫感，增加顾客的滞留时间和购物机会。

（2）缺点：顾客难以寻找出口，难免有怨言；顾客拥挤在某一柜台，不利于分散客流；不能充分利用卖场，浪费场地面积；这种布局方便了顾客，但对商店的管理要求却很高，尤其要注意商品安全的问题。

（四）斜线式布局

斜线式布局是指货架和通道以菱形或梯形等搭配来分段布局（见图 3－6）。

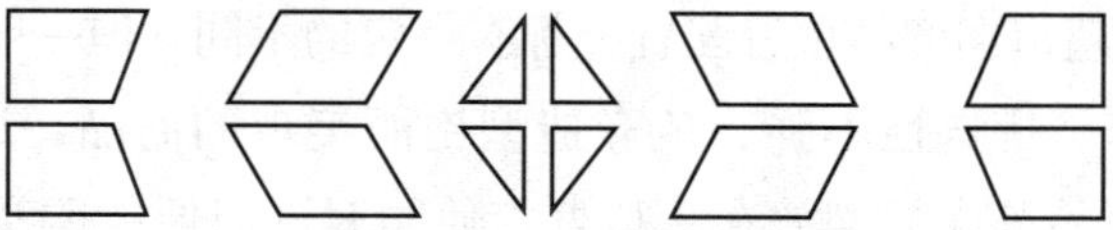

图 3－6　斜线式布局的基本形式

（1）优点：能使顾客随意浏览，气氛活跃；易使顾客看到更多商品，增加购买机会。

（2）缺点：不能充分利用场地面积。

五、商品配置

超市的商品配置是超市经营成败的关键环节。如果商品配置不当，会造成顾客想要的商品没有而不想要的商品太多，不仅空占陈列货架，而且造成资金积压，导致经营失败。

知识点：

门店商品布局的重要理论

（一）商品配置的面积分配

一般而言，超市商品面积的配置比例应以不同商品的营业额为基础，在充分满足按营业额多少分配各类商品配置面积的基础上，再兼顾品种分配面积。这样分配面积的理由是：超市是以满足消费者食品和日常生活用品为主的大众化销售场所，不同类型商品的营业额反映了消费者日常生活的支出构成，在一定程度上反映了我国城镇居民消费的恩格尔系数。假设每一平方米所能陈列的商品品项数相同，那么超市卖场内各项商品的面积配置应与顾客支出的商品投向比例相同，因此，要正确分配各类商品的面积，必须对来超市购物的消费者购买比例进行准确的分析与判断。

需要说明的是，我国幅员辽阔，每一个地区顾客的消费水平差异较大，消费习惯也不尽相同，经营者必须根据所处商圈的特点和超市本身定位及周边竞争者的状况作出商品面积配置的抉择。

即使是同一超市，也要根据不同商品销售的实际情况适当进行调整，增加畅销品的配置面积，减少滞销品的配置面积。

（二）商品位置的配置

顾客行走路线影响商品区域配置；反过来，商品区域配置也影响顾客行走路线。在配置商品位置时，要综合考虑以下两方面的因素。

1. 商品位置配置的一般规律

商品位置的配置应该按照顾客购买每日所需商品的顺序作出客动线的规划，也就是说，要按照顾客的购买习惯和人流走向来分配各种商品在卖场中的位置。“民以食为天”，古今中外，无一例外。每一家超市在商品位置配置上都有一定的不同，但一般应注意以下问题：

（1）交易次数频繁、挑选性不强、色彩造型艳丽美观的商品，适宜放置在出入口处。例如：将化妆品、日用品等商品摆放在入口处，使顾客进门便能购买；将某些特色商品摆放在入口处，也能起到吸引顾客、扩大销售的作用。

（2）贵重商品、技术构造复杂的商品，以及交易次数少、选择性强的商品，适宜摆放在多层建筑的高层或单层建筑的深处。

（3）关联商品可邻近摆放，相互衔接，便于顾客选购，促进连带销售。例如：将女性用品和儿童用品邻近摆放，将西服与领带邻近摆放。

（4）按照商品性能和特点来设置货位。例如：把互有影响的商品分开摆放，将异味商品、食品等单独隔离成相对封闭的售货单元，有效减少卖场内的噪声，集中顾客的注意力。

（5）将冲动性购买的商品摆放在明显位置以吸引顾客，或在收银台附近摆放些小商品及时令商品，顾客在等待结算时可随机购买一两件。

（6）可将客流量大的商品部、组与客流量小的商品部、组相邻摆放，借以缓解过于集中的客流量，并可诱发顾客对后者的连带浏览，增加购买机会。

（7）按照顾客的行走规律摆放货位。顾客习惯于逆时针方向行走，即进商店后，自右方向左观看浏览，可将连带商品按顺序排列，以方便顾客购买。

（8）选择货位还应考虑是否方便搬运、卸货。例如：体积笨重、销售量大、续货频繁的商品应尽量设置在储存场所附近。

2. 磁石点理论在商品配置中的运用

视频：

磁石点理论

磁石点理论的关键在于磁石点商品。所谓磁石点商品，是指商品对顾客的吸引力的一种形象化说法。虽然门店经营的品种以大众日常生活必需品为目标，但由于种种原因，不同商品类型、品种构成了对顾客不同程度的吸引力。根据吸引力的不同，可以将商品分为不同的系列，相应地给予不同的位置安排，这就是磁石点理论。不同磁石点的位置如图 3－7 所示。

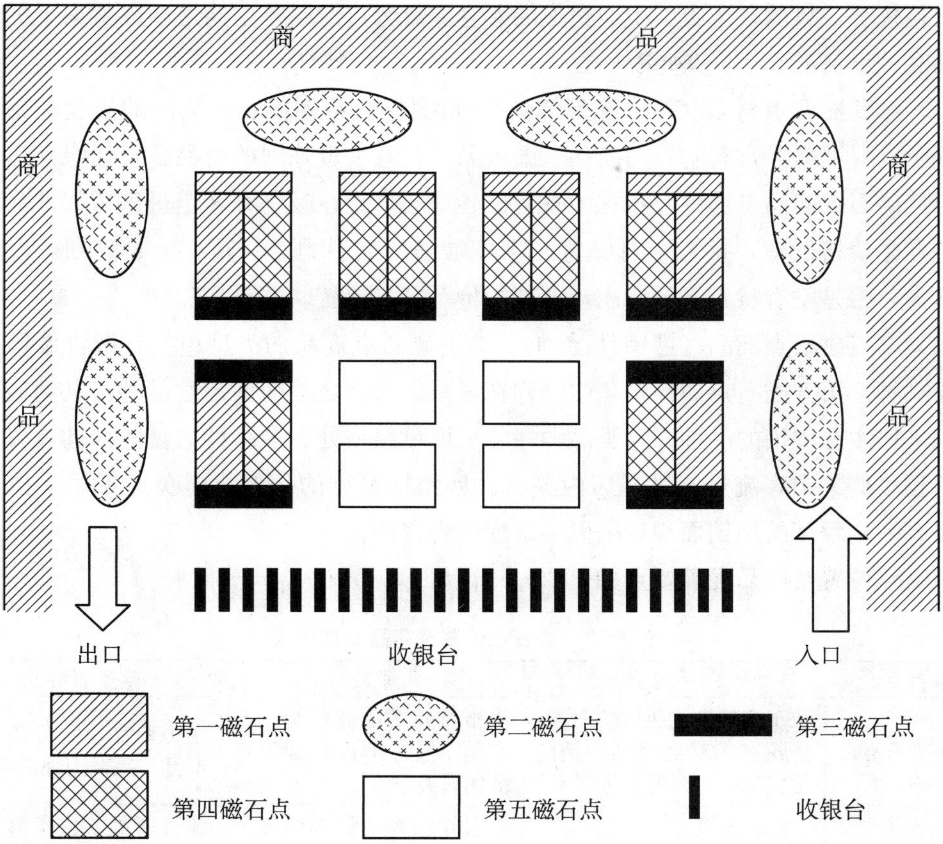

图3-7 磁石点示意图

第一磁石点到第五磁石点商品的类型和布局特点如下：

(1) 第一磁石点商品（沿着主通道）。第一磁石点商品的类型包括：消费量大的商品、消费频率高的商品、主力商品、进货能力强的商品。五种类型的磁石点商品中，最重要的是第一磁石点商品。该类商品陈列在主通道两侧，是消费量最大、消费频率最高的日常生活必需品，所以安排在主通道两侧才有吸引力。为了买到每日生活必需的这些商品，顾客自然而然会走过主通道全程。

(2) 第二磁石点商品（主通道沿线穿插）。都应具备第一磁石点商品的特征。第二磁石点商品的类型包括：前沿商品、引人注目的商品、季节性商品（时令性商品）。第二磁石点商品是穿插在第一磁石商品中间，一段一段地引导顾客向前行的商品。第二磁石点商品需要超乎一般的照度和陈列装饰，以最显眼的方式呈现，让顾客一眼就能看出其与众不同的特点。第二磁石点商品需要隔一段时间便更新，保持其基本特征。

(3) 第三磁石点商品（端架）。部分具备第一磁石点商品的特征。第三磁石点商品的类型包括：特价品、大众化的厂家或商店自有品牌商品、季节性商品（时令性商品）、厂商促销商品（新产品）。第三磁石点商品是端架商品，是陈列在出口对面或通道旁端架上的品种。面向墙壁一面端架的商品要具备第一磁石点商品的特征，第三磁石点商品通常都具有价格优势，目的在于吸引主通道上的顾客注意旁边配置在副通道两侧货架上的部分主力商品和辅助商品。

（4）第四磁石点商品（每一陈列架上一到两种）。第四磁石点商品的类型包括：贴有醒目提示（对顾客非常有利）的商品、廉价品、有意大量陈列的商品、新闻媒介广告宣传品。第四磁石点商品是那些散布在中央货架各处的，意在吸引顾客走进该货架的品种。其显著特点是价格低廉，是为了对顾客产生非常强的吸引力。一是要大量陈列，以显示丰富、量大，二是贴有特别提示标志，如“特价”“广告品”“推荐品”等。

（5）第五磁石点商品（展销性品种）。第五磁石点商品的类型包括：低价展销品种及非主流品种。第五磁石点商品是集中陈列在显眼、必经之地的展销性品种，是商店有意选择的用来作主题展销的品种。这类品种往往采取单独一处、多品种大量陈列的方式，以形成一定程度的集中客流量，烘托店内气氛。展销性品种的位置要避免接近第一磁石点商品，要有一定程度的展销面积，辅以一定的广告宣传。

磁石点位置及商品配置要点如表3-2所示。

表3-2　磁石点位置及商品配置要点

磁石点	店铺位置	配置要点	配置商品
第一磁石点	位于卖场中主通道的两侧，是顾客的必经之地，是商品销售最主要的位置	由于特殊的位置优势，不必刻意装饰即可达到很好的销售效果	主力商品、购买频率高的商品、采购力强的商品
第二磁石点	穿插在第一磁石点中间	有引导顾客走到卖场各个角落的任务，需要突出照明度及陈列装饰	流行商品，色泽鲜艳、容易抓住人们眼球的商品，季节性很强的商品
第三磁石点	位于超市中央陈列货架两头的端架位置	是卖场中顾客接触频率最高的位置，盈利机会多，应重点配置，商品摆放三面朝外	特价商品、高利润商品、厂家促销商品
第四磁石点	位于卖场中副通道的两侧	重点以单项商品来吸引顾客，需要在陈列方法和促销方式上刻意体现	热销商品、有意大量陈列商品、广告宣传品
第五磁石点	位于收银处前的中间卖场，是非固定卖场	能够引起一定程度的顾客关注，烘托门店气氛，展销主体需要不断变化	用于大型展销、特卖活动或者节日促销商品

六、卖场其他服务设施的设计

（一）收银台

根据客动线的设计目标，最理想的布局是顾客从大门进入后，将卖场全部转遍，最后到达收银台。因此，应该根据主通道的设置以及磁石商品的陈列位置，将收银台设置在客流的延长线上。从理论上讲，这样可以为收银台找一个比较合适的位置。但在实际工作中，由于卖场的建筑物形状等原因，收银台的位置并不那么好决定。一般来讲，自选商场将收银台排成一条线设在出口处，以便统一收银。

大量调查表明，顾客等待付款结算的时间不能超过 8 分钟，否则就会产生烦躁情绪。在购物高峰时期，由于顾客流量的增加，卖场内人头攒动，无形中又增加了顾客的心理压力。顾客等待的时间越长，就越不满意。因此，管理收银排队在某种意义上至关重要，适当增加收银台的数量以及培训收银员就成了重中之重。

同时，收银台的自身设计要合理，要能够满足除收银外的其他辅助功能，如商品的打包、顾客舒适的等待空间等。

（二）休息区

购物是一件比较劳累的事情，对于卖场而言，休息区是必不可少的。在一项公共项目的调查中发现，一张椅子可以让顾客行走的距离加倍；购物容易使人疲劳，但若是给顾客一个休息的地方，歇一会儿后，他们就可以继续往前走而不是返回了。休息过后，他们会走更长的距离，也就意味着会看到更多的商品，有可能会买更多的东西。

在缺少休息区的环境下，顾客会选择离开。除非店铺里的商品确实让顾客舍不得离开，顾客才会自己寻找“休息区”。只要是能坐下的地方，顾客就会去休息一会儿。这种情形对于卖场的雅观和布局是非常不合适的，卖场外的休息区也是人性化的体现，购物结束的顾客常常会疲惫不堪。这时就需要卖场外的休息区，让顾客一踏出商场大门就能够立刻坐上去。

七、卖场内部装饰设计

（一）装饰材料的选用

在内部装饰中，装饰材料质地的不同会产生不同的效果。质感粗糙的使人感到稳重、沉着和粗犷，细滑的表面质感则使人感觉轻巧、精致。材料质地的不同还会给人高贵或简陋的感觉。正确地选用装饰材料，能增加商场的艺术表现力。在质感处理上要考虑质感的均衡。一般来说，光滑的材料可以反射光线，粗糙的材料可以吸收光线；空间大的似乎以质感粗一点的材料为佳，而空间小的则采用光滑质感材料为佳；大面积的墙面可以粗犷一些，重点装修的墙面则要精细一些，以取得对比的效果。

经过精细加工的材料具有很好的光泽，如抛光金属、玻璃、磨光花岗岩、大理石、釉面砖、瓷砖等，通过镜面的反射使室内空间感扩大和延伸，同时能反映出多变的色彩，是丰富与活跃店内气氛的较好选择。

（二）照明设计

售货现场是顾客活动的公共场所，保持售货现场内光线充足，为顾客创造舒适的购物环境，对零售企业卖场设计来说，是很重要、也是很必要的。售货现场的采光来源有自然采光和人工采光两种，可以结合利用。

自然采光能够使顾客准确地识别商品的色泽，方便顾客挑选、比较商品，从而使顾客在心理上产生真切感与安全感，不至于因灯光的影响，使商品的色泽产生差异而购买到不如意的商品。因此，在采光方面，要尽可能地利用自然光源。

但由于售货现场规模、建筑结构形式不同，自然采光所占比例不大，而随着照明技术的进步，人工灯光设计在售货现场设计中的地位日益重要。先进的灯光设计能够增加店容、店貌的美观度，能够突出商品的显示效果，从而吸引顾客参观选购，刺激顾客的购买欲望。因此，在研究售货现场的灯光设计时，要以方便顾客选购、突显商品为主，灯具装置和灯光光源均要符合这一要求。可灵活采用不同的人工采光方式，例如：镶装暗射灯光，能使整个售货现场光线柔和；采用聚射灯光，可突出显示陈列的商品，从而使顾客在一个柔和、愉悦的氛围中挑选商品。

（三）色彩设计

1. 色彩对人们的心情产生影响

不同的色彩及其色调组合会使人们产生不同的心理感受。例如：以红色为基调，会给人一种热烈、温暖的心理感受，使人产生一种强烈的心理刺激。红色一般用于传统节日、庆典布置，创造一种吉祥、欢乐的气氛。但是，如果红色过于突出，也会使人产生紧张的心理感受，一般避免大面积、单一采用。以绿色为基调，会给人一种充满活力的感觉。绿色又被称为生命色，表现生机勃勃的大自然。在购物环境设计时，采用绿色，象征着树木、花草。以黄色为基调布置，给人以柔和明快之感，使人充满希望。食品中很多是黄色的，如面包、糕点等，故黄色常作为食品销售部门的主色调。但是，如果黄色面积比例过大，会给人一种病态的、食品变脏的心理感受，使用时应注意以明黄、浅黄为主，同时避免大面积、单一使用。以紫色为基调，会给人庄严、高贵、典雅的心理感觉，使人产生一种敬畏感。紫色常用于销售高档、贵重商品，如珠宝首饰、钟表玉器等。黑色是一种消极色彩，给人一种沉重、压抑的心理感受，一般在商场不单独使用，但与其他颜色适当搭配，也会产生一定的视觉冲击力。蓝色会使人联想到辽阔的海洋、广阔的天空，给人一种深邃、开阔的心理感受，销售水产品、旅游商品时，采用蓝色效果较好。

2. 色彩设计可以刺激顾客的购买欲望

在炎热的夏季，商场以蓝、棕、紫等冷色调为主，顾客会产生凉爽、舒适的心理感受。如果采用这些流行色布置女士用品卖场，能够刺激顾客的购买欲望，增加销售额。色彩对儿童有强烈的刺激作用，他们对红色、粉色、橙色反应敏感，销售儿童用品时使用鲜艳的色彩，效果更佳。使用色彩还可以改变顾客的视觉形象，弥补营业场所的缺陷。例如：将天花板涂成浅蓝色会给人一种高大的感觉，将商场营业场所墙壁两端的颜色涂得由深入浅会给人一种辽阔的感觉。一段时间变换一次商场的色彩，会使顾客感到新奇。

3. 色彩对于商场环境布局和形象塑造影响很大

为使营业场所色调达到优美、和谐的视觉效果，必须对商场各个部位如地面、天花板、墙壁、柱面、货架、柜台、楼梯、窗户、门等以及售货员的服装设计出相应的色调。

4. 色彩要与商品本身的色彩相配合

目前，市场销售的商品包装也需注意色彩的运用，这就要求商场内货架、柜台、陈列用具为商品销售提供色彩上的配合与支持，起到衬托商品、吸引顾客的作用。例如：销售化妆品、时装、玩具等应用淡雅、浅色调的陈列用具，以免喧宾夺主，掩盖商品的美丽色彩；销售电器、珠宝首饰、工艺品等应用色彩浓艳、对比强烈的色调来显示其艺术效果。

5. 色彩要与楼层、部位结合，创造出不同的气氛

例如：商场一层营业厅，入口处顾客流量多，应以暖色装饰，形成热烈的迎宾气氛。也可用冷色调装饰，以缓解顾客紧张、忙乱的心理。地下营业厅沉闷、阴暗，易使人产生压抑的心理感觉，用浅色调装饰地面、天花板可以给人带来赏心悦目的清新感受。

6. 运用要在统一中求变化

商场为确定统一的视觉形象，应定出标准色，用于统一的视觉识别，显示企业特性。但是在运用中，在商场的不同楼层、不同位置，又要求有所变化，形成不同的风格，使顾客依靠色调的变化来识别楼层和商品区域，唤起新鲜感，减少视觉与心理的疲劳。

(四) 气味与声音的设计

气味和声音同样影响顾客的情绪，并有助于氛围的形成。调查结果显示，在零售店铺里播放柔和而节拍慢的音乐，会使销售额增加40%，快节奏的音乐会使顾客在商店里流连的时间缩短而购买的商品减少。所以每天快打烊时，零售店铺就会播放快节奏的音乐，促使顾客早点离开。

声音是创造商场气氛的一个有效途径，它也影响着顾客的情绪和营业员的工作态度。声音运用适当，可以达到以下效果：第一，吸引顾客对商品的注意，如电视、音响的播放；第二，指导顾客选购商品，商场向顾客播放商品展销、优惠出售信息，可引导顾客选购；第三，营造特殊氛围，促进商品销售。随着时间的不同，商场定时播放不同的背景音乐，不仅给顾客以轻松、愉快的感受，还会刺激顾客的购物兴趣。例如：刚开始营业的早晨播放欢快的迎宾乐曲，临打烊时播放送别曲；在天气变化时播送音乐提示，为顾客提供服务。商场内的各种声音并非都会对营业环境产生积极影响，也会有一些噪声，如柜台前

的嘈杂声、机器声，都可能使顾客感到厌烦，有些虽然可以采用消音、隔音设备，但也不能保证全部消除。因此，可以采用背景音乐缓解噪声。要选择旋律轻柔舒缓的背景音乐，以营造温馨的气氛，不要播放节奏强烈的打击乐、迪斯科等，以免影响顾客情绪，打乱售货员的工作节奏。

巧克力、新鲜面包、橘子、爆米花和咖啡等气味对增进人们的愉快心情也是有帮助的，如花店中花卉的气味、化妆品柜台的香味、面包房的面包和饼干的香味、蜜饯店糖果的甜味、零售店铺礼品部散发香气的蜡烛、皮革制品部的皮革味、烟草部的烟草味等。

八、数字化优化内部设计

内部设计也可能通过数字化来进行优化。

首先，通过大数据分析可以优化货架、通路的设计。借助数字化工具获取相关数据，如顾客的行动路线、购买的商品及其价格带、经常一起购买的商品、感兴趣的商品、单次购买额等。收集到这些信息后，分析和判断顾客习惯的购买顺序、顾客的消费倾向、消费水平、关联性的消费以及潜在的消费等。从而在综合考虑货架布局的战略意图的基础上，优化调整现有的货架布局、商品布局，形成合理的通路、关联性商品的陈列布局，激发顾客的购买潜力，促进销售的增长。

其次，通过对不同氛围营造下（其他因素都相同或类似）销售数据的对比，分析内部氛围的设计对顾客购买行为的影响，从而优化门店内部氛围的设计。这里要用到的数字化资源主要有：摄像头、销售数据、微信（小程序、公众号）、支付宝、自有 App、其他 App 等。

任务 3 案例学习

案例 1

小肥羊的内部设计

内蒙古小肥羊餐饮连锁有限公司成立于 2001 年，足迹遍布全球 110 多座城市，已开业门店超 300 家，是中国第一家上市的火锅店。

近年来，小肥羊开创了“In-mall 店”新模式，渠道从社区渗透到全球各大知名购物中心内。为配合“In-mall 店”计划，小肥羊已对品牌门店形象进行了升级，结合地域特色，在不同城市开启不同主题风格门店。小肥羊“In-mall 店”新模式为适应购物中心新体验时代，主动变革，小肥羊形象店突出三大核心点：

1. 突出品牌坚持的核心与灵魂

“‘一锅汤’和‘一盘肉’是小肥羊品牌18年来的核心与灵魂”，在In-mall形象店，小肥羊将品牌对汤底、羊肉的用心经营反映在门店的软装上：七味药食同源的食材墙、巨幅壁画《元祖狩猎图》、360°草原风光LED旋转灯带，更有明厨展示羊肉重要部位的加工过程（见图3-8）。

图3-8　上海小肥羊店铺装修

为了强调小肥羊品牌核心与灵魂，小肥羊推出《寻味之旅》系列宣传视频，获得了直接的反馈——更多消费者走进小肥羊餐厅，体验它的产品和全新店面形象。2016年《寻味之旅1——138种食材的奇妙旅行》获誉无数，并引起《人民日报》微博的关注：“膜拜！火锅竟然能拍成这样！”2017年《寻味之旅2——158种食材漂洋过海来撩你》再度引发观赏热潮。

2. 新环境让火锅体验舒适升级

走进小肥羊新形象店，你会发现，为了给消费者提供更好的服务，小肥羊不断做出改变——方便的充电装置、智能大小锅适配电源、移动照片打印设备、全方位祛味喷雾器……

In-mall新模式的小肥羊门店在选址上也有了新要求，面积选择300平方米左右的门店（见图3－9），优先选择成熟商圈如地铁上盖、商业综合体、写字楼集中区域、购物中心、社区配套商业和旅游中心等物业。

图3－9　上海小肥羊内部装修

3. 新风格体现各个城市不同风貌

小肥羊自2012年启动2.0时代品牌升级以来，全新升级门店将摩登风格与中式气息相结合，突出老上海风情，用原木主色调搭配仿古墙砖和木纹展架，以及浓郁上海特色的手绘“挂历美女”，让北方火锅与上海小资情调进行混搭，如图3－10至图3－14所示。

图3－10　上海莲花广场店老上海风情

图 3－11　上海光启城店简约现代

图 3－12　上海南京东路店古典唯美

图 3－13　常州浩源大厦店清新摩登

图 3－14　西藏日喀则店民族时尚

资料来源：搜狐网，见 https://www.sohu.com/a/153332037_774056.

问题

1. 请分析小肥羊的内部设计，你认为其还有哪些方面需要完善？
2. 调查经典的专卖店设计，分析其设计元素及其对顾客购物的影响。

案例 2　海底捞的内部布局

2017 年，海底捞进行了企业形象的全面升级，首先是换了新的标志（见图 3－15），入口也变得更加现代化。

图 3－15　海底捞新旧标志对比

店面以黑白灰三色打底，结合大热的黄铜材质，打造“网红气质”的餐厅装修风格，借此摆脱海底捞以前传统的川式火锅稍显老气的印象（见图 3－16）。

设计灵感是从“Normcore”一词获得的，该词原是服装设计领域的用词，由 normal（常规）和 hardcore（硬核）组合而成，旨在传递实用、舒适的理念，所以店面的设计化繁为简，保留设计细节，营造一种平静、舒适的用餐氛围（见图 3－17）。

图 3-16　海底捞的店面设计

图 3-17　海底捞内部用餐环境

利用天花板造型的体块关系来重新组织空间，以虚拟的界限进行空间的划分，而且设计了多个组接的盒装天花板造型，取代了实木的间隔板材，让整个餐厅呈现出公共性、开放性和趣味性的视觉效果，并且加强了店面的整体感（见图 3-18）。

图 3-18　海底捞的天花板造型

利用空间的边界消失，减少了服务员与顾客碰撞的干扰，服务员可以自由穿梭，既节省时间又节省空间（见图 3-19）。

图 3-19　海底捞内部空间设计

区别于传统的围坐式用餐，还精心设计了供两位以下客人使用的吧台小火锅用餐处，贴心的设计充满人情味（见图 3-20）。

图 3-20　海底捞的吧台小火锅用餐设计

资料来源：搜狐网，见 https://www.sohu.com/a/200575152_614738.

问题

请结合实际，对比分析小肥羊和海底捞的内部设计。

任务 4　学思之窗

中国传统文化在与门店设计结合中活态传承

前面小肥羊的案例，展现了小肥羊在门店内部设计中融入了中国的传统文化元素。中国门店在做内部设计的时候，都可以根据自身的经营内容，融入一些相关的传统文化元素，既能够突显自身的特色，又能够增加门店的内涵，从而提升门店的知名度和价值。现在有一些门店正尝试将非遗技艺用于门店的经营中，是非常值得倡导的。例如，上海哈尔滨食品厂淮海路门店，其“竹报平安”点心礼盒的外包装采用了非遗技艺（见图 3-21），外包装篮子是由贵州赤水的老师傅卢华英采用非遗技艺制作而成，首批“竹报平安”礼盒2020年6月一上市即告售罄。此外，这还是上海对口支援的精准扶贫项目。如何让非遗技艺成为脱贫致富的方法，也让这些濒临失传的手艺重回公众生活，上海正携手对口支援地区，探索一条“活态传承”的新路。

图 3-21　“竹报平安”点心礼盒的外包装采用了非遗技艺

资料来源：so资讯，见 http://so.lc123.net/guonei/18300.html.

任务5　团队项目实战训练

1. 每个团队为模拟的门店进行内部设计。
2. 调查××超市的内部设计，形成2 000字以上的调研报告。

模块二
门店现场管理

项目四　商品陈列管理

知识目标

1. 掌握商品陈列的原则与程序
2. 掌握商品布局的原则和方法

技能目标

1. 能够运用商品陈列的基本理论与技术进行商品陈列区域设计
2. 能够运用日杂货陈列技巧陈列日杂货
3. 能够运用生鲜品陈列技巧陈列生鲜品
4. 能够运用电器陈列技巧陈列电器等

任务1　大家来讨论

逛超市的启发

孙蓓在城里开了家小超市，主要经营日用品。营业之初，她对商品的陈列并不是很上心，超市中的商品并没有精心摆放，甚至显得有些凌乱。这样的情况对超市的生意虽说影响并不大，却限制了超市的进一步发展壮大。

直到有一天，她陪着一个老同学在城里的另一家超市购物，老同学先是购买了一瓶啤酒，当他看见旁边摆着的开罐器时就顺手又拿了一个开罐器，之后他往前走了两步，又看到了精致的玻璃杯，想起过两天要在家里请人吃饭，就又挑选了一组精致的玻璃杯以及玻璃杯垫。

孙蓓感到很不可思议，老同学原本只是要买瓶啤酒，最终却买了开罐器、一组玻璃杯以及玻璃杯垫。为什么会这样呢？难道是因为这些相关联的商品都陈列在一起吗？除了这个原因，似乎没有别的理由可以解释这个问题了。

她受到了启发，回到自己的小超市后，马上和员工一起重新陈列商品，把相互之间有关联的商品陈列在一起。结果重新陈列后的商品显得非常整齐，让人耳目一新，超市的生意也比以前好了很多。

资料来源：中国店网，见 http://www.koduo.com/jingying/chenlie/31141.html.

讨论：

1. 是什么原因让孙蓓的老同学比预期买的东西要多？
2. 案例中超市采用的是什么陈列方法？
3. 商品陈列的原则和方法有哪些？

任务2 操作指导

一、商品陈列的原则

知识点：

能够让商品“显而易见”的陈列位置

商品陈列是指企业为了最大限度地便于顾客购买，利用有限的资源，规划和实施店内总体布局、货架摆放顺序、商品码放方式、店内广告设计，合理运用照明、音响、通风等设施，创造理想购物空间的活动过程。商品陈列的目的是把商品或品牌的所有物质和精神方面的属性，通过艺术手段和设计技巧等形象化的语言完整地呈现在顾客面前，帮助顾客形成一个商品或品牌的整体印象，使顾客对商品或品牌产生兴趣、信任和偏爱，从而引起顾客的购买欲望和动机。科学合理的商品陈列可以起到刺激销售、方便购买、节约人力、利用空间、美化环境等作用。

商品陈列的基本要求是将顾客需要的商品正确无误地摆放在适当的位置，因此陈列的关键在于商品的正确配置。商品陈列必须满足5个要素：一要看得清，二要摸得到，三要容易选、方便买，四要品种全、个性强，五要分类型、分规格、分颜色、分大小、分价格。因此，门店商品陈列应遵循以下原则：

（一）分区定位原则

门店经营的商品少则上千种，多则上万种或几十万种，如何让顾客很容易地判断什么商品在什么位置，是商品陈列时首先要解决的问题。分区定位就是要求每一类、每一项商品都有一个相对固定的陈列位置；商品一经配置后，商品陈列的位置和陈列面就很少变动，除非因某种营销目的而修改商品配置图表。这样，即使商品陈列标准化，也便于顾客选购商品。因此，在卖场应设立货位布置图，并按商品大类或商品群设置商品标示牌，如有多层卖场还应设置各楼层商品指示牌。一般而言，商品的货位布置图设置在卖场主要入口处的显要位置，而每一楼层的商品指示牌多设在每一楼层的楼梯处或自动电梯入口处，这样可使顾客在一进门或一进新楼层入口处就能初步了解自己所要买的商品的大概位置。标牌设置要美观、简洁、易懂。

（二）易见易取原则

易见就是要使商品陈列容易让顾客看见，使顾客对商品产生良好的视觉效果。一般以水平视线下方 20°为中心的上 10°、下 20°范围为容易看见部分。通常而言，人们无意识的观望高度为 0.7～1.7 米，上下幅度为 1 米。但应注意，有些商品仰视角度更能吸引人，如时装、工艺品等商品的陈列位置高一些更能引人注意；有些商品俯视角度更能吸引人，如化妆品、金银珠宝等；儿童玩具的陈列位置要低一些，没有遮挡物，使儿童一览无余，这样才能引起儿童的兴趣。易见还包括应将商品的正面朝前，品名、商标明显，将商品的特性、功能充分展现，商品的价格醒目、正确。

易取是指在顾客对商品产生了良好的视觉效果后就会产生触觉的要求，顾客会驻足，拿起商品观察，对商品作进一步的了解，最后作出购买与否的决定。因此，商品陈列应能使顾客摸得到、够得着，甚至能拿在手上较长时间，这是刺激顾客购买的重要环节。易取还包含对某些商品需提供拿取的工具，如散装冷冻饺子、冻虾等需提供铲子；易取也包含对某些商品不仅使顾客容易拿在手上，也容易、方便地放回原处。

（三）清洁、整齐、丰满、有序原则

清洁、整齐的原则是基本工作要求。货架要整洁，陈列的商品要干净、完整、摆放整齐，要及时撤下破损、有污物、外观上不合要求的商品。

视频：

商品陈列的基本原则

丰满、有序是指商品陈列应显示出丰富性和规则性，丰满、有序的商品陈列可以增强商品自身的表现力，使顾客感到可选择的余地很大，提高顾客对商场的信任度；可以有效利用陈列空间，提高货架的销售和储存功能，减少仓库库存的压力，提高商品的周转

率；可以提高所有门店商品周转的物流效益，使企业达到最好的销售效果。当商品被销售出去时，要及时进行商品补充陈列。补充陈列商品依照先进先出的原则进行，即货架前层的商品被买走后，货架里层的商品要往外移，这是保持商品品质和提高商品周转率的重要手段。先进先出法是指商品的补充陈列是从后面开始的，而不是从前面开始的。因为顾客总是购买靠近自己的前排商品，陈列在后排的商品会不容易卖出去。一般而言，部分商品尤其是食品都有保质期，因此顾客会很重视商品出厂的日期。用先进先出法来进行商品的补充陈列，较早陈列的商品会较早地卖出，使货架上没有陈列时间太久的商品。一方面，可以在一定程度上保证顾客买到新鲜的商品，这是先进先出法保护顾客利益的一个重要方面。另一方面，由于商品前后周转，既易于保持商品的清洁，也有助于减少损失，降低管理费用，提高商品周转率。

二、商品陈列区域设计与货架分段

（一）商品陈列区域设计

在卖场里，商品陈列的主要区域有货位区、走道区、中性区和端架区。

（1）货位区。货位区主要包括卖场周边货位和中央陈列区货架。门店中大多数商品都被陈列在正常的货位区，摆放在货架上供顾客选购。

（2）走道区。在卖场的大通道中央摆放一些平台和筐篮，陈列一些价格优惠或促销的商品，称之为堆头。目的是吸引顾客注意，突出商品的独特个性以及售点促销的效果。

（3）中性区。中性区位于卖场过道与货位的临界区，一般进行突出性商品陈列。例如：在收银台附近陈列一些小商品或自有品牌商品，有的也放在楼梯处、出口处。这种商品摆放也叫堆头。

（4）端架区。端架区，即整排货架的最前端与最后端，是在顾客流动线转弯处所设置的货架，常被称作最佳陈列点。端架区所处位置优越，人们一抬头就能看到，因此极易引起顾客的注意，常陈列一些季节性商品、包装精美的商品、促销商品或新上市商品。

（二）商品陈列货架的上、中、下分段

视频：

商品陈列经营性的原则

对于一些小的门店，如便利店之类，一般都将货架依据重要性不同，分为上、中、下三段。货架上好的陈列位置称为“上段”，是指与顾客的视线高度相平的位置，高度一般在 130～145 厘米；其次是“中段”，是指与普通顾客腰的高度齐平的地方，高度一般为 80～90 厘米；最不好的位置称为“下段”，是指货架上 80 厘米到最底层的位置。三段与商品销售有密切关系。国外曾对某些商品进行测试，将商品在货架陈列中的纵向位置，进行上、中、下三段

的调换，结果显示从上往下调整时，销售额减少，从下往上调整时，销售额增多。可见，商品在货架位置上的变化，会引起销售额的变化。

大型商场通常使用2米高的货架。在这种货架上，将商品的陈列位置细分为上段、黄金段、中段、下段。

（1）上段。货架最上层，高度一般为170～200厘米，主要陈列推荐商品和自有品牌商品或促销商品。

（2）黄金段。货架第二层，高度为140～170厘米，主要陈列高利润商品、自有品牌商品、独家代理或经销的商品及其他重要商品。

（3）中段。货架第三层，高度为50～140厘米，主要陈列低利润商品或为满足顾客需要不得不经营的补缺商品，目的是使顾客在购买此位置商品时购买“黄金段”商品。

（4）下段。高度为50厘米以下，主要陈列体积大、重量重、毛利低、易破碎但周转较快的商品。如果某商品的顾客忠诚度较高、商品单价较低，无论陈列在什么位置顾客都一定要买，也可以陈列在下段。

当然，货架的高度还同门店业态、建筑层高和货物储存成本有关，也同商品大小有关。若是购物中心、仓储超市，货架要高一些；若商品较大，必然要求较大的货架陈列。

三、门店日杂货陈列技巧

（一）日杂货陈列设计

这里的日杂货特指袋装、罐装的食品以及日用百货。顾客经常消费这部分商品，购买频率高，通过一定的陈列技巧可以扩大销售量。日杂货陈列包括柜台式陈列和开架式陈列。

1. 柜台式陈列

利用柜台陈列商品，包括柜面陈列和柜内陈列。柜面陈列可以放置一些小架子，也可以直接摆放有造型的商品，一般以小商品、香水居多；柜内陈列是指在柜台里面陈列商品，以便选购。

2. 开架式陈列

开架式陈列是指放在货架上或类似货架的物品上陈列商品。开架式陈列又可按照商品摆放的具体形式分为以下18种陈列方法。下面介绍其中的6种，其余的请扫二维码阅读。

知识点：

开架式陈列的18种方法

（1）突出陈列法。突出陈列法是指将商品放在篮子、车子、箱子、储物筐或突出延伸板（货架底部可自由抽动的隔板）内，陈列在相关商品的旁边销售。其主要目的是打破单调感，诱导和招揽顾客。突出陈列的位置一般在中央陈列架的前面，将特殊陈列突出安置。

（2）关联陈列法。关联陈列法是指将种类不同但效用方面互相补充的商品陈列在一起的方法。如将浴液与洗发水、香皂与香皂盒、皮鞋与鞋油陈列在一起销售。对顾客在消费过程中高度相关联的商品要汇集在一起陈列，尽管这些商品不属于同一个商品集团。关联商品汇集陈列销售是超级市场十分有效的促销策略之一。单独一种商品往往难以让顾客感到其必要性，而将相关联的几种商品汇集在一起，经常会使顾客意识到这些商品的用途和对自己产生的效用价值，因而产生购买欲望，最终导致购买行为。例如：鸡翅和炸鸡粉是两类不同的商品，而在陈列中把它们汇集在一起，会使顾客马上感到炸鸡粉的效用和价值，也就同时促进了这两种商品的销售。

（3）悬挂式陈列法。悬挂式陈列法是指将扁平、细长等无立体感的商品悬挂起来的一种陈列方法。有些商品由于物理特性的限制，其外观平淡无奇，不足以打动顾客，运用悬挂式陈列可以增加其观赏性，增加销售的可能性。

（4）岛式陈列法。岛式陈列法是指在超市的进口处、中部或底部不设置中央陈列架，而配置特殊陈列用的展台。岛式陈列商品可以从四个方向看到，这就意味着，岛式陈列的效果在超市内也是相当好的。要注意的是：用于岛式陈列的用具不能过高，如太高的话，就会影响整个超市卖场的视野，也会影响顾客从四个方向对岛式陈列的商品的透视度。为了使顾客能够环绕岛式陈列台（架、柜、筐）选购商品，应给予岛式陈列较大的空间。但随机的、活动式的岛式陈列，可以在商店内自由活动，根据需要而调整，其促销效果是相当明显的，尤其是在卖场没有竞争商品的时候，效果就会更显著，它会带动超市整体的销售额上涨，即使撤下了活动货架，其促销效果还会有延续效应。岛式陈列的用具一般有冰柜、平台或大型的货柜和网状货筐。

（5）比较陈列法。比较陈列法是指将相同商品依不同规格或不同数量予以分类，然后陈列在一起，让顾客通过数量和价格方面的比较来选择商品的一种陈列方法。

（6）投入式陈列法。投入式陈列法是将商品投入某一容器中进行陈列，给人一种仿佛是将商品陈列筐中一样的感觉。另外，这种方法还可节约商品陈列的空间，并且多种商品置于容器中，摆放在一起，增加了体量感，便于顾客选购。

（二）日配品陈列设计

日配品的名称源自英语的 Daily Food，是指鱼、肉、蔬菜、水果、调味料以外的副食品，包括面、饺子等半生商品和面包、乳制品、豆制品、熟食品、果汁、饮料、简便的冷冻食品以及冰激凌等，是顾客每天生活必备的、商家需每天配送的商品。由于这些副食品是每日生活的必需品，因此应以每日供应为原则。日配品即取其每日必须由供应商直接配送之意，其特点是保持商品的新鲜度。

日配品的陈列方法主要有冷藏柜陈列、集中陈列、关联陈列、专区陈列。例如：牛奶、冷饮、熟食等多为冷藏柜陈列；面包、饮料多为集中陈列，有些门店有面包制作车间，成品面包陈列在车间前的货架上，散发着香气吸引顾客。关联商品是顾客购物时追加购买的商品，如面包货架上方或旁边摆放果酱、奶酪，将比萨饼与乳酪、辣椒酱、芝士粉放在一起。与料理相关联的商品陈列最有效果，与目标顾客相关联的商品陈列效果次之，与用途相关联的商品陈列效果位列第三。日配部门根据促销主题，会把某一类或某一品种的商品或某些商品组合起来进行专区陈列。

四、门店生鲜品陈列技巧

（一）水产品陈列技巧

1. 分类集中陈列

水产品品种丰富、用途广泛，在陈列水产品时，首先应对水产品进行分类，在分类的基础上，对每一类商品进行集中陈列。

（1）分类。在连锁门店的处理中心或后场经过处理包装的水产品，可分为淡水鱼、海水鱼、虾贝类、水产干货四大类；按肉色来区分，可分为白色肉鱼、红色肉鱼两大类；按其表面形态可分为四大类，即鲜活水产品、冰鲜水产品、冷冻水产品、水产干货。

（2）集中陈列。水产品一般采用系统化的集中陈列法，可采用完整水产品集中陈列或切割成段、块、片状集中陈列两种方法。例如：全鱼一般采用完整集中陈列法。中国人相信，鱼头朝内象征财源滚滚，因此全鱼陈列的方向应考虑到习惯和美观，以鱼头朝内、鱼尾朝外、鱼腹朝边、鱼背朝里的方向陈列。有些水产品体积较大，必须进行切割，分段、块、片来陈列，一是便于销售，二是便于保存。一般用深底托盘放置冰块，陈列于平台上，有些则从下至上摆出层次感。

2. 不同水产品采用不同的陈列技巧

（1）鲜活水产品的陈列技巧。活鱼、活虾等用无色的玻璃水箱陈列。水中游弋的鱼、虾能展示商品的活泼和新鲜，方便顾客直观地挑选。

（2）冰鲜水产品的陈列技巧。冰鲜水产品的特征是出水时间较短、新鲜度高，一般用木板或白色托盘陈列；陈列时鱼头朝里，鱼肚朝下，鱼尾朝外，周围撒上冰块，覆盖部分不超过鱼身长的1/2，以求呈现次序感和新鲜感。

（3）冷冻水产品的陈列技巧。冷冻水产品多采用集中陈列法供顾客选购，一般陈列在敞口的连续制冷的冰柜内，商品多用塑料袋包装，但必须从外透过包装能看到产品的实体。有的商品如冷冻虾、鱼等用小塑料托盘塑封后进行冷冻陈列，以方便顾客选购。

（4）水产干货的陈列技巧。水产干货多用平台陈列，有些则用标准货架陈列，如贝壳类等。

（二）蔬菜、果品陈列技巧

知识点：

蔬果的陈列形状与顺序

蔬菜、果品简称为蔬果，是超市中最重要的吸引顾客的部门，关系着现代超市经营的成败。通常而言，蔬果部门的营业额占超市整体营业额的8%～20%，蔬果的品种一般在50～100种。蔬果随季节而变化，顾客可从中挑选购买自己所喜好的品种。蔬果的质量关系到顾客的身体健康，所以蔬果陈列要注意新鲜和卫生。

门店中蔬果的陈列主要有排列、置放、堆积、交叠、装饰五种基本方式。

（1）排列。将商品有规则地组合在一起称为排列。排列是指将蔬果有顺序地并排放置在一起，重点是将蔬果排列整齐，蔬菜的根茎分别对齐，使其根齐叶顺，给人留下美观的印象。

（2）置放。置放是指将商品散开放置在箱子或笼子等容器中，容器一般是敞口的。由于容器四个侧面和底部有隔板，商品不会散落或杂乱，只要将上面一层的商品摆放整齐就可以了。

（3）堆积。堆积是将商品按由下往上的顺序堆砌，底层的商品数量较多，顶层的商品数量较少。堆积的商品既稳妥又有立体感，能体现出商品纯正的自然色。堆积时，要注意前面和侧面保持一定的坡度。

（4）交叠。交叠是指将大小不一、形状各异的商品交错排列或将这些商品放入包装过的袋子里组合起来等。交叠的目的是美观，使商品看起来整齐。

（5）装饰。装饰是指将一些商品放在另一些商品上，起陪衬的作用。装饰的情形有两种：装饰的商品身兼销售与装饰的双重作用；装饰的商品仅起装饰的作用，真正要销售的商品则摆放在别处。装饰的目的是产生良好的视觉效果，商品显得更为新鲜、更为整齐，以达到促销的作用。例如：用西芹或叶子镶嵌在商品的缝隙中，用假枝装饰水果，用小树枝装饰荔枝等。

五、商品陈列中的数字化应用

首先，通过大数据及销售数据分析，发现顾客习惯的购买顺序、顾客的消费倾向、消费水平、关联性的消费以及潜在的消费等，以及陈列中存在的问题，从而调整商品的陈列位置，尽量做关联性的陈列，避免因为陈列的问题造成某一些商品销售不畅的情况，从而激发顾客的购买欲望，促进销售的增长。

其次，采用数字化的价格标签代替原来的纸质标签。这样，一旦系统里价格变动就可以实时地传导到价格标签上，不需要人工不断地进行检查更换，节省人力物力。而且数字化的价格标签还可以用来进行产品的宣传、产品使用的说明等，从而促进产品的销售。

再者，采用数字化技术可以监控商品的保质期，实时传送警示信息给理货员，从而及时下架临期或到期的商品，可以减少损耗以及顾客的投诉。

最后，采用货架商品摄像技术与产品库存系统相连，对产品数量进行实时监控，实时掌握货架上商品的陈列数量，从而及时补货等，不用人工时时检查，同样能节省人力成本。

任务3 案例学习

案例1

屈臣氏的标准化陈列

根据2016年的数据统计：屈臣氏在中国市场拥有2 622家店；2018年预计在中国市场开到3 800家店。在电商的冲击下实体店的发展举步维艰，为何唯独屈臣氏的利润非但没受影响反而年年攀升并且利润主要来源是实体店面？

1. 发现式陈列

为了所有员工都能熟练掌握并执行统一标准以便统一卖场形象，屈臣氏制定了《发现式陈列手册》。发现式陈列的精髓是：在合适的时间、提供合适的商品、以合适的价格、陈列合适的数量于合适的地方。

■当顾客站于门口位置时，可及时察觉到主要的推广主题，能清晰无疑地从门外看到店内，从而吸引其进入店内选购产品。为实现这一点，屈臣氏采取了漂亮的门面设计、明亮的灯光、低货架设置、门口清楚的推广信息等措施。

■宽敞整齐的通道会鼓励顾客进入店内。研究发现，舒适的购物环境、良好的店务管理、商品陈列的新鲜感对鼓励顾客进入门店有非常大的帮助。

■橱窗陈列。从门店主要入口到围绕店铺一圈都设有橱窗，这要求一致陈列相同的宣传主题，即当前促销的主题宣传牌。

■橱窗内的商品要求正、反两面陈列，标示鲜明的价格，让顾客可以容易触摸到商品。

■在门口位置或者方便顾客取放的地方放置购物篮，并要求购物篮的高度保持在顾客不用弯身情况下取用。研究发现，保持10～15个购物篮是顾客最方便拿取的，并保持购物篮手柄在同一个方向。

■在屈臣氏的门店中设有很多化妆品厂家的形象专柜，每个专柜都有其独特的陈列方式，但同时也要配合屈臣氏的“发现式陈列”，主要体现在价格牌、货品推介、购物环境三方面。

■在屈臣氏固定货架陈列的商品都进行了统一设计，包括货架编号、架头架尾、顶架、正常架位、价格标签、三色条分类、缺货标识、宣传贴纸。这一切都由专门的人员进行研究并不断地调整。当有新商品增加或者旧商品撤掉时，总部就会给各门店最新的货架陈列图及陈列指示。所有固定货架的陈列都遵循要保证顾客可以轻易地从店内识别商品摆放位置，确保最优惠及最畅销的商品存货充足并有清晰的价格牌。

■在屈臣氏的门店我们可以发现，所有的货架头尾两端都有清晰的推广主题，这里陈列的商品必须严格按照每期推广促销表中的陈列指引进行陈列。

■为营造促销气氛，在货架的顶端应摆放充足的货量，并摆放宣传牌与价格牌。

■在货架前端的胶条中，用各种颜色的色条来区分各个部门，共有三个颜色：蓝色代表健康，主要用于药方、婴儿用品、卫生用品、口腔护理用品等部门商品；紫色代表美态，主要用于护肤品类商品；黄色代表欢乐，主要用于玩具、饰品、食品等部门商品。

■付款处是顾客最后停留的地方，这里是屈臣氏认为最重要的服务地点以及推广地点之一。在付款处，我们可以看见只有一个清晰及强烈的宣传主题。在屈臣氏的收银台，我们发现有一个凹口，这里用于专门方便顾客放置购物篮，高度适中；在付款处范围内，我们可以发现一些轻便货品，如糖果、口香糖、电池等一些可以刺激顾客购买欲望的商品。

在收银台的前面，有三种商品是必须固定陈列的，就是每期促销中的重要角色，10元超值换购商品。在顾客付款时，收银员都会顺便推介这三种特惠产品，在每个客单中多加 10 元，对销售业绩的提高是非常有帮助的。在收银台的背后靠墙位置，主要陈列一些贵重、高价值的商品，或者是推介销售排名前 10 名的商品。

■对于促销商品，除了在一些固定货架上陈列外，我们可以看到门店中的一个个促销“商品岛”，在屈臣氏这一类陈列叫“非货架陈列”。由于屈臣氏的商品体积相对较小，因此这些促销商品的陈列方式比超级市场内的商品显得更加精巧，主要是放在一些小堆头架上，用层板隔层支撑，在顶端放置显眼的价格牌，显得整齐漂亮、清晰明了。此外，还有一种叫作“胶箱”的陈列货架。胶箱有三层，最适合盛载一些散装的货品。前面挂一个大的价格牌，最底层适合放置一些大件及大量的货品。胶箱上商品的陈列也要严格按照促销主题，同一推广主题的货物放在一起，并刻意把商品放置凌乱，产生一种凌乱美。如果商品数量不足，可以用纸箱垫在下面，但是必须用专用的包装纸将纸箱包住，以显得整洁美观。

■非货架陈列促销商品有助于增加销售数量、提升商品形象、增强商业气氛等。屈臣氏对于非货架陈列的安排，也有一套策略。怎样有助于顾客发现及购买货品？怎样正确分配货品以推动顾客走遍店铺每个角落从而发现店铺的优质货品？策略在于：高利润的商品陈列于热卖货品旁，核心商品陈列于显眼及高人流位置，把相同颜色、类型、高度的商品放在一起，保证有清晰的宣传牌，依据推广主题来组合陈列加强效果，等距离陈列等。

2. 不同的陈列原则及标准

对于不同的店铺，屈臣氏有不同的陈列原则及标准，一般分 A、B、C 三级店铺。各级店铺的通道要求多大、促销箱配备数量、堆头数量、胶箱数量、顶架的陈列等都有考究。

对于固定货架，必须严格按照总部制定的陈列图标准及管理办法来执行。每到陈列图有更新时，总部的行政部都会以周刊的形式发出通知，新陈列图每间店铺一式两份，办公室一份、卖场员工一份。收到新的陈列图后，员工会检查图上的新商品是否已经到铺，并根据陈列图打印新的物价标签，新的物价标签在电脑程序中自动根据总部的指令更改，各部门的负责员工寻找新商品并将货架重新陈列。

在屈臣氏店铺布局原则中，有一条非常重要的就是：给顾客提供丰富的购物体验，令其由衷喜爱到屈臣氏购物从而成为忠实顾客，这就是著名的“体验式购物环境”。屈臣氏的店铺布局有如下原则：

（1）将相关的产品临近陈列，而使顾客更容易寻找到产品。

（2）核心部门（化妆品、护肤品、个人护理品及药品）重点陈列在视野开阔的位置以显其权威性。

（3）将杂样产品陈列于客流量最大的位置以达到最大销售量。

（4）将“推动走廊”作为屈臣氏店铺的特点。

为了满足以上指导原则，在门店商品布局上就出现了我们今天看到的屈臣氏所有店铺的商品布局，而且几乎每一家店在开店前都会考量能否满足这样的陈列标准。

（1）屈臣氏店铺主要有三种“购物体验”：美态（专柜、非开架陈列、护肤品及饰品）；欢乐（护发、沐浴、口腔、男士用品、纸制品、小工具、小食品）；健康（药房、卫生用品）。在布局上，以上产品需要共同陈列。也就是说，其不可分开陈列。例如：口腔护理用品不脱离日用品陈列，护肤品不脱离化妆品陈列。

（2）化妆品作为主要大类应陈列于各店铺前部。

（3）药房及日用品作为“目标购物”部门，可陈列于各店铺的后部。

（4）化妆品和护肤品作为提供近似购物体验的部门，临近陈列在一起；而药房作为一个整体部门，在陈列上就灵活了很多。

（5）婴儿用品作为药品和日用品的“桥梁”部门，陈列于两者之间或者临近两者之一。最理想的是如果布局允许，陈列于药房的一侧。

（6）食品部门总是陈列于收银台旁边。

（7）杂样产品规划为“欢乐”部门之一，主要陈列于高客流的位置，通常紧邻主通道或者收银台。

（8）愉快购物体验放在第一位，将所有的相关产品共同陈列，最大限度地利用每一平方米货架。

（9）在店铺醒目位置陈列“推动走廊”，突出最佳促销堆头。

（10）收银台放在店铺的中部，收银台与药房一般是分开的。

以上的店铺布局、商品陈列标准都是屈臣氏市场研究人员在日常工作中通过不断的观察、调查、研究而得出的，特别是“发现式陈列”与“体验式购物”的精髓，更是多年的研究得出的。

资料来源：百度文库，见 https://wenku.baidu.com/view/0c9caec0700abb68a982fbde.html.

问题

1. 屈臣氏的利润非但没受电商的影响反而年年攀升的主要原因是什么？除了文中所给出的原因，据你所知还有什么原因？

2. 屈臣氏在商品陈列方面运用了哪些陈列原则和陈列方法？

案例2 买了可充电电池，却找不到充电器在哪里

汪爷爷喜欢听广播，但是收音机每月都要使用两节五号电池。为了方便并减少购物次数，汪爷爷想购买充电电池。

于是，汪爷爷在R超市买了四节五号充电电池。但是，充电电池买了，却找不到充电器在哪里。汪爷爷在超市里转来转去，却到处都找不到。从一层转到三层，又从三层转到一层，汪爷爷累得不行了，可就是没有发现充电器的影子。

看到一名防损员经过，汪爷爷喘着粗气问："你好，请问充电电池的充电器在什么地方有卖啊?"防损员说："在一层的小家电区。"

汪爷爷疑惑地问："我就是从那里过来的啊，怎么没有看到啊?"

防损员一看汪爷爷已经上气不接下气了，说："那您跟我来。"

来到一层的小家电区，防损员指着第三个货架，对汪爷爷说："就在那儿啊!"

汪爷爷恍然大悟："原来在那儿啊！充电器怎么和充电电池离那么远啊，我怎么也没想到充电器会和台灯放在一起啊!"

资料来源：曹慧莉，淡佳庆．如何经营一家最赚钱的超市［M］．北京：化学工业出版社，2011.

问题

1. R超市在商品陈列方面存在什么问题?

2. 调查所在地超市的商品陈列情况，并说出它们的优缺点。

任务4 学思之窗

商品陈列展现门店诚信

商品陈列当然要将商品好的方面对顾客展现出来，但也不能为了售卖商品，而故意掩盖其瑕疵。一个门店的诚信度和价值观由此可以得以体现。门店也可以通过商品陈列的创

造性和艺术性来展现自身的诚信度。例如：某品牌床垫在门店床垫上放置了并列缠绕在一起的几排弹簧，弹簧上面依次覆盖着棕、海绵、床垫布等，相当于床垫的“横切面”。商场是用此向顾客昭示：床垫就是用这些材料做成的，真材实料、货真价实。这样做使顾客对其质量一目了然，很直观，无形中增强了顾客的信任感。当然，关键还是门店必须说到做到，赢得顾客的信任，不能展示的是好品质，卖给顾客的却是差品质。

任务5 团队项目实战训练

1. 每个团队为模拟的门店进行商品的模拟陈列，最好以图片的形式表达，并辅以相应的文字说明。

2. 世纪联华和物美大卖场是杭州比较多见的大型连锁超市，试比较两者商品陈列的异同及各自的优缺点。

项目五　理货作业管理

知识目标

1. 了解理货员的岗位职责
2. 掌握理货员的日常作业技能
3. 培养学生作为理货员的职业道德意识

技能目标

1. 能够按照每天的操作流程进行理货日常作业
2. 能够根据操作规范进行补货

任务 1　大家来讨论

体验超市理货员工作：细节之处一丝不苟

理货员是顾客在超市购物时接触最多的工作人员，他们的一举一动、一言一行直接体现了超市的服务质量和服务水平。他们的工作看似简单，其中却包含着很多不为人知的艰辛。7 月 16 日，记者来到北京华联综合超市某门店，用一天的时间体验了理货员工作中的酸甜苦辣。

一、着装要规范

7 月 16 日 14 时 30 分，记者准时来到北京华联综合超市某门店，换上红色的工作 T 恤，等待新奇体验的开始。今天记者要体验的岗位是食品区休闲组的理货工作。休闲组主要出售饼干、薯片、膨化食品、豆干等休闲食品。带领记者进行体验的是休闲组的主管苗壮。20多岁的苗壮，脸上总是带着微笑，两年多的超市工作经验让他在主管的岗位上游刃有余。苗壮领着记者走向卖场，边走边叮嘱："我们工作的时候着装要规范，上装是红色T恤，下装是蓝色牛仔裤，T恤要掖在裤子里，这样才显得精干整齐。"说话间，他看见记者很随意地将工牌别在胸前，连忙纠正："工牌要别在左侧衣领上，穿上这身工作服就得按照员工的标准要求你了。"

按照惯例，每天15时，理货员要召开简短的例会。在例会上，苗壮向休闲组全体理货员总结了前一天的工作情况，并交代了下午工作中的注意事项，最后鼓励大家要以饱满的热情投入工作中。穿着工作服，站在理货员的队伍中，记者感觉此时自己已经进入了理货员这个角色。散会后，大家各自来到自己的岗位。

二、整理商品大有文章

理货员的工作主要是对所售商品进行整理和补货；对商品进行标价和价格标签管理；解答顾客的咨询，提供导购服务；保持超市内卫生及商品防损管理等。这些工作说起来简单，可要做好还真不容易。记者的工作就是从整理地堆商品和排面商品开始的。地堆商品和排面商品对记者来说是两个新鲜的名词，经过苗壮介绍记者才知道，地堆商品是指陈列于超市主通道的促销商品，而排面商品是指挂在售货架上的商品。

记者的第一个工作是整理促销的豆干。"整理货物的原则是先整理地堆商品，其次是排面商品，再次是一般商品。商品要摆放整齐，地堆商品更要摆放得有气势，这样才能刺激顾客的购买欲望。"苗壮一边向记者介绍整理地堆商品的注意事项，一边麻利地整理成堆的豆干。4分钟后，记者和苗壮整理完了豆干，这时记者发现苗壮整理的豆干是按麻辣和五香的口味分别陈列的，而记者的则是两种口味混杂在一起。记者暗想，等会儿整理排面商品的时候一定要注意按商品不同口味摆放。

接下来，记者和苗壮又来到出售袋装干果的售货架前。"整理排面商品要遵循前进原则，就是排面商品要摆放整齐，让顾客取商品的时候感觉到商品是摆在最靠前的位置，方便易取，而不会出现因为前面的商品被取走，后面的商品不易取到的情况。"记者边听边摆放商品，并特别注意按照商品的不同口味分类。整理完袋装干果，记者发现，自己只顾着分口味了，而苗壮则将商品中损毁、涨袋的都挑了出来。此时，记者才意识到，理货员的工作看似简单，里面的文章却很多。

三、细节之处一丝不苟

整理完地堆商品和排面商品，记者发现有一些商品需要补货，就和苗壮拉着叉车到库房去取货。以前到超市购物时，记者觉得库房是个神秘的地方。第一次走进库房，记者发现，这里不亚于外面售货区的规模，不同的是所有的商品都装在纸箱子里摆放在高高的货架上。

穿梭在迷宫一般的货架中，记者感到阵阵眩晕。“这么多的商品，盛放的箱子都差不多，什么时候能找到咱们要找的货啊？”记者困惑地问。“放心吧，我都能找到，这是我们工作最基本的要求了。”只见苗壮轻车熟路地找到了我们需要的商品，从货架上取下整齐地摆放在叉车上。回到卖场时，刚才摆放整齐的商品已经售出了不少，于是他迅速拿出刚取回来的货补上。苗壮熟练地将空包装盒压扁，放在叉车上，对记者说：“人在货在，人走货清是理货员工作的一个重要原则，这些包装盒要及时带走，不能堆放在卖场，要随时保持卖场的整洁，为顾客营造舒适整洁的购物环境。”说话间，苗壮瞥见地上有个扑克牌大小的商品合格证，他迅速捡起来，开玩笑说：“这么小的纸片也不能放过。”记者不禁感叹，超市中摆放的“气势恢宏”的商品和干净利落的购物环境是理货员努力工作营造出来的。

四、对商品的位置了如指掌

“请问罐头在哪儿？”“我想买婴幼儿用品，怎么走？”整理商品的时候，总是有顾客向记者咨询超市商品的摆放位置。让记者佩服的是，休闲区的每位理货员都能为顾客准确地指出每种商品的摆放位置。看着记者一脸的惊讶，苗壮带着记者熟悉了超市中食品、百货、生鲜商品的大致位置。“这也是我们工作的基本要求——能够为顾客购物提供引导，并向顾客介绍产品。让顾客觉得在我们这里购物是方便快捷的，我们的目标是让每位顾客的购物过程成为享受。”

在带领记者熟悉超市布局时，苗壮捡回了好几件被顾客抛弃的商品。苗壮告诉记者：“将顾客抛弃的商品送回货架也是我们理货员的工作之一。”看此时顾客不多，他一路小跑将一袋散装干果送回了干果区。记者笑着问：“能够准确地将任何一种商品送回货架，是不是只有你们主管能做到啊？”“不是，我们的每一位理货员都能做到。不信？证明给你看。”面对记者的质疑，苗壮拿着手里来自百货区的一件被顾客抛弃的商品问站在身边的一位理货员，这位理货员准确地说出了这件商品的具体出售区域。这让记者对理货员刮目相看。

五、对每位顾客心存感激

经过一下午的体验，记者总结出顾客抛弃商品的主要原因：结账前发现所选的商品超出预算，没有带那么多钱，或者是看到别人买了这个商品自己也随手拿了一个，过后又觉得不需要。来来回回把一些顾客抛弃的商品送回货架后，记者着实对一些顾客的素质不敢恭维。在整理商品时，记者看到一位 40 多岁的女顾客在休闲区购物时随手将一盒牙膏扔在地堆商品的饼干内，就想上前制止。这时，休闲区的理货员小张用一个眼神拦住了记者，等这位顾客走后，她对记者说："你当时上前阻止，这位女顾客肯定觉得没面子，心里不舒服，可能因此以后会放弃到这里来购物。每位顾客都有自由选择的权利，要充分尊重顾客的选择权，咱们就辛苦点吧！"而比抛弃商品还糟糕的情况是有极个别顾客偷窃商品，处理这样的情况往往很棘手。"如果发现有顾客偷窃，你们怎么办？"记者对这个问题一直很好奇，借这个机会采访了苗壮。苗壮说："这样的顾客是极个别的，以前我们也发现有的顾客偷偷地将盒装口香糖倒出来装进口袋里，或者将巧克力等食品拆开包装偷偷拿走。夏天的时候有的顾客还会打开饮料的包装饮用。这时我们会礼貌地对顾客说：'不好意思，我们超市内不允许吃食品或者打开食品包装，请您先跟我到收银台付款再品尝好吗？'"理货员能够如此艺术地处理不愉快的事情，让记者钦佩。"顾客是我们的衣食父母，我们对每位顾客都心怀感激，让他们购物时心情愉快是我们的职责。"苗壮颇有感触地说。

资料来源：查娜．体验超市理货员工作：细节之处一丝不苟．见联商网，http://www.linkshop.com.cn/web/archives/2008/95104.shtml，2008-07-23.

讨论：

1. 理货员的日常工作包括哪些？
2. 理货的作业流程是什么？
3. 理货员应该具备什么样的职业意识和素养？

任务 2　操作指导

一、理货员的岗位职责

理货员是以敞开式销售方式为主的企业发展过程中产生的一个新名词，表面上类似于传统的柜台式销售的百货商店的营业员，但理货员有自身的职业特征与岗位职责。

（一）理货员没有特定的服务空间

理货员在指定的区域内与顾客共享一个空间，顾客可以充分自主地接触商品，这是敞开式销售的一个基本特征，由这一特征引起的主要问题是：

（1）理货员的作业活动，如商品标价、补货上架等，都会占用一定的顾客购物空间，从而可能会给顾客自由选购商品造成一定的不便。

（2）顾客可以自由接触商品和设备，可能会给商品和设备造成一定的不利影响，容易导致理货员和顾客之间产生矛盾。

（3）理货员有特定的责任区域，但顾客的询问和需要提供帮助的项目可能会超出理货员的责任范围，这也容易导致理货员和顾客之间产生矛盾。

（4）在敞开式销售中，应让顾客享受充分的自主，如果理货员做了不适当的商品介绍，反而会引起顾客的反感。

（二）理货员的工作重心是商品以及与商品销售服务相关的环境

在柜台销售服务中，营业员的工作重心是接待服务，通过语言、体态、表情，在与顾客沟通的过程中完成商品交易活动。而理货员则是通过理货活动，依靠商品展示与陈列、POP广告、标价、排面整理、商品补充与调整、环境卫生、购物工具准备以及理货员的作业活动状态等，与顾客间接或直接地发生联系。具体表现为以下特征：

（1）间接性。理货员与顾客的沟通在大多数情况下是间接的，理货员是依靠顾客的选购行为、表情以及个别的询问来了解顾客的需求情况的。

（2）规范性。理货员所从事的作业活动必须按企业总部设计好的操作规范执行，任何偏离操作规范的行为都会影响顾客的利益、企业的形象和门店的绩效。

（3）辅助性。理货员虽然是通过作业活动和结果（如商品陈列）向顾客提供间接服务的，但在某些情况下（如顾客询问、散货称重等），仍需要提供直接的服务。

（4）交替性。理货员一般不用等候顾客，因而除完成理货作业活动外，为充分利用作业时间，在营业高峰时段还应服从主管的指派，配合其他部门做好其他作业活动（如卸货、搬运、装袋等）。

二、理货的日常作业技能

（一）开店前

视频：

体验理货

（1）检查每日价格变动报表，如有异动，更换价格牌以及特价牌。

（2）生鲜处检查每日更改的价格是否已传到每台电子秤上（见图5-1）。

（3）如缺价格牌，用激光条码扫描枪（见图5-2）扫描商品条码并打印，以便补齐。

（4）根据货架清洁计划清洁货架（先将商品取下）和商品（见图5-3）。

（5）根据陈列规则整理商品，并将货架及TG台完全补满（见图5-4）。

图 5－1 电子秤上传更改价格

图 5－2 激光条码扫描枪

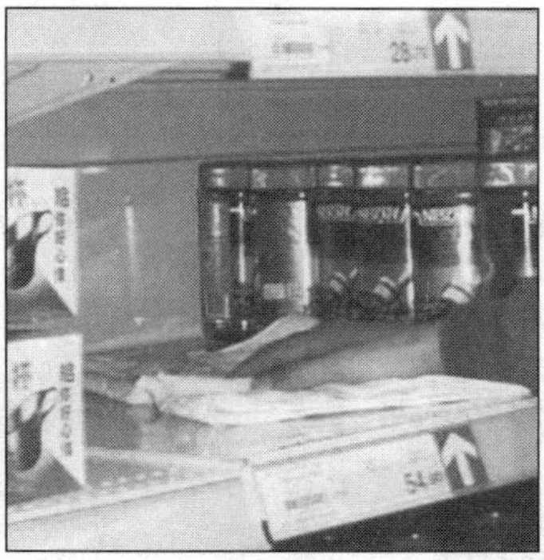

图 5－3 清洁货架

图 5－4 整理货架商品

（6）根据计划用激光条码扫描枪进行周期盘点。

（7）初盘结束后，营业员必须和保安或收银员一起，检查有较大差异的盘点单品。

（二）开店前 30 分钟

（1）清理走道上所有的纸箱、栈板、液压车及其他废纸。

（2）与课长一同检查货架是否补满，是否整齐、清洁。同时检查价格牌及其正确性（见图 5－5）。

图 5－5 与课长一同检查货架

（3）用 HHT（手持终端）扫描缺货报告，填写缺货报告（见表 5－1）并注明缺货原因。

表 5－1　缺货报告

单品号/单品名	供应商	库存	在途商品数量	下次订货日	下次送货日	平均销量	最后销售日

（4）相关食品部门的营业员需检查卫生、商品保质期，测量展示柜的温度并填写好员工自控表（见图 5－6 至图 5－9）。

知识点：

商品和设备保养知识

图 5－6　检查卫生

图 5－7　检查商品保质期

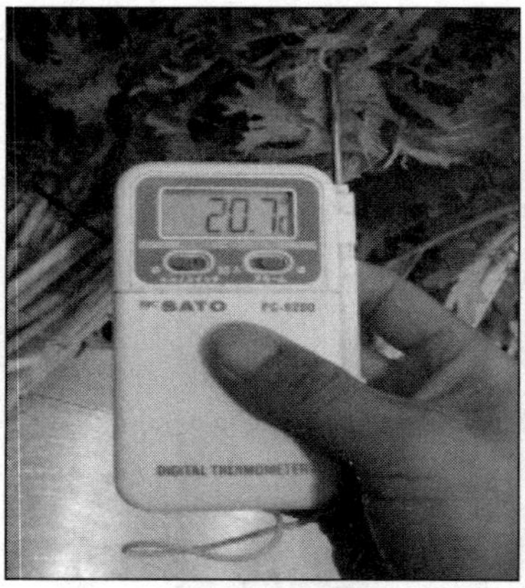

图 5－8　测量展示柜温度

图 5－9　填写员工自控表

（三）上午营业期间

（1）整理并清洁仓库并将残损商品送至指定区域（见图 5－10）。

（2）检查系统产生的建议订货量是否正常，如有必要提出修改申请，通知课长，交由处长核准（见图 5－11）。

图 5－10　整理并清洁仓库

图 5－11　检查系统产生的订货量

（3）如有缺货，需向课长报告，并立即根据缺货报告申请订货。

（4）生鲜处营业员将收货区的质检报告交予主管。

（5）整理到货并及时补货，组织员工清理仓库（见图 5－12）。

（6）中午用餐前，先检查及整理货架，并确保卖场走道整洁、畅通（见图 5－13）。

图 5－12　整理到货并及时补货

图 5－13　检查及整理货架

视频：

收货的管理要点

（四）下午营业期间

（1）整理排面，同时检查缺货、价格牌和红色箭头（见图 5－14）。

(a)　　(b)

图 5－14　整理排面

（2）补满货架及 TG 台（见图 5－15）。

图 5－15　补满货架及 TG 台

（3）根据到货状况表检查到货状况，将未到货的商品向课长报告，并及时打电话给厂商查明原因。

（4）将未补完的商品分类整理归库。

（5）填妥每日商品报废清单，请课长签字，再将报废商品连同清单置于报废区（报废商品即无法销售及无法退回的商品）。

（6）整理退货，核实退货的数量并封箱。将要退货的商品集中于指定区域，并打印三联退货清单，经课长和财务主管确认后，传真给厂商并取得厂商的回签同意书，将厂商同意书送至收货区安排退货，等收货区通知后，将退货商品及清单送至收货区。

（五）下班前 1 小时

（1）视需要补满货架和 TG 台，并检查价格牌（见图 5－16）。

（2）根据产品分类整理并清洁仓库（见图 5－17）。

（3）根据部门周期盘点计划打印盘点清单。

图 5－16　检查价格牌

图 5－17　整理并清洁仓库

（4）与课长一同检查卖场及仓库。

（5）与晚班营业员交接。生鲜处营业员必须正确填写库存卡、生产卡和员工自控表。

三、补货

（一）补货注意事项

（1）只陈列可以销售的商品；

（2）及时撤掉不能销售的商品，即受损的、肮脏的、不新鲜的、过期的、不干净的、条码或价格有问题的商品（见图 5－18）；

（3）方便顾客选取商品，提高门店的销售量；

（4）保持排面的整齐、清洁，补满货架；

（5）确保商品高度的回转；

（6）检查商品的保质期。

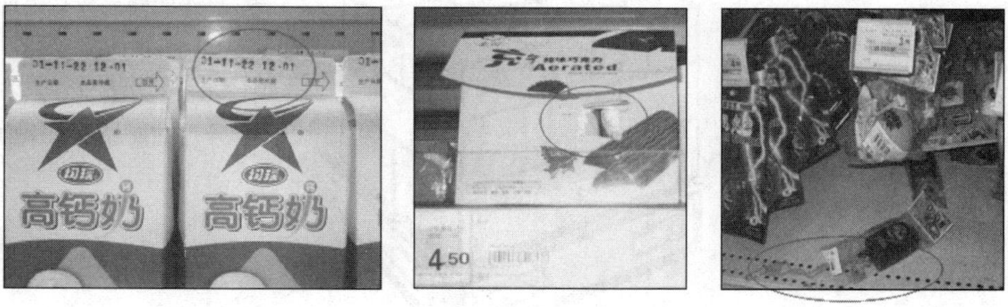

(a)　(b)　(c)

图 5－18　撤掉过期的、受损的商品

（二）妥善地准备补货

（1）准确地估计数量，可避免将补剩的商品退回仓库；

（2）加货顺序：注意 TG 台优先，高回转、高销量的产品优先；

（3）绝对不能掩盖缺货事实，应妥善地处理缺货商品（见图 5－19）；

（错）　（对）

图 5－19　缺货商品的处置方法

（4）准备需要补货的工具（见图 5－20）；

(a)　　　　(b)

图 5－20　补货用的工具

（5）把商品正确、合理地摆放在栈板上，以方便运输（见图 5－21）；

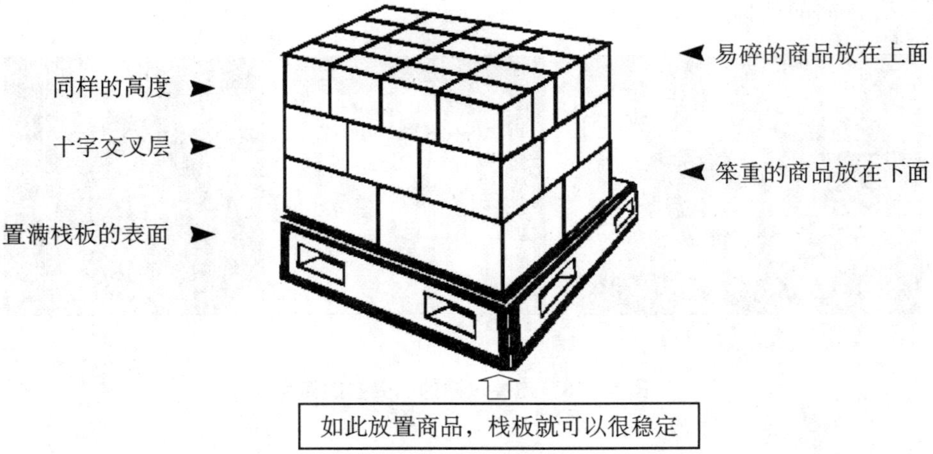

图 5－21　栈板上商品摆放方法

（6）把商品安全地放在栈板上，这样就可以方便地运输（见图 5－22）；

(错)　　　　(对)

图 5－22　将商品安全地放在栈板上以方便运输

（7）商品一定要放在栈板上再放置于叉车上，而不能直接放在叉车上，不能超高、超重、超过理货员视线（见图 5－23）。

(错)　　　　(对)

图 5－23　商品放在栈板上后放在叉车上

(三) 确保货架上的商品陈列清晰

(1) 根据店内商品陈列标准摆放商品（见图 5－24）；

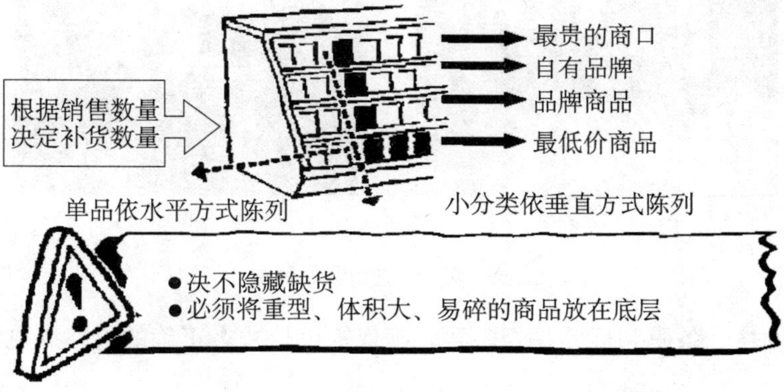

图 5－24　门店内商品的陈列标准

(2) 商品的摆放应吸引顾客，应将商品最吸引人的一面呈现给顾客，让顾客知道新商品、广告商品等信息（见图 5－25）；

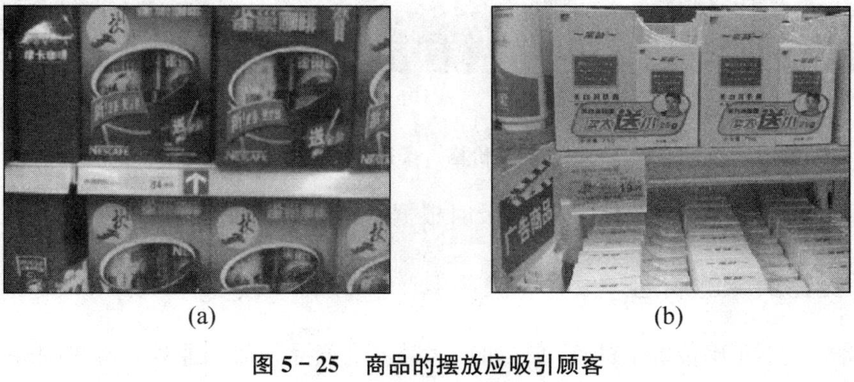

(a)　　　　(b)

图 5－25　商品的摆放应吸引顾客

(3) 提供给顾客所需要的信息，每一种商品必须都有价签放在商品的左下方，指示箭头紧贴标签放在右边，确认商品与价签一致，不要将价签贴在商品的正面（见图 5－26）；

(a) (b) (c)

图 5-26 给顾客需要的信息

（4）防盗扣要背向顾客（见图 5-27）；

（错） （对）

图 5-27 防盗扣背向顾客

（5）检查价格、条码和标签是否一致，确保提供给顾客正确的价格（见图 5-28）；

(a) (b) (c)

图 5-28 检查价格、条码和标签是否一致

（6）避免价格错误，部门在开店前及时根据价格更新报表更新价格。

（四）维持货架的清洁

（1）将放在不正确位置上的商品（如顾客丢弃的商品）放回原处，减少损耗（见图 5-29）；

（2）清洁货架，应拿下层板上所有商品后才能彻底清洁货架（见图 5-30）；

图 5-29 顾客丢弃商品的处置

图 5-30 清洁货架

(3) 保持过道清洁、畅通（见图 5-31、图 5-32）；

图 5-31 将垃圾放入垃圾桶或垃圾区

图 5-32 通知清洁人员或自己清洁

(4) 处理无法销售的商品。若要退货，就按程序退货给供应商；若不能，放置到破损商品特定区域，具体如图 5-33、图 5-34 所示。

图 5-33 处理无法销售的商品①

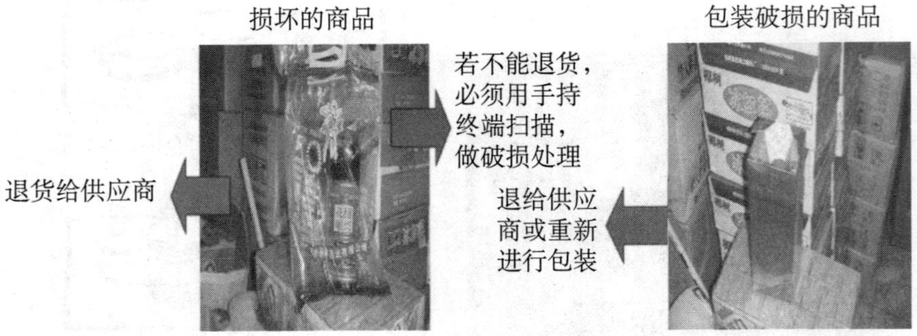

图 5－34　处理无法销售的商品②

四、理货员的职业道德

商业道德是一种职业道德，而职业道德是指与人们的职业活动紧密联系的，具有职业特征的道德准则，是从事一定职业的人们在职业劳动过程中必须遵循的行为规范的总和。

（一）理货员的职业道德意识

树立良好的职业道德意识是遵守职业道德规范的前提，也是不断提高工作成果的重要基础。根据理货员的岗位特征，应树立以下八大职业道德意识。

（1）顾客意识。“顾客第一”“顾客永远是对的”等理念，不能局限于理性认识，应该贯彻到行动中。顾客意识的核心是要时时思考如何让顾客愉快购物，以此作为工作指南。

（2）目标意识。即要求有目的、有目标地从事工作，并具有不断向更高的工作目标努力的意志。没有目标就没有动力，有了明确的目标，即使工作艰苦也会有良好的心情，这是做好工作的精神保证。

（3）形象意识。企业是一个大家庭，每一位员工的个别形象都会直接影响企业的整体形象。因此，每一位员工都必须清醒地意识到：自己是企业的代表，自身形象也代表了企业形象。

（4）品质意识。商品品质需要工作品质来保证，每位员工应树立良好的工作态度和缜密的思考习惯，避免工作差错，以确保商品和服务的品质。

（5）成本意识。为顾客节省成本是成本意识的核心，只有降低成本才能向顾客提供质优价廉的商品和服务，也只有使企业低成本的运行才能获得更多的利润。节约成本，人人可为；节约成本，人人有责。这是成本意识的基本要求。

（6）合作意识。企业这个大家庭虽然类似于工业化大生产的流水线，但与流水线又截然不同，它更像一个有血有肉的生物，体内的各个器官和细胞都有独特的功能，并相互作用、主动配合而维持机体的活力。在这大家庭中的每一个员工应该时时保持良好的合作意识，时刻准备与他人合作来完成工作。

（7）问题意识。世界上几乎没有无缺陷、无问题的企业。但症结不在于是否有问题和缺陷，而在于不注意发现问题、正视问题，甚至即使发现了问题也不敢提出问题。问题意识就是要求人们不要回避问题，要善于发现问题；不要只抱怨问题，要善于寻找解决问题的办法；不要只提出解决问题的办法，要善于有效地贯彻解决问题的办法。

（8）规范意识。即要求按规则、规定从事工作。如果人人都“以大拇指当尺规”，统一的服务形象就难以维持。

（二）理货员的职业道德规范

职业道德是职业主体在其活动过程中反映出来的，并可以采取职业道德规范的形式来加以规定的。不同的企业可以根据法律规范、社会公德和行业规则来制定适合自身特点的职业道德规范。下面就理货员所涉及的主要作业活动列举一些职业道德规范。

1. 待客道德规范

待客包括等待顾客、主动接近顾客、接受顾客询问、与顾客沟通、送客等多项活动。

（1）等待顾客应避免：双手交叉于胸前或手插口袋，斜靠在货架上或坐于陈列商品上；理货员们聚集聊天、嬉笑、窃窃私语等；评说顾客，抱怨工作，指责公司、上级或同事。

（2）主动接近顾客应避免：让顾客久等，大摇大摆地接近；不说“欢迎光临”，也不作其他善意的表示；在顾客提出询问或作出需要帮助的意思表示之前，过早地接近顾客，并向顾客进行推销。

（3）接受顾客询问应注意：不用否定式，而以肯定式说话；不断言，让顾客自己决定；表示拒绝时应说“对不起”；在自己的责任领域内说话；多说赞美和感谢的话；不用命令式，而使用请求式；不要仅限于口头回答询问或用手势表达意思，而应随同顾客解决问题。

（4）与顾客沟通应避免：言语粗俗，不用敬语；随便使用方言；表现出焦急的状态；表现出心情不好、疲倦的状态。

（5）送客应避免：站在顾客前面却背对顾客；不说谢谢，也不送客。

2. 作业活动道德规范

作业活动可按部门划分，如生鲜部、百货部等；也可以按活动项目来划分，如标价作业、补货作业、盘点作业、卸货搬运作业、验收作业等。作业活动道德规范列举如下：

（1）上班时间务必穿着工服，佩戴工牌，保持服装、仪容整洁。

（2）上班前 5 分钟到达工作岗位，见到同事要相互问候，迟到除按规定接受处理外，还应向同事及店长表示歉意。

（3）服从店长的命令和指示，接受指导和监督，不得顶撞或故意违抗，如有意见分歧，应通过正常途径予以报告或沟通。

（4）上班时不得擅自离开工作岗位，有事要离开需预先向店长请示报告。

（5）上班时间不得与人争吵，更不能打架。

（6）严格遵守作息时间。

（7）爱护卖场内一切商品、设备、设施。

（8）随时维护卖场、作业场所的环境整洁。

（9）取接商品要轻拿轻放，按规定要求补货上架或作展示陈列。

（10）制作POP广告要实事求是，决不能虚拟原价，引起顾客的误解。

（11）商品盘点要做到诚实、认真、仔细，绝对避免弄虚作假。

（12）价格卡要如实填写以免误导顾客。

（13）无论是超市给顾客的赠品，还是供货商给超市或是给顾客的赠品，都属于企业的财物，决不能占为己有。

理货员作为商业从业人员，不仅要遵守共同的商业职业道德规范，而且由于其职业特性还要具备相应的角色道德。理货员的角色道德包括：不接受礼品馈赠、保守商业机密、爱护公共财产和设施、不损坏商品、不偷盗商品等。

（三）理货员的职业道德修养

职业道德修养是指为达到一定的职业道德水平所进行的自我锻炼、自我教育、自我塑造、自我陶冶。理货员进行职业道德修养培训的目的是加强理货员职业道德意识，促使其提高自觉地遵守职业道德规范的能力。理货员职业道德修养的内容包括：形象修养、意志修养、品质修养。

1. 形象修养

形象修养包括仪表、举止、语言三个方面。

（1）仪表。

耳朵：A. 是否清洗干净；
　　　B. 是否将耳环拿下。

头发：A. 是否有头皮屑；
　　　B. 是否梳理整齐；
　　　C. 是不是一般发型；
　　　D. 染色是否自然。

脸部：A. 化妆是否太浓；
　　　B. 脸部是否干净。

口部：A. 是否刷过牙；
　　　B. 是否有口臭。

手部：A. 指甲是否剪短了；
　　　B. 是否将戒指拿下；
　　　C. 是否保持清洁。

服装：A. 是否按规定着工装；

B. 服装是否整洁；

C. 是否佩戴工牌。

鞋子：A. 是否干净；

B. 后跟是否过高；

C. 是不是要求的款式。

（2）举止。举止是通过肢体来传达意识的一种语言，称为肢体语言。主要包括：

A. 动作语言；　B. 表情语言；　C. 视线语言；

D. 空间语言；　E. 言语表达方式；　F. 声音表达方式；

G. 接触表达；　H. 性别、年龄语言；　I. 容貌语言；

J. 气味语言。

（3）语言。常用的服务用语如下：

A. 您好！　B. 欢迎光临！　C. 请稍等！

D. 让您久等了！　E. 真抱歉！　F. 谢谢您！

G. 欢迎再次光临！

不能说的话（示例）：

A. 不知道，你去问别人。

B. 卖光了，没有了。

C. 那你想怎么样？

D. 有本事你去告好了。

E. 你是不受欢迎的顾客。

F. 偷了东西就得罚款。

G. 你大概不懂，我们连锁企业是统一定价的。

H. 讲话要讲点道德，现在是文明社会。

2. 意志修养

意志修养应把握以下八个字：认同、自制、宽容、平衡。

（1）认同，即要求有清晰的角色意识。理货员务必认清：应该做什么，不该做什么；应该说什么，不该说什么。角色认同的基本要求是用“假如我是……”的思路将心比心，推己及人，设身处地，进行角色互换，站在对方的角度来思考和处理问题。

（2）自制，即要求冷静、沉着、不受对方情绪的影响。理货员应该做到：你发火，我耐心；你粗暴，我礼貌；你埋怨，我周到；你有气，我热情。

（3）宽容，即要求宽以待人。理货员要做到得饶人处且饶人，把一切“面子”都留给顾客。只有有了宽容心，才能有效地自制。

（4）平衡，即要求理智，观念与情感、情绪保持平衡。例如：理智上强调“顾客永远是对的”，但很多服务人员在情绪上都因“顾客并不一定是对的”而愤愤不平；观念上知道“源源不断的顾客是公司最大的资产”，但由于很多服务人员的良好服务并未得到应有的回应和社会支持，造成观念上和情感上的冲突；做得不好时，会受到来自多方面的责骂，但做得好时，却没有什么反应，由此产生委屈心态；工作时间长，精神负担重，身体疲劳，使服务人员懒得去理会顾客的要求、感觉和反应。上述这些方面如不能很好地平衡，意志修养的培养将会前功尽弃。

3. 品质修养

品质的内涵十分广泛，对理货员来说，应当着重突出以下三个方面：

（1）见物不贪。人人都需要赖以生存、发展和享受的物质财富，但在追求物质财富时有四点需要特别注意：第一，聚财不贪。“家有黄金万吨，一日不过三顿”。第二，享乐不可极。享乐是一种诱惑，必要的享乐能使人生丰富多彩，能使工作更充满活力，但乐极往往生悲。第三，不义之财不可取。财物是一种诱惑，只有反抗诱惑，才能有更多的机会产生高尚的行为。第四，没有第一次。克己自律应从第一次开始，有了第一次，就会有第二次、第三次。

（2）与人为善。人人都需要他人的友情、关爱、帮助、支持、鼓励、赞扬、指教、尊重和信赖。对注重品质修养的人来说，通常应从以下四个方面来实现“与人为善”的待人准则：第一，主动交往，以心换心，以德报怨；第二，助人为乐，施人勿念，受施勿忘；第三，任其自然，淡薄洒脱，笑对人生；第四，淡化自我，尊重守信，坚持真理。

（3）做事求上。“做一天和尚撞一天钟”的工作态度和工作作风已不适合现代社会。科技进步、时代发展需要人们比以往付出更多的辛苦去掌握日新月异的知识和技术。接受知识和新技术的速度、广度和深度，在很大程度上决定了自我成长和发展的潜力。作为理货员，对工作与学习、知识与道德、今日与明日等关系应该有一个比较明确的认识。第一，在工作中学习，学习中工作，才能使工作做得更好；第二，知识是道德的基础，知识是道德的明灯，没有知识的道德是愚昧的道德，没有道德的知识还不如愚昧；第三，今日的辛苦必将换来明日的收获。总之，只有不断求上进，才能有益于顾客，有益于企业，有益于社会，有益于自我，有益于家庭，才能达到和谐的道德境界。

任务3 案例学习

案例1

买伞

某日，顾客林小姐到某商场购物，走到二楼日用品区，她发现天花板上挂着自己心仪已久的黄色太阳伞，便要求工作人员取一把与此样品相同的伞给她。工作人员回答：“这款已没有黄颜色的了，你可以看一下其他的款式。”因为林小姐非常喜欢这把黄颜色的样品伞，而且在此之前已来看过很多次，便要求工作人员将悬挂的样品拿给她。这时，工作人员说：“样品悬挂这么高，拿取不方便，拿下来你不要怎么办?”然后她又执意向林小姐推荐其他款式的黄伞，并指着伞具柜台不耐烦地说：“这里有这么多黄颜色的伞，你为什么非要那把?”她边说边取下其他款式的黄伞，放在林小姐面前。

而林小姐就是看上那款小黄伞，所以再次要求工作人员帮其取下来，并说：“只要伞没有质量问题，我肯定会买的。”工作人员又说：“那万一你不要怎么办？我们还得重新将它挂上去，真麻烦。”这时她又拿了一把其他款式的黄伞，递到林小姐手里语气强硬地说：“这把也是黄色的，难道不漂亮吗?”最后，林小姐等了十几分钟后，该工作人员才慢腾腾、非常不情愿地将那把悬挂的黄伞取了下来。林小姐虽然最终买到了自己心仪已久的太阳伞，却窝了一肚子的气，并发誓再不到此商场购物。

资料来源：百度文库，见 https://wenku.baidu.com/view/7c4fc81887c24028915fc3e9.html.

问题

1. 你怎样评价此事?
2. 作为店长或理货主管，你如何对待这种现象?

案例 2

买奶粉

近日，张女士在桂林市中山中路一家超市购买了一些商品，到收银台付款时，收款小票中显示的某品牌 500 克奶粉价格为 44 元，而奶粉的标签价格却是 41.7 元，相差 2.3 元。她立即向收银员提出质疑，当班经理得知后解释：这款奶粉价格的确是 44 元，41.7 元是上周的促销价，当天停止促销，标签还未更换。如此一说，张女士便按 44 元付了款。3 天后，张女士再次到这家超市购物，她意外发现那款奶粉的标签上仍是 41.7 元。她问营业员：“这奶粉一直是这个价格？没搞过促销价?”营业员回答：“这款奶粉才销售 20 多天，价格一直是每袋 41.7 元，没有搞过促销价。”

对此，张女士认为超市的做法属于欺诈，向市消协投诉，要求加倍赔偿。市消协在调查时，超市总经理解释，超市的计价系统没有问题，的确是促销活动忘了换回原价格标签，说没有搞过促销价的营业员刚来不久，不了解情况。他表示今后要加强管理，防止标签价格和收银电子系统价格不一致的情况发生。同时他还对张女士表达了歉意，退还了多收的 2.3 元，并赠送两袋奶粉作为补偿。虽然张女士接受了调解，但她仍认为超市有欺诈之嫌。

资料来源：百度文库，见 https://wenku.baidu.com/view/7c4fc81887c24028915fc3e9.html.

问题

1. 你认为造成这个问题的原因是什么?
2. 针对此类问题，超市应该如何加强管理?

任务 4 学思之窗

理货员的职业道德关乎社会风气和社会主义精神文明

作为社会文明的窗口，理货员的职业道德水平对超市经营业务的开展有很大的促进作用，对社会主义精神文明的开展也有极大的帮助。理货员职业道德水平的高低，直接关系到超市的竞争力，也是超市取得良好的经济效益和社会效益的重要保证。

1. 道德的概念

道德是依靠社会舆论和人的内在信念来维持、调整人们相互关系的行为规范的总和。它以善和恶、正义和非正义、诚实和虚伪等各种道德词语来评价和调节人们的行为。

2. 商业道德的概念

商业道德是一种职业道德，是从事商业工作的人们在职业劳动过程中必须遵循的行为规范总和。社会主义商业工作的职责是为人民的消费生活服务，所以对顾客热情、耐心、买卖公平、真心诚意地利民便民就是商业的职业道德规范。

3. 商业道德的内容

（1）将本求利，公平交易；

（2）讲究信誉，老少无欺；

（3）和气生财，礼貌待客；

（4）精通业务，竭诚服务。

4. 理货员的职业道德规范

由于零售业是商品流通的最后一个环节，与广大消费者在卖场中直接接触最多的是理货员和收银员，他们最能体现超市员工的职业道德，因此加强他们职业道德的学习、宣传和教育有利于社会风气的改善，提高社会的道德水平，推动社会主义精神文明建设的发展。

5. 理货员职业道德规范的主要内容

（1）坚持商品等价交换原则，买卖公平。

（2）保证商品质量。

（3）接待顾客时一言一行要真诚守信。

（4）投放广告要实事求是，介绍商品不故弄玄虚和做夸张宣传。

（5）要礼貌待客，做到主动、耐心、热情、周到。

（6）要文明经商。

（7）要廉洁奉公。

资料来源：豆丁网，见 https://www.docin.com/p-1874701924.html.

任务 5　团队项目实战训练

每个团队为模拟的门店进行理货情景模拟。

1. 当顾客来购物却拿不定主意，而且将商品弄得很零乱时，你该怎么处理？

2. 一位顾客抱怨前天购买的商品有异味，理货员应该如何处理？

3. 某顾客挑选了一只西瓜，促销价格为 0.99 元/斤，在排队过秤后，发现电子秤价格是 1.28 元/斤，于是在秤台前面大发脾气，你该怎么处理？

项目六　销售作业管理

知识目标

1. 熟悉顾客的购买心理
2. 了解和掌握门店销售的流程
3. 掌握商品介绍的特优利证法则
4. 掌握有效促成的技巧和方法
5. 掌握价格问题和反对问题的处理技巧

技能目标

1. 会进行顾客购物的心理分析
2. 能够把握顾客接待的时机
3. 会探寻顾客需求
4. 会运用特优利证法则进行商品介绍
5. 能够根据不同的顾客进行有效促成
6. 会处理价格问题和反对问题

任务1　大家来讨论

留住还是赶走?

我们来看以下几个小案例：

■2015 年，我准备由成都乘机去南京为江苏某地板品牌全国经销商年会授课。在成都双流机场候机时，我信步来到一家店堂宽敞、装修精美的高档男装品牌店。看到有件红色夹克款式还不错，正当我准备翻看吊牌时，导购笑盈盈地过来热情服务道：“先生，这是刚到的新款，卖得很好。如果您喜欢的话可以试一下。”

■2013年，某中高端女装品牌邀请我做一个培训项目。培训开始前，我利用在全国各地授课的机会，顺便对其在各大中高端商场的专卖店及其竞争品牌的店铺进行了几次实地调研。其中，有一次经历让我印象深刻。

某家专卖店快要打烊了，我走进店铺，微笑着询问导购一件拼貂的价格。导购可能觉得我不是诚心购物，一位男士看什么女装，或者导购可能站了一天很辛苦，所以她只是站在原地朝衣服瞟了一眼就随口给我报了个价。

我故意对她说：“太贵了，有没有实惠点的?”导购故作惊诧：“这个还贵呀?这个价格在貂皮大衣里算很一般的了，还有更贵的!”我依然微笑着对导购说：“美女，可以打几折呢?”导购板着脸冷静地甩了一句话：“不打折，要不你到隔壁其他店看看吧。”她显出一副根本不想再理我的样子。

■2005年，广东某家具企业要做全国经销商年会培训，通过公司总代理的介绍，该公司营销总监邀请我给他们讲授“如何成为优秀家具经销商”课程。

培训结束后，这位总经理执意邀请我吃饭。我们几个刚一落座，点菜员就递上一份菜单。主人热情地邀请我点第一个菜。我习惯性地询问点菜员该店的特色菜品，点菜员几乎脱口而出：“我们店的特色菜品有从南非空运过来的干鲍鱼，既新鲜又美味，点的人特别多。”

其实，我也相信这个菜确实好，可我对这个特色菜并不买账；相反，对她的动机产生了怀疑。其后，点菜员又陆续推荐了几个酒店的特色菜，可我基本上不怎么考虑她的推荐，并且她越卖力推荐的菜，我就越不会点，因为我已经不信任她了。

资料来源：王建四．卖什么也别卖东西：门店销售就该这样做［M］．北京：化学工业出版社，2016.

讨论：

1．这些导购应该很想留住顾客从而销售产品，但其做法实际上是在稀里糊涂地把顾客“往外赶”，你认为是什么原因?

2．作为导购，怎样做才能留住顾客从而更好地销售产品呢?

任务2　操作指导

一、顾客购物的心理分析

（一）顾客购物的心理过程

人的心理是在社会实践活动和社会交往中产生和发展的，是对复杂多变的客观现实的

知识点：

顾客的购买心理过渡过程

反应，这就决定了人的心理现象也是多种多样和错综复杂的。

在销售活动中，尽管顾客的心理活动内容不一样，但顾客的心理活动过程都是大致一样的，并且心理活动支配顾客的购买行为。因此，研究顾客在购买行为中发生的心理活动过程，对销售人员了解顾客的心理变化，采取相应的销售方法和策略有很大的帮助。一般来讲，顾客购物的心理过程有以下 10 个阶段，详见表 6-1。

表 6-1　顾客购物的心理过程

序号	阶段	顾客的行为	卖场成交的阶段
1	店貌感受	店容店貌的感受	装饰、卫生、秩序、商品的陈列
2	知晓商品	有意（无意）注目	容易看到
3	观察了解	接近柜台或货架	注意顾客
4	引起兴趣	止步	具有吸引力的展示
5	产生联想	注视特定商品	接近顾客，了解其动机
6	激发欲望	浏览	将商品呈现在顾客面前
7	比较判断	注意价格及其他商品	咨询、建议
8	决定购买	作出购买决定	坚定顾客信心
9	采取行动	挑选、付款	成交，继续要求一些关联商品
10	购后体验	高兴离开	将商品包装，找回零钱

（二）购物者分析

如前所述，虽然顾客心理活动过程一样，销售人员也可以掌握一般的应对某个心理阶段的策略，但对不同的个体来说，同一个心理阶段所表现出来的心理活动内容并不同。只有抓住顾客的购物心理，才能强调顾客感兴趣的卖点，掌握销售的主动权。选择正确的销售方法，从而促成销售。

1. 不同年龄的顾客购买心理差异分析

（1）老年顾客表现为：

a. 喜欢购买用惯的东西，对新产品常持怀疑态度；

b. 购买习惯稳定且不易受广告影响；

c. 希望产品方便、舒适；

d. 对营业员的态度反应敏感。

（2）中年顾客表现为：

a. 多属于理智型购买，比较自信；

b. 讲究经济实用；

c. 喜欢购买被证明实用价值高的优秀产品；

d. 对能改善家庭经济条件、节约家务劳动时间的产品感兴趣。

（3）青年顾客表现为：

a. 对消费时尚敏感，喜欢购买新颖时髦的商品；

b. 购买具有明显的冲动性；

c. 购买动机易受外部因素影响，不太考虑价格因素；

d. 是新产品的第一批购买者。

2. 不同性别的顾客购买心理差异分析

（1）男性顾客表现为：

a. 购买常具有被动性；

b. 常常有目的和理智地购买；

c. 选择商品以质量性能为主，不太考虑价格；

d. 比较自信，不喜欢售货员喋喋不休的介绍；

e. 希望快速完成交易，对排队等候现象缺乏耐心。

（2）女性顾客表现为：

a. 购买具有冲动性和灵活性；

b. 选择商品十分细致；

c. 购买心理不稳定，易受到外界因素影响；

d. 购买行为受情绪影响较大；

e. 选择商品注重外观、质量和价格。

3. 不同性格的顾客购买心理差异分析

（1）理智型购买者表现为：

a. 购买决定以商品和知识为依据；

b. 喜欢收集有关商品信息，独立思考，不愿别人介入；

c. 善于比较挑选，不急于作决定；

d. 购买过程中不动声色。

（2）冲动型购买者表现为：

a. 个性心理反应敏捷，易受外部刺激的影响；

b. 购买目的不明显，常常即兴购买；

c. 凭直觉和外观印象选择商品；

d. 能够迅速作出购买决定；

e. 喜欢购买新产品。

（3）情感型购买者表现为：

a. 购买行为通常受个人情绪和情感支配，没有明显的购买目的；

b. 想象力丰富；

c. 购买中易情绪波动。

（4）习惯型购买者表现为：

a. 凭以往的习惯和经验购买；

b. 不易受广告宣传或他人影响；

c. 通常是有目的的购买，购买过程迅速；

d. 对新产品反应冷漠。

（5）疑虑型购买者表现为：

a. 个性内向，行动谨慎，反应迟缓，观察细微；

b. 缺乏自信，对售货员也缺乏信任，购买时疑虑重重；

c. 选购商品时动作缓慢，反复挑选，费时较多；

d. 购买中犹豫不定，事后反悔。

（6）随意型购买者表现为：

a. 缺乏购买经验，购买中常不知所措；

b. 信任售货员，乐意听取售货员的建议，希望得到帮助；

c. 对商品不过多挑剔。

4. 不同职业的顾客购买心理差异分析

（1）工人、农民表现为：大多喜欢经济实惠、牢固耐用、艳丽多彩的商品。

（2）知识分子表现为：大多数喜欢造型雅致、美观大方、色彩柔和的商品。

（3）文艺界人士表现为：大多数喜欢造型优美、别具一格、有现代艺术美感的商品。

（4）军人表现为：多为别人代买商品、或按图索骥、或请售货员参谋。

（5）学生表现为：购买集中于文化用品、纪念品，是贺年卡、生日贺卡、圣诞礼物的主要购买者，购买心理感情色彩强。

二、门店销售流程

门店销售流程如图6-1所示。

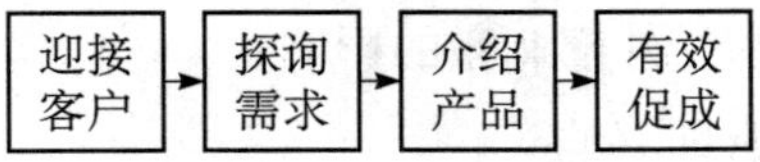

图6-1　门店销售流程

（一）迎接客户

1. 迎接客户的方式

（1）问好式。有如下三种方式：

——您好！欢迎光临！请看看××的节能型笔记本电脑。

——您好！欢迎光临！这段时间是我们××笔记本的优惠期。

——您好！欢迎光临！请看看××专为年轻白领设计的时尚笔记本。

（2）切入式。利用顾客的从众心理。

（3）应答式。这种方式用于顾客进门之后先向销售人员提问，要注意的是回答问题之后，抛一个问题给对方，从而掌握销售的主动权。

（4）迂回式。即营造朋友见面的轻松感觉。例如：

——今天的心情不错嘛，有什么好事情啊！

——今天带孩子一起来逛商场？您的孩子可真漂亮。

——李先生上次不是带朋友来买过我们的笔记本吗？用得还好吧？

2. 客户类型与行为表现

（1）没有购买需求。

行为特点：行走缓慢，东瞧西看。

迎客方式：不宜拦截顾客，让他们随便看看，不宜打招呼。

（2）有购买需求或感觉。

行为特点：脚步缓慢，但有针对性地环视柜台上的商品。

迎客方式：让顾客随便看商品，友好地打招呼（表明了解顾客的存在），不宜主动询问需要。

（3）购买目标非常明确的顾客。

行为特点：触摸某类商品，主动询问。

迎客方式：友好地打招呼，询问需求，开始推销。

（二）探询需求

1. 对顾客需求的理解

顾客的需求是销售的核心，所以有必要先来谈一谈对顾客需求的一些理解。探询顾客需求是销售所有阶段中最重要的一个环节，我们需要分析“在完全清楚地识别及证实顾客的明确需求之前，请不要推荐你的产品”这句话的含义。

完全：是指我们要对顾客的需求有全面的理解。顾客都有哪些需求？这些需求中对顾客最重要的是什么？它们的优先顺序是什么？

清楚：顾客表达的具体需求是什么？顾客为什么会有这个需求？很多销售人员都知道顾客的需求。例如顾客讲：“我准备要小一点的笔记本电脑。”这是一个具体的需求，但对顾客为什么要小一点的笔记本却并不知道，清楚也就是让销售人员真正找到顾客需求产生的原因。而这个原因其实也是需求背后的需求，是真正驱动顾客采取措施的动因。找到了这个动因，对于销售人员引导顾客下定决心作出购买决策会很有帮助。

证实：你所理解的顾客需求是经过顾客认可的，而不是你自己的猜测。

明确：明确的需求其实是和潜在的需求相对应的，我们将顾客的需求分为两大类：潜在的需求和明确的需求，我们现在来分析两者的不同。

一般来讲，顾客的采购动机是由于他们存在某些问题，或者他们认为现状与其认为理想的情况有差距。为了弥补和减小这个差距，他们产生了购买需求。

潜在的需求是指由顾客陈述的一些问题，对现有系统的不满，以及目前面临的困难。不管这些问题是你发现的，还是顾客发现的，不管顾客同意不同意，对销售人员来讲，这些都算潜在的需求。潜在的需求对销售人员来说是一个销售机会，如顾客讲“我现在的计算机有些慢”“我对找不到竞争对手的资料感到很头疼”“我们现有供应商供货有些不及时”等。这都是顾客对他的问题的描述，这就是潜在的需求。

明确的需求是指顾客主动表达出来的要解决问题的愿望，顾客向销售人员表达明确需求的用语主要有：我想、我希望、我要、我正在找、我们对……很感兴趣、我期望。例如：“我想要解决这一问题”“我们对服务器的要求很高”等。

研究发现，对销售真正有贡献的是顾客所表达的明确的需求。顾客一旦表达了明确的需求，其实也就是表明他已经产生了要改变现状的想法，而只有在这个时候，销售人员随后的产品推荐才会起作用。但遗憾的是，我们经常见到这样的销售人员，当顾客在电话中讲：“我现在复印机的复印速度太慢。”这时，销售人员赶快讲：“我这有一种复印机，速度很快，肯定满足你的需要。”结果会是什么呢？顾客会有更多的异议提出来让销售人员难以招架。

2. 高质量的提问——探询需求的重要方法

很多销售人员花大量的时间学习如何克服顾客的拒绝，但却发现顾客的拒绝越来越多。为什么？大部分原因是顾客根本就没有想去购买你的产品，他的需求还没有成为明确的需求，而这个时候销售人员介绍产品，成功的可能性自然很小。

需要说明的是：顾客产生了明确的需求，并不表明顾客清楚地知道他到底需要什么，对于有些顾客而言，却并不一定清楚什么产品对自己是最合适的。例如一个客户讲：“我需要一台笔记本电脑。”他表达的是明确的需求，还是潜在的需求？是明确的需求。但到底什么样的笔记本电脑是最适合他的，他却并不一定知道。所以，作为专业的销售人员，当遇到对自己的需求并不清楚的顾客时，就有了用武之地，销售人员可以利用自己的专业知识，帮助客户作出正确的选择，为顾客创造价值。

探询顾客需求的一个重要方法就是提出高质量的问题，否则销售人员无法了解顾客的需求。可惜的是有不少销售人员并不会提问题，也没有意识去提问题，他们只会介绍产品。

[例6-1]

导购：您好，欢迎光临××专卖店。

顾客：……（注：顾客没说话，脚步停在强化地板区。）

导购：先生，您好！先生是第一次来我们店吧？（注：用传统提问法接待顾客，可增加顾客参与感。）

顾客：嗯，好像没怎么听说过你们这个牌子……

导购：哦，对不起，先生，看来我们工作没做好。没关系，今天您来了，可以先了解一下。先生，您家装修做到什么阶段了？（注：简单处理问题后立即像医生一样做诊断——主动探询需求。）

顾客：装修刚开始，先提前来了解一下地板。

导购：铺地板要提前做地面准备，所以您现在来看地板刚好合适。请问先生怎么称呼？（注：问清顾客的称呼，有助于拉近与顾客的距离。）

顾客：张。

导购：哦，张先生哈！张先生，请问您家准备做成什么风格？（注：简单认同顾客，然后继续提问。）

顾客：欧式。

导购：张先生，欧式风格确实很漂亮，顺便问一下您家客厅多大？（注：赞美顾客装修风格，然后继续提问。）

顾客：35 平方米。（注：顾客话题还没打开时，说话总是这么简洁。）

导购：张先生，35 平方米的客厅装欧式风格非常有面子！张先生，请问一下，您的家具现在确定没有？（赞美顾客房间面积，然后继续提问。）

顾客：家具已基本定好。这个与地板有关系吗？

导购：张先生，地板与家具的风格及颜色是否匹配非常重要。请问您的家具是什么风格和颜色的呢？（注：处理完顾客质疑后继续提问。）

顾客：都是欧式红木家具，颜色偏朱红。

导购：红木家具可是家具中的极品呀！张先生，我向您推荐我们新到的两款实木地板，非常适合高端家庭使用，您先了解一下。张先生，来，这边请……（注：巧妙赞美顾客并顺势引导顾客。）

资料来源：王建四．卖什么也别卖东西：门店销售就该这样做［M］. 北京：化学工业出版社，2016.

（三）介绍产品

1. 挖掘产品的卖点

视频：

产品的卖点

所谓卖点，是指产品所具有的，销售人员阐述的，与顾客需求联系最紧密的，对顾客的购买决定最具影响力的因素。销售人员在产品销售过程中所介绍的产品特点都是卖点。一个产品有很多卖点，针对不同的顾客，要强调不同的卖点。

[例6-2]

帕萨特（大众）车的卖点：

(1) 保有量大，保养费用低；

(2) 安全；

(3) 德国文化情结；

(4) 现车。

[例6-3]

某品牌手机的卖点：

(1) 黑色：主要针对时尚人士、男士等强调的卖点。

(2) 大字体：适合老年人，是对老年人强调的卖点。

(3) 内置震动器：商务人士特别需要。

(4) 大容量电话本：营销人员非常需要。

(5) 游戏：年轻人喜欢用手机玩游戏。

2. 用特优利证法则进行产品介绍

作为销售人员，一定对自己售卖的商品非常熟悉，对产品的特点如数家珍，但销售人员理解的东西，顾客不一定理解。如果只是运用很多的专业术语进行介绍，很多情况下是没有效果的。运用特优利证法则，将特点转化为优点再跟顾客的利益相结合，并列举出相关的证明，则通常能打动顾客，促进销售。因为顾客最关心的是产品对他的好处，而不是产品有什么特点。

下面通过两个例子来具体说明特优利证法则：

[例6-4]

这款手机有自动关机功能（特征）；

它能够在您晚上忘记关机的时候自动关机（优点）；

这样就不至于在深夜有电话打扰您（利益）。

[例6-5]

这款音响是全中文触摸屏（特征），能有效防止灰尘进入（优点），从而可以延长使用寿命（利益）。

至于证明，一般可以利用人们的从众心理，举出恰当的例子，从而增强说服力，消除顾客的怀疑或敏感心理。通常的证明材料有：销售记录、辉煌业绩、客户证明、技术实力、实际案例、辅助材料（客户留言、专业资质证书、媒体报道等）。

此外，让顾客感受产品是一种非常好的证明方法。在销售终端为顾客创造体验产品和服务的机会，让目标顾客通过观摩、聆听、尝试、试用等方式，使其亲身体验企业提供的产品或服务，让顾客实际感知产品或服务的品质或性能，能促使顾客全面认知、喜好并最终选择本公司产品而非竞争对手的产品。

例如：某超市海鲜部售卖龙虾或扇贝等海鲜商品的促销员，在冰柜旁边演示烹饪方法、展示配料，现场还提供炒好的食物供顾客品尝，香喷喷的气味在卖场四处飘散，顾客蜂拥而至，效果非常好。配合这样的现场演示，该超市海鲜部一个月的销售额高达6万元～8万元，是对面冷冻肉类等生活必需品销售额的2～3倍。

（四）有效促成

促成交易就如同足球比赛的“临门一脚”。但“射门”是一回事，球进不进又是另一回事。做到“射门后球进门”，才是销售所追求的结果。有很多技巧和方法可有效地促成交易。

1. 二者择一法

二者择一法是指销售人员提出选择性问句，让顾客在提供的选择范围内作出回应，即强迫顾客从A或B中作出决定。顾客离开门店再折返的概率很低，所以最后阶段要多提一些二选一的问题。

［例6－6］

售楼代表：“先生，刚才看过的两个单元，您比较喜欢A单元还是B单元?”

顾客：“A单元。”

售楼代表：“对了，刚才在与您沟通的过程中，您好像比较在意何时交房，我想知道您是希望5月入住还是6月入住。”

顾客：“最好是5月下旬可以入住。”

售楼代表：“没问题，我们小区3月初就开始交付使用了……您是选择一次性付款还是分期付款?”

顾客：“一次性付款。”

售楼代表：“那太好了，一次性付款可以得到额外的98折优惠。先生，您付款是付现金还是刷卡?”

顾客：“刷卡。”

在引导顾客的过程中，使用二者择一法可以有效避免顾客讲出“不”字。但在实际的销售过程中，销售人员往往不注意发问的方式，而习惯于用一些封闭式问句。例如：“今天您能不能决定下来?”“不能!”“今天您有没有空?”“没有!”封闭式问句很容易引导顾客下意识地作出防卫性的否定回答。这种结果往往是因为销售人员不讲求技巧所带来的。

2. 有限数量或期限法

人们对数量或期限有反应敏感的习惯，一旦商家设定一个数量或期限，很多顾客就开始担心，担心万一错过再也买不到，担心被别人买走就没有了。所以“今日特价”“限时特价”“卖完为止”一般能很快地促成交易，同时销售人员的语言表达应使之有急迫感。

3. 推定承诺法

推定承诺法，顾名思义就是推定顾客已经作出购买的承诺，销售人员直接引导顾客进入相关购买手续的成交阶段。运用推定承诺法时，销售人员要调整好心态，千万不要在内心认为“迫使”客户成交是一种强人所难的行为，而应建立这样的观念：购买这件商品对顾客而言是一件美好的事情，这件商品物有所值，顾客是成交的最大受益者。销售人员要充分表现自信并大胆行动。

[例 6-7]

售楼代表：“王先生，王太太，刚才我们看过了风景台 18 楼 A 的那个单元，您二位都非常满意。首先是因为户型和面积，另外是景观和东南的朝向……是吗？”

顾客：“是的。”

售楼代表：“恭喜你们终于挑选到自己心爱的住所。现在我们来办理相关的购房手续。请二位把身份证给我登记一下，并给我你们的详细通信地址和联络电话。这是一份临时订购合同书，请二位看一看，如果没疑问，请在这边签字……”

4. 点头法

销售人员可以使用如下话语：“这个商品非常划算，是不是？”“非常精致，对吗？”“质量非常好，是不是？”顾客点头点多了就变成习惯了，头点得越多，效果越好。

5. 反问成交法

反问成交法就是顺应和把握顾客发出的购买意向进行发问，而作出反问的处理技巧。当顾客回答你的反问时，你很可能就得到了一个确切的成交信号。

[例 6-8]

顾客：“什么时候可以拿到？”

销售人员：“先生，您着急用吗？”

顾客：“是的。”

销售人员：“如果您现在付定金，大概一周后可以到货，这样您还有别的要求吗？”

6. 钓鱼法

利用顾客某种需求心理，让他得到优惠或好处，从而吸引其采取购买行动。

7. 感情法

投顾客之所好，为顾客提供帮助，使双方产生亲和需求，并得到满足，从而触发认同感，建立心理相容的关系，使买与卖双方矛盾的心理距离缩小或消除，最终达到销售目的。

[例 6-9]

说起海尔，你最先想到的是什么？绝对不是它质量第一，而是它的“五星级售后服务”。海尔的售后服务为中国的企业树立了标杆，企业的售后服务都在向海尔靠拢。很多人对海尔服务人员在安装空调时有普遍好感。他们身着统一服装，讲究礼貌用语，实地解决困难并努力遵从顾客建议。安装空调之后，帮助客户打扫好卫生，做到一尘不染。海尔的“五星级售后服务”，从情感上征服了顾客，赢得了顾客的信任，从而带动了海尔产品销售量的大幅飙升，也提升了海尔的品牌形象。

8. 利诱法

向顾客提示购买商品会给他们带来的好处，从而打动顾客的心，刺激其购买欲望。

9. 以攻为守法

当估计到顾客有可能会提出反对意见时，销售人员应提前主动提出问题并加以说明。

10. 从众心理法

利用顾客的从众心理，制造大量成交的气氛，令顾客有紧迫感，从而促进顾客购买。

11. 失心法

利用顾客既害怕物非所值，又担心痛失所爱的矛盾心理来巧妙施压，令顾客下定决心购买。

12. 激将法

想要顾客成交，可以采用反向借力法则暗示对方没有购买能力，从而激起对方的挑战心态，促使他用行动来维护自尊，证明其能力，促使其购买。

[例 6-10]

一位富商携爱妻到某珠宝店，看到一枚钻戒光彩照人、造型新奇，十分喜爱。当知道钻戒售价 80 万元人民币时，他有点犹豫。此时，营业员热情接待，告知钻戒来自南非，货真价实，同时告知，前两天某国总统的夫人曾想买下这枚钻戒，但因手头稍紧没能如愿。经过营业员的这番介绍，顾客很快就决定买下这枚钻戒。营业员的介绍起到了暗示总统夫人买不起这枚钻戒的作用，同时使得顾客产生了一种思维——我比总统夫人富有，我能买得起。这是这次生意成功的内在原因。

三、处理价格问题的技巧

（一）销售人员要端正态度

销售人员如果自身都觉得价格存在问题，那就无法让顾客认同价格。价格与价值不一样，不断地提高价值，就能很好地处理价格问题。如果销售人员总是从完全有利于自身的角度考虑问题，既要价格低，又要品质好、提成高，这显然是不可能的。不要害怕价格，价格不成问题，越害怕，价格问题就越发凸显。要把焦点放在包装价值上，企业可以从硬件、广告上着手，而销售人员要懂得包

视频：

处理价格问题的技巧

装自己。

另外，要注意的是：如果是客户 A 的问题，就不要变成 B 或 C 的问题。一旦客户 A 提出价格问题，就应该把 A 从其他客户身边带离或其他销售人员将 B 或 C 带离。因为一般情况是：A 发言一句，B 就会跟着发问，C 就会联想，消极的气氛慢慢凝聚，结果是三个人都离开。不管销售人员优惠多少，顾客还是会认为你赚钱了，不会相信你会赔钱，通过价格赢得顾客是不会长久的，企业无法靠此获得长期利润。

（二）具体问题的处理技巧

一般来说，销售人员在销售过程中会遇到以下的价格问题：

（1）太贵了。处理这个问题，通常可以用说故事的方式启发、教育顾客。同时，可以直接问对方认为多少价格合理，但要注意语气。

（2）我负担不起。处理这个问题，首先要辨别真伪，通过观察顾客的谈吐、穿着、职业来判断其讲的是否是真话。不要马上就转而推销其他商品，对方可能是借口，要加强价值上的传递，顾客很可能是没预算花这么多钱。如果能做 2 万元的生意，就不要安于 5 000元的生意。要听懂对方的言外之意。当然，如果是事实，就不要继续介绍高价格的商品，会令对方反感，伤害对方的自尊。

（3）手头现金不足。处理这个问题，一方面，通过有限数量或期限等方式，增强顾客购买的欲望；另一方面，跟顾客站在同一立场上，为他将商品保留一段时间，通过预付定金等方式，来帮助其解决难题。

（4）价格比预期的高。这种情况下，顾客可能会乱开价，但你要做到宁当朋友，不要当敌人，不要出口伤人，关键是讲清楚原因，强化商品的价值。

[例 6－11]

导购：李先生，您好，欢迎您再次光临！

顾客：嗯，再比较一下……（注：**顾客显然有兴趣，现处于比较阶段。**）

导购：李先生，我想您也比较很多家了，但买地板您一定要多关注环保性，毕竟以后我们每天都要跟它接触，您说是吧？（注：**把话题拉到环保性上来。**）

顾客：是的，看了几个牌子，我就是担心这个呢，反正每个人都说自己东西好，真不知道该相信谁……

导购：李先生，您有这种想法很正常。我们以前也有一些老顾客和您一样觉得我们的东西稍微贵一些，但后来经过比较后还是决定买我们的地板，其实他们最看重的还是我们地板的环保性。李先生，您知道应该如何鉴别地板的环保性吗？（注：**认同顾客，然后通过询问为接下来的环保性介绍做铺垫。**）

顾客：不是很清楚。

导购：李先生，地板环保性如何，您要从材质和工艺两个方面来看。首先您要看板材环保等级及胶黏剂、油漆等辅助材料的品质。高环保的地板一般都用 E0 级环保基材，并且大多采用进口胶黏剂和油漆。（注：说明标准）我们的地板采用的就是这种材质，所以您看到相对××品牌来说，我们的会贵一点。

顾客：是吧，我还真的没注意呢。

导购员：李先生，除了板材，您还要看地板贴面和封边的工艺。如果这些环节做不好，也将导致地板在使用中出现家居环境污染。我们的地板在贴面时采用最高标准的热压时间、温度及压力，而且我们的封边材料和设备都从意大利引进，这些都可以保证我们的产品在环保方面真正令顾客完全放心。您看这里有权威部门为我们公司出具的甲醛含量证书。（注：适时引用权威证书及媒体报告等。）

顾客：你们品牌是不错，但是价格可以再低点吗？

导购员：李先生，您知道E0级地板确实要贵一些，毕竟成本都不一样，您说是吗？

顾客：再少1 000元，我就买你家的了，可以吗？

导购员：买地板，价格、质量及服务都很重要，但是安全性是最重要的。万一买到安全性差的地板，家人健康出现问题，我想那就不是1 000元可以解决的啦，您说是不是？（注：加深负面影响。）李先生，价格上真的让我为难了，我确实不能给您让价了，但我们可以在产品质量、环保性及服务上做到最好，让您买得放心、买得安心。这些其实才是更重要的，您说对吗？（注：强调利益。）

顾客：你太会说话了！哎，行吧，那就定你们家的啦。

导购员：谢谢李先生的夸奖，我们一定会用最高品质的产品和完善的售后服务让您满意的。请稍等，我给您开单。

资料来源：王建四．卖什么也别卖东西：门店销售就该这样做［M］. 北京：化学工业出版社，2016.

四、处理其他反对问题的技巧

首先，销售人员要有一个基本的认知，即嫌货才是买货的人。销售员要有耐心，否则引发个人情绪是最可怕的事情。门店要有组织地训练销售人员接受、认同和赞美的技巧。销售人员要善于用“只是”替代“可是”“但是”。具体的技巧有：

（1）化反对问题为卖点。一旦遇到反对的问题，销售人员要用更积极的心态去面对。生意不成仁义在，应该顺着话锋，进一步强调卖点，进一步刺激顾客的购买欲望。例如：

——顾客：“这件衣服是去年的款式了吧？”

——销售人员：“你说得对，眼光真好，正因为是去年的款式，所以我们才卖得这么便宜。”

（2）要有信心，不要敷衍。质量和售后服务是顾客最关心，也会反复问的问题。销售人员应该诚恳地表达，给顾客购买的理由。

（3）以退为进。以退为进是用于对付戒备心理，不向对方表示“志在必得”的成交欲望，而是表现出不强求成交的宽松心态来使对方放下戒备的心态。

［例6-12］

顾客：听说纯棉的会褪色，你们这个衣服会不会褪色呢？

导购：张先生，您这个问题问得特别好，一听您说话就知道您对面料挺在行。

顾客：我也是听别人说的。

导购：张先生，您说得有道理，有些小品牌为了降低成本确实会出现这种情况。不过您放心，我们是大品牌，每件衣服都经过严格的质量检测。我们店在这里开5年多了，还从没顾客反映过这种现象，所以，这个问题您大可放心！这样，张先生，您不能光看，衣服一定要试，来，这边有试衣间，您这边请……（**注：先认同并赞美再顺势引导体验，试完衣服后说不定该问题顾客都忘了。**）

顾客：……（**注：顾客出来后，如购买则要告诉他保养事项。**）

导购：张先生，这种高档的衣服其实保养也很重要，您以后洗的时候要注意……这样吧，我把这些写在小票背后，您到时候可以拿出来看看，请稍候！（**注：让顾客感受到商家的优质服务，如果以后衣服因保养不当出现问题，商家也为处理此类问题留下白纸黑字的证据。**）

顾客：好的，你们的服务真不错，谢谢……

导购：不客气，这些都是我们应该做的，您好走……

资料来源：王建四．卖什么也别卖东西：门店销售就该这样做［M］．北京：化学工业出版社，2016.

五、数字化营销

移动互联、万物互联使得人与人、人与产品、人与信息可以实现“瞬连”和“续连”，这种高度连接产生了可以追踪到的数据轨迹，使得消费者被数字化，营销的每个环节可以用数据来说话，并在连接中实现消费者的参与，实现企业的动态改进。

（一）数字时代的贯穿式顾客价值管理

数字时代的营销真正可以实现贯穿式顾客价值管理（Synchronizing Customer Value Management，SCVM）。SCVM是继CRM之后的革命性营销范式。它的核心理念是：基于顾客全生命周期，协同组织各部门实现闭环式客户价值管理和增值管理。

在数字时代，由于客户消费场景化、渠道多元融合化、服务和产品一体化、品牌传播实时化，因此企业就必须打通研发、营销、销售和服务环节，以顾客价值为核心带动公司的销售收入和利润增长。其中，关于顾客的全方面洞察和全生命周期管理成为关键，而获得更多优质客户、提升顾客钱包份额、提升顾客终生价值就是实现业绩增长的具体手段。

SCVM通过建立以CMO为主导的顾客价值中枢型营销组织，利用营销协同平台和集中的顾客数据仓库，企业可以在组织层面把分散的顾客知识和数据集中进行管理和分析，各个品牌和渠道可以按需要获得和分析数据以支持其营销活动。在SCVM营销体系中，企业可以集中而又灵活地跨部门、跨渠道、跨品牌地识别和深入挖掘客户价值。

以D公司为例，最近投资200亿元打造大数据追踪系统MyMagic，这套系统能追踪顾客的分布、轨迹、如何消费、什么时候用餐以及最后购买了什么，所有消费者在公司内留下的行为最后都发生了数字化，根据这些行为数据，结合App追踪的SDK反映的位置，并依据手机线索跟踪到的社交媒体信息，使得数据、营销、客户资产一体化。

（二）数字时代的客户需求信息获取

智能化的信息处理技术使低成本、大样本的定量调研成为现实，可以通过网络上基于调查对象的评论、看法等信息，推导出消费者真实的态度。

从文本观察到行为跟踪，新技术和普及的移动设备使得企业可以进一步实时跟踪用户的行为数据，如在商业零售、地产、旅游等行业，利用位置数据、音频识别技术可以帮助企业更加了解用户的真实需求。

对于餐饮类店铺来说，可以通过WiFi探针抓取客户行动轨迹的数据，以作为其数字时代客户关系管理CRM的重要手段，同时这些数据还可以评测团购效果。如果通过团购产生的新客户没有二次消费，就能认为该团购活动效果不佳。

（三）数字时代的精准化营销

数字时代下，市场细分方法跟传统的有所不同，原先被地理、文化和隔代分歧分裂的人群，数字技术有可能将他们聚在一起。这些人基于网络的市场细分、数字集成，形成一种新的消费群体，产生共同利益和类似的价值观，这种集聚来自细分市场的沟通、分享和识别。因此，营销出现了超细分与动态精准化。

例如：淘宝网“千人千面”的排名算法就能基于每个买家的不同特征提供精准推荐。奢侈品连锁百货公司尼曼·马库斯（Neiman Marcus）与之合作推出了一款名叫Snap的App。这款App解决了这样一种需求：在现实生活中或者杂志上看到别人穿着的衣服、包包、鞋子很棒，却不知道去哪里可以买到。客户只需要拍下来，然后通过Snap就能跳转到尼曼·马库斯的电商网站找到与之类似甚至相同的商品。

这款App运用了两个核心技术：

- 将客户拍摄的照片转换为计算机能够识别的信息；
- 根据这一信息，通过大数据的匹配与分析，精准地找到客户喜欢的商品。

与传统的关键词搜索相比，Snap可以更精准地契合客户的购买需求。在目标市场的选择战略上出现了向小众演进的特征。

（四）数字时代的营销步骤

1. 追踪

数字化时代最大的变化在于可以通过大数据追踪消费者的网络行为，如对Cookie的追踪、SDK对移动数字行为的追踪、支付数据对购物偏好的追踪，打通这些行为追踪可以形成大数据的用户画像，这些技术手段与营销思维的融合是数字时代最大的变化。例如：京东通过消费者画像为其用户列出了300多个标签特征，海尔集团的消费者画像则分为7个层级、143个维度、5 326个节点用户数据的标签体系。

2. 触达

以前的触达消费者的手段在数字时代发生了变化，如搜索、O2O、社交媒体、App、智能推荐、AR、VR、DSP等各种触达手段，是前数字时代所完全不具备的。如何基于消费者画像实施触达，是企业营销数据化转型的基础，从而实现技术、数据与客户的融合。

3. 转化

我们发现，仅仅做完前两个步骤，并不能保证数字营销的有效性，因为只解决了瞄准、触达的问题，没有解决如何转化客户资产，这其中最关键的一步在于数字营销是否建立了持续交易的基础。很多社群的建立与发展，可以保证企业在去中介化的情境中与客户直接发生深度联系、互动、参与。

4. 回报

这一步要解决“营销不仅是一种投资，也可以得到直接回报”的问题。很多企业建立了社群、吸收了很多品牌粉丝，但是如何变现，是此阶段的核心问题。可以有很多方法，如社群资格商品化、社群价值产品化、社群关注媒体化、社群成员渠道化、社群信任市场化等。社群变现的案例不胜枚举，如不断涌现的社群型垂直电商、小红书的社群口碑分享及营销等。

任务3 案例学习

案例1

买婚装

导购：美女，欢迎光临！

顾客：……（注：顾客没有说话，伸手去摸一件浅黄色套裙。）

导购：美女，这件套裙是最新款式，采用流行的韩版风格，穿在身上既时尚又休闲。（注：导购开始“卖瓜”了。）

顾客：……有适合结婚穿的吗？（注：顾客四处闲逛，突然主动发问。）

导购：您要买结婚穿的衣服，我们这里很多呀！这里有一套红裙就特适合您。美女，这套裙子款式庄重、颜色喜庆，买的人非常多，我相信穿您身上效果一定不错。（注：顾客看到这套裙子后明显露出欣赏的神色。）

顾客：这套裙子多少钱呀？

导购：不贵，才 1 200 块钱！

顾客：……（注：顾客没有说话，她又看了看其他衣服，转身离开了。）

资料来源：王建四．卖什么也别卖东西：门店销售就该这样做［M］．北京：化学工业出版社，2016.

问题

1. 该案例中，导购有没有哪里做得不妥？
2. 如果你是该导购，整个过程中你会怎样表现？

案例 2

买沙发

导购：李美女，我们上海工艺大师这套沙发确实很适合您家，并且卖得也很好！李美女，您觉得怎么样？

顾客：嗯，说实话，工艺大师的质量我很满意，但我感觉你们价格比××贵，如果再便宜 500 块钱我就买了。

导购：李美女，我们工艺大师的沙发确实比您看过的××贵一点，但您也知道沙发要长期使用，所以除了比较价格以外，质量怎么样其实更重要，您说是不是？

顾客：那当然也是了……（注：顾客面露犹豫之色，眼看可以开单了。）

闲散客：这套沙发不好看……

导购：女士，您觉得这套沙发哪里不好看呢？（注：导购快步迎上并准备“战斗”……）

闲散客：……（注：顾客听完闲散客评价后决定再考虑考虑，离开了……）

资料来源：王建四．卖什么也别卖东西：门店销售就该这样做［M］．北京：化学工业出版社，2016.

问题

1. 该案例中，导购最后为什么失去了眼看就要成交的机会呢？
2. 导购该怎样做才能消除闲散客对顾客的消极影响呢？

任务 4　学思之窗

营销与三观

世界观、人生观、价值观，这些其实都是人类生存与发展的基本思考，潜移默化地影响着每个人一生方方面面的观念、决策与得失。

引申到营销中，三观也可以意味着商业的基本思考与底层逻辑。我们常用三观合不合来考量人与人之间的关系，合则长久，不合则不相为谋。营销也是一样，其本质就是建立企业与顾客的关系，企业提供怎样的产品，服务怎样的顾客，只有产品与顾客之间基本观念相契合，才能产生交易。基本供需都不对等，长久关系更无以为继。

价值观并不虚无缥缈，甚至对于商品来说价值观是所有营销活动的核心，因为商品之所以成为商品，就是因其具备价值和使用价值。价值的创造、转化、传递和认知，在商品的生产与交换过程中始终发生。关于商品价值的主观表达与客观认知，构成价值观念，买卖双方只有在价值观念上吻合，才能发生互利双赢的商品交易。

商品的价值观以商品自身的DNA为基本载体，商品在生产过程中因为凝结了无差别的人类劳动，因而就具备了价值。泛泛而言，生产者在生产过程中因为耗费了时间成本、物质成本和精神成本，就赋予了商品一定的价值，倘若商品不能交换，则价值无法实现。而生产者基于营销目的对于这些价值塑造及主观表达，倘若不从使用价值的角度出发，与消费者的价值认知无法达成一致，商品交换的可能性就降低，价值观不合大致如此。这一点并不难理解，却经常被忽略。我们经常看到生产者或营销者对于自己产品的价值描述，充斥着大量专业术语和生僻词汇，实际上对于大多数普通消费者而言，告知原料不如描述感受，解释工艺不如解决问题，承诺品质不如建立口碑。

商品的价值观是以消费需求为最终呈现。一款产品是由诸多要素构成的，以白酒为例，每一款白酒产品基本都包含产区、原料、工艺、酒质、度数、口感、酒体风格、包装形式、材质、颜值、品牌命名、内涵、文化等众多要素。每一个要素都有其存在的理由，每一个要素都凝结了人类劳动，都可以构成商品价值，哪些要素对于消费需求更有意义，哪些就共同描绘出一个商品的基本价值图谱。

消费需求具有主观性和可变性。消费者对于商品的价值认知，就建立在这种主观性与可变性之上。在物质匮乏的时代，好与坏、贵与贱、珍贵与平凡、梦寐以求与司空见惯，在统一生活水准下形成相对统一的标准，因而消费者与生产者比较容易就商品的价值达成共识，如性价比、质量好、大牌子。而在今天，消费除了基本需求的满足，还代表着个性、情感、品格，代表着审美、格调、生活方式，代表着人生阶段、个人发展与对未来的期待。因而即便是在同一生活水准下的消费者，对于同一件商品，也因为社会关系、专业程度、个人兴趣或现状等因素呈现不同的价值取向。在这种情况下，生产者与消费者之间的价值共识就变得稀缺而珍贵。

资料来源：新浪网，见 http://blog.sina.com.cn/s/blog_4e81a36f0102x8a5.html.

任务 5　团队项目实战训练

模拟一次商品销售过程：在教室中安排两名学生模拟，一名学生扮演销售人员，一名学生扮演顾客，就某一商品（教师自定）开展一次销售活动。

项目七 促销管理

知识目标

1. 掌握促销的方式
2. 掌握促销方案策划的流程
3. 掌握促销方案实施的过程
4. 掌握促销评估的顺序和方法

技能目标

1. 会按照促销方案策划的流程进行方案策划
2. 能够按照促销方案进行具体实施
3. 能够运用促销方法对促销效果进行评估

任务 1 大家来讨论

M 品牌电器成功促销活动案例纪实

·前言·

随着家电市场的竞争越来越激烈，农村家电市场的促销活动已屡见不鲜，形式更是五花八门，特价、赠品、抽奖、返现金等层出不穷。每当看到厂家、商家花大钱精心策划的促销活动一次次的失败，看到农村消费者在店门前只是看热闹或为抢礼品而来的时候，笔者都为他们（厂家、商家）感到伤心。但他们过后有没有想过：花大钱、精心策划的促销活动为什么屡屡失败呢？下面这个案例是笔者全程参与的一次成功的 M 品牌电器农村促销活动。但愿大家看了这个案例，会从中得到启发。

·第一部分 促销活动方案·

一、促销背景

2019 年 M 品牌电视全国销量第一。为了庆祝这一荣誉，M 在 2020 年下半年在全国各城市包括农村进行了一场全国性的促销活动。同时，面对竞争激烈的其他三大电视品牌的促销活动，M 不得不进行反击，以保持较高的市场份额。

二、促销目的

1. 消化积压库存，提高电视终端销量，继续保持 2019 年销量第一的市场地位并争取 2020 年市场销量也保持第一位，同时在全国推广最新的 X 系列电视。

2. 通过以电视为主题的促销活动，带动其他电器（碟机、电冰箱、洗衣机）的销售。

3. 马上到国庆节了，其他电视品牌都在周密策划十一促销方案，此次促销活动旨在抢占市场先机。

三、促销时间

2020 年 9 月 13 日—2020 年 9 月 18 日。

四、促销地点

红古区雅兴 M 电器专卖店。

五、促销主题

热烈庆祝 M 电视 2019 年全国销量第一——特价大回报（主题由 M 品牌总部制定）。

六、促销双方

M 电器兰州销售公司、红古区雅兴 M 电器专卖店。

七、促销产品

1. 主推：M 所有型号电视；

2. 附推：电冰箱、洗衣机等。

八、促销对象和范围

1. 对象：终端消费者；
2. 范围：红古区所辖区域。

九、促销形式

老品特价、新品打折。

十、促销配合

1. 专卖店建设：专卖店进行现场美化，店内悬挂气球、条幅，张贴海报，店门口设置拱门，放置55英寸液晶电视及音响，店门两侧堆放产品堆码。

2. 电视广告：9月13日—9月17日在当地有线电视台晚上播放促销信息广告，每晚播三次。

3. 促销单页：9月13日—9月15日三天在红古区辖区内挨家挨户发放。

4. 促销墙报：在每个村庄至少贴3张以上促销信息墙报（手写）。

十一、促销费用

50万元人民币。

十二、促销任务

销售最低任务：大小150件。

十三、推进计划

项目名称（略）。
责任人：张三。
完成时间：2020年9月20日。
检核人：李四。
物料准备：A4黑白促销单页，内容包括促销主题、促销时间、促销地点、联系电话、主要特价机型号和价格等。由兰州销售公司负责提供，时间为 9 月 10 日。

促销墙报（手写）：同上；由专卖店负责提供，时间为 9 月 10 日。

气球、拱门、条幅等：由专卖店负责提供，时间为 9 月 10 日。

落实促销方案下发：由专卖店、业务员负责，时间为 8 月 15 日。

产品准备、提货：专卖店根据促销型号及库存向分公司提货，时间为 9 月 14 日。

卖场准备：店内布置、样机摆放要求尽可能地把所有促销的型号都摆出来，时间为 9 月 15 日。

店外布置：拱门、条幅、音响等，参与者为所有工作人员，时间为 9 月 16 日 7 点前。

送货服务：送货车、出租车及专卖店的送货车的准备，专人随车。

活动组织：促销活动正式开始，参与者为所有工作人员，时间为 9 月 16—18 日。

活动评估：促销效果评价，评价者为专卖店负责人，时间为 9 月 20 日前。

十四、活动监控

本次促销活动由兰州销售公司负责全程监控，所有工作人员不得有任何有损公司形象的行为。

十五、促销活动评估

（略）

·第二部分　促销活动纪实·

对于本次促销活动，M 电器兰州销售公司派出 4 名工作人员，其中 1 人为红古区业务员、1 人为兰州销售公司家电事业部负责人、2 人为实习大学生；红古区雅兴 M 电器专卖店有 8 名工作人员，其中 4 人为促销员（2 男 2 女）、1 人为司机、1 人为售后维修员、2 人为老板和老板娘。促销第四天，由于人员不够，又从兰州调来一名长期兼职的女大学生促销员。合计共 13 名工作人员。

本次促销活动前后共计 6 天。前三天为发放促销单页等的准备工作，后三天为真正的销售时间。

工作人员于 2020 年 9 月 12 日下午到达雅兴 M 电器专卖店。兰州销售公司带了 3 万份促销宣传单页，其他一切促销工具均由雅兴 M 电器专卖店提供。下午 12 名工作人员（不包括兼职的大学生促销员）开了一个简单的促销动员会，确定了相关工作分派和工作要点及注意的问题。

■促销计划：前三天是发放 3 万份促销宣传单页、贴墙报、打广告、备货的时间。其中 8 名工作人员和 4 名临时找的人员负责前三天的促销宣传单页发放工作。

■实施过程：促销人员分为 3 组，每组 4 人、派一辆车，按照红古区的地理位置，第一天先从西、北方向开始，3 组分头工作，晚上会合，形成闭环，一个村庄不漏。每组人员分工为 2 人专门挨家挨户发放促销单页，2 人及司机配合贴墙报和发促销单页。第二天从东、南方向开始。第三天主攻市区。由于市区不准贴墙报，只能发放促销单页，而且市区都是楼房，发放促销单页较费事，因此全员出动。这三天时间里，另外 4 名工作人员（老板、老板娘、专卖店 2 名女促销员）留守在店内。在发促销宣传单页的第一天，在当地的有线电视台投放了简单的促销广告，方式是黄金档电视剧播出时在屏幕下面用滚动的文字播出本次促销主题、促销形式、促销时间、促销地点、联系电话等主要信息。

■店面布置：15 日晚上进行了店内布置，在店内摆放所有 M 品牌的电器，其他品牌的电器临时撤出，所有的产品上贴出原价和现价（特价），店内也布置了一些增强促销氛围的鲜花、气球等装饰。16 日早上 6 点开始店外布置，主要布置了 1 个拱门及一个 55 英寸液晶电视和音响来渲染气氛，同时，所有的促销产品都摆在了店门两侧，给人一种促销的气氛。

■货源准备：14 日晚从兰州运来一整车电视，加上原有库存共计 400 台。由于专卖店库存空间限制和促销氛围的需要，所有新运来的产品都堆在店门外，形成高高的堆头。

■售后服务：在促销第四天，即真正开始销售当天，现场安排一名售后维修人员专门给消费者提供售后咨询服务。同时，前几天的那两辆车和新增加的一辆车随时待命负责市区外 100 里内的送货上门工作。

■促销方式：按照分公司的要求主要以特价促销，每款机均比原价降 100～150 元，个别型号降幅达 500～800 元。同时，还采取对每天前 5 名购买者返还现金活动和个别型号每天限量销售的方式，以吸引消费者第一时间前来购买，起到轰动效应。此外，为了打消农村消费者怕今天买了，明天会更便宜或促销活动结束了还是这个价的顾虑，发卡郑重承诺：若三天（促销活动完）后不调到原价或价格比促销价更低，专卖店将无条件退货并给消费者返人民币 500 元。另外，为了增加促销的紧张气氛，所有工作人员都在现场吃盒饭；在最后一天，遇到有些消费者犹豫是否买并且怀疑活动是否只举行三天时，从兰州销售公司来的人员掏出了第二天早上走的车票后，他们立即决定购买。

■促销结果：三天累计销售 172 大小件，包括电视、冰箱、洗衣机、碟机。从这次促销活动结果来看，合理、适时的促销方式的确可以激发潜在消费者立即购买。

■促销成绩：超额完成了促销任务（150 件），并达到 M 电器兰州销售公司在各地区已做促销的最好成绩，销量居第一。

资料来源：致信网，见 http://www.mie168.com/read.aspx.

讨论：

1. 你认为此案例促销成功的关键要点是什么？
2. 如何策划一个好的促销方案？

任务2　操作指导

相关调查显示，顾客80%的购买决定是在到达门店后作出的。就洗发护发产品而言，87%的购物者在进入门店之前计划好要购买洗发护发产品，但42%的购物者会因为门店的促销、价格、陈列等的影响而改变购买决定。

一、促销方式

促销是指在商业活动中，企业通过各种方式将产品或服务的有关信息在市场上传播，帮助顾客了解商品、认识商品，使顾客对商品产生兴趣，进而刺激其购买欲望，从而采取购买行动的系列活动。

促销方式多种多样，概括来说，有店内陈列、促销员介绍、店外宣传活动、顾客教育、主题促销等。

知识点：

POP设计

（一）店内陈列

店内陈列可以帮助提高目标商品的可见度，引起顾客的注意，从而使之产生购买行动。店内陈列分为货架外陈列、端架陈列、主货架陈列。

（1）货架外陈列。货架外陈列可见度较高，易于强化形象，所以最有利于商品的销售（见图7-1）。

（2）端架陈列。端架位于主货架的端头，一般靠近通道，也是不错的展示位置（见图7-2）。

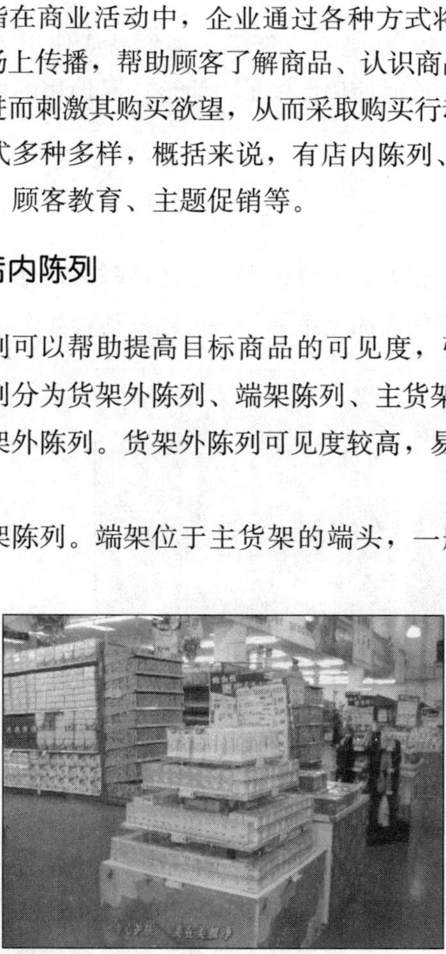

图7-1　货架外陈列

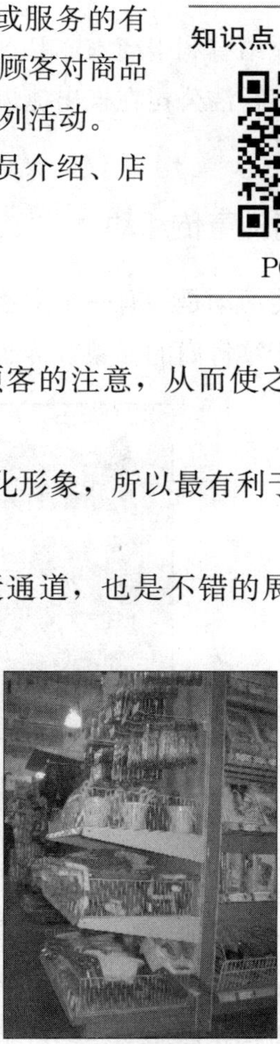

图7-2　端架陈列

（3）主货架陈列。顾客调查显示：80%的商品仍然是从主货架上售出，所以主货架的陈列不容忽视（见图 7－3）。

图 7－3　主货架陈列

（二）促销员介绍

促销员介绍有利于商家产品的推广，尤其是一些新品、高价品或使用需要引导的产品。例如：高露洁公司在推出捷齿白美白液时使用促销员，为该产品销售的快速增长作出了很大贡献。

（三）店外宣传活动

店外宣传活动是指有一定主题、规模较大、需要较大场地才能举办的活动。这种促销方式主要用于零售商的形象宣传、供应商的新品上市和一些主题活动，如图 7－4 所示。

图 7－4　佳能店外宣传活动

雅芳公司在推出新款口红时，除了聘请影视明星作为嘉宾主持外，还聘请了一些身穿漂亮服装的模特在商店旁边的路上展示产品，以吸引路人目光。店外宣传能聚集客流、营造气氛、扩大产品知名度，但费用也较高。

（四）顾客教育

顾客教育主要用于推广新产品的功能/口味，改变顾客使用方式。常见的顾客教育方法有店内演示、免费试吃、灯箱文字宣传（见图7－5）、产品使用手册派送等。

图7－5 灯箱文字宣传

例如：碧浪洗衣粉有很强的去污能力，宝洁公司就设计了一个店内演示活动，将墨汁、青菜汁、油污等倒在一块洁白的布上，放入加了碧浪洗衣粉的水中，一分钟不到，污浊的布便洁白如初。对这样的产品，店内演示比折价促销更能刺激顾客购买。

（五）主题促销

主题促销是以各种特殊节日或季节为主题进行促销。促销期间，门店中所有的陈列、装饰均与此主题相关。例如：圣诞节期间不少门店除了增加圣诞礼品外，整个门店都用圣诞树和有圣诞标志的POP广告进行装饰，还让员工扮演圣诞老人派发小礼品，营造浓厚的圣诞气氛。进行主题促销时，必须考虑目标市场的大小、商品的可选择性以及促销商品与促销主题的相关性等。

二、促销方案策划

（一）促销活动背景分析

视频：

促销方案策划

每个门店的每次促销活动一定有一个背景，如过节、业绩下滑或业绩上不去等，进行促销前必须对这样的背景进行分析，以明确促销的原因及促销的目标和主题等。很多情况下，需要做比较详细的市场调查，甚至瞄准竞争对手的促销主题、促销策略、促销形式和促销力度，这样才能有的放矢。

（二）确定促销目标

门店的促销目标包括长期目标和短期目标。无论是长期目标还是短期目标，总的来说都是为了提升企业形象，提高商品销售量。其具体包括扩大营业额、提高客单价、增加顾客忠诚度、发展新客户、提高企业知名度等。由于促销目的不同，促销的方式也不尽相同，因此门店在每次促销之前，都要先明确此次促销的目标。例如：一家酒业公司在制定酒店促销方案时，即阐明了此活动首先是通过公关促销，说服酒店的优秀服务员做暗促，不仅能促进销量上升，而且能节约费用；其次是在开业第一时间抢占顾客的习惯消费；最后是培养后备暗促促销员。整个促销活动的目的“一箭三雕”。

（三）设计促销活动主题

这是促销很关键的一环。名正才能言顺，名字好才能好办事，尤其是在广告信息爆炸、产品信息泛滥的时代，要抢占顾客的眼球，的确需要一个好的概念，好的概念不仅能争夺眼球，还能俘获人心。例如：五粮液开发长安星酒，紧扣产品的“星”的概念，击中社会上有代表性的“星”级人物，不断地进行“星级服务”“星级享受”等形式的体验促销。蒙牛在一次夏季促销攻势中，针对顾客，提出“体味自然之旅”的主题，在18 000名入选顾客中，全面展开了体验蒙古大草原的旅游活动。

（四）设计促销内容

这里最为关键的一条原则就是简单、简洁、明了。制定方案时一定要考虑可操作性，切忌理想化，避免闭门造车。有一句话讲：三分策划，七分执行，就很好地说明了促销方案的内容设计要注重可执行性。

方案内容必须给目标对象留下深刻印象，不能太复杂、太高深、太花哨，模棱两可或是太难以理解。促销方案必须是一个简单的概念，用简洁的语言表达出来，并能很快地被促销员以及广大的顾客理解和接受。

（五）设计促销时间

（1）促销活动的延续时间。一般来说，延续时间在1个月以上的促销活动称为长期促销活动，其目的是希望建立门店的差异优势，增强顾客对门店的认同感，确保顾客长期来店购物。此外，还有一类短期促销活动，通常为3～7天，其目的是希望在有限的时间内，通过特定的主题活动来提高来客数和客单价，以达到预期的营业目标。

（2）举办促销活动的时机。季节、气候、温度不同，顾客的购买需求和行为习惯也会有很大差异，一个良好的促销计划应与季节、月份、日期、天气、温度等相匹配。

（六）选择促销商品

促销商品一般都是在A类商品中选择，尤其是一些价格敏感的商品。所谓的A类商品就是我们通常说的20商品，选择这一类商品能够有效地提高促销期间的销售额，而价格敏感的商品做特价促销更能够刺激顾客的购买欲望。另外，下列几类商品也是在选择时应考虑的：

（1）符合主题需求的商品：每次促销应有一个主题，围绕主题选择促销商品则能使主题更鲜明、更突出。

（2）供应商积极配合，有具体促销方案的商品：选择供应商有具体促销方案的商品能使整个促销活动丰富多彩，更具冲击力，同时还能取得供应商费用上的支持，降低促销成本。

（3）与竞争店冲突小的商品：尽量选择与竞争店冲突小的商品，避免恶性竞争，要形成差异化竞争。

（4）季节性商品。

（5）新品。

（6）处理性商品。

（七）编制促销预算

促销支出是一种费用，也是一种投资。促销费用过低，会影响促销效果；促销费用过高，又可能会影响企业的正常利润。

常用的促销预算编制方法有以下几种：

（1）销售百分比法。该法以目前或预估的销售额为基准乘以一定的百分比作为促销预算。

（2）量入而出法。该法是以门店负担得起的促销费用为促销预算，即将促销预算设定在门店所能负担的水平上。以该方法决定预算，不仅忽视了促销活动对销售量的影响，而且每年促销预算多寡不定，使得进行长期的市场规划相当困难。

（3）竞争对等法。该法以主要竞争对手的促销费用或平均的促销费用为促销预算。门店留意竞争者的广告，或从刊物和商业协会获得行业促销费用的估计，然后依行业平均水平来制定预算。采用这种方法的原因包括：一是竞争者的预算代表整个行业智慧的结晶；二是各竞争者若互相看齐，常能避免发生价格战。但各门店的情形大不相同，还必须根据自己的情况做调整，而且也无证据显示，以向竞争者看齐的方式编列促销预算能真正防止价格战的爆发。

（4）目标任务法。促销预算是根据营销推广目的而决定的，营销人员首先设定其市场目标，然后评估为达成项目所需投入的促销费用为其预算。目标任务法是最合逻辑的预算编列法。以目标任务法编列促销预算，必须做到：尽可能明确地制定促销目标；确定实现这些目标所应执行的任务；估计执行这些任务的成本，成本之和就是预计的促销预算。目标任务法能使管理层明确费用多少和促销结果之间的关系，然而它却是最难实施的方法。

因为通常很难算出哪一个任务会完成特定目标。

（八）设计促销活动的执行方案和细则

促销活动的执行方案和细则也就是什么时间、由谁来做、做什么、做的结果怎么样等。同时，做好必要的方案执行的培训工作，让参与人员心中都明白促销方案如何执行。在方案执行过程中，实施全过程监控和跟踪服务，总是叫响一个口号“跟进，跟进，再跟进”。只有这样，才能从上到下贯彻执行，促销方案的执行力才能够得以充分体现。也只有这样，才能及时发现和纠正存在的问题，发挥促销的最大效果。

三、促销方案实施

（1）促销方案的立案。在促销方案内容确定的基础上，研究分析竞争店的动态、顾客的生活方式、商圈生活水平的变化，从而拟定本次促销活动的诉求重点及具体做法。

（2）召开促销会议。召集门店各部门人员讨论本次促销的主题、促销时间、促销活动的重点商品、供应商的支持力度等内容的可行性，分析竞争对手的反应，以确保促销的成效。

（3）采购人员与供应商洽谈。门店的促销以商品特卖最具效果，所以促销期间商品的供应、价格等问题，必须由采购员与供应商谈妥。其需要洽谈的事项有商品的品种、价格、数量、供货期间、支持力度等。

（4）宣传方式的确定。门店应确定促销宣传的媒体，设计、制作宣传用的各种视频、立体或平面广告和宣传资料等。

（5）促销活动的准备与实施。向商圈内的顾客散发宣传资料，调整商品价格标签及商品销售系统中的商品价格，张贴海报，重新进行商品陈列等。

四、促销效果评估

与其他营销活动一样，企业的促销活动同样需要进行评估。因为企业要保证促销活动按计划、高效率地进行，保证促销工作长期地开展下去。所以，企业对每一次促销活动进行评估，从而总结经验，寻找不足之处，能够为企业改进促销工作提供依据，也能够为企业今后的促销工作提供宝贵的经验。

（一）评估顺序

促销效果评估是企业促销工作的一项重要内容，分事前评估、事中评估和事后评估三类，它们的特点各异，作用各异。

1. 事前评估

事前评估是指促销计划正式实施之前所进行的调查测定活动。其目的在于评估该计划的可行性和有效性，或以此在多个计划中确定最佳方案。事前评估主要有征求意见法和试验法两种方法。

2. 事中评估

事中评估就是在促销活动进行过程中对其效果进行评估，即实施顾客调查。调查内容分三个方面：

（1）促销活动进行期间顾客对促销活动的反应，可以通过现场记录来分析顾客参与的数量、购买量、重复购买率、购买量的增幅等。

（2）参与活动的顾客结构，包括新/老顾客比例、新/老顾客的重复购买率、新顾客数量的增幅等。

（3）顾客意见，包括顾客参与动机、态度、要求、评价等。

综合上述几方面的分析，就可大致掌握顾客对促销活动的反应，客观评价促销活动的效果。

3. 事后评估

事后评估就是在促销活动告一段落或全部结束后对其产生的效果进行评估。

（二）评估方法

1. 前后比较法

前后比较法是指将开展促销活动之前、之中和之后三段时间的销售额（量）进行比较来测评效果。这是最常用的顾客促销评估方法。促销前、促销中和促销后产品的销售量变化会呈现出几种不同的情况，这说明促销产生了不同的效果。通常，可能出现的情况有四种：

（1）初期奏效，但在促销中期销量就逐渐下滑，到结束时已恢复到原来的销售水平。这种促销冲击力强，但缺乏实质内容，未能对顾客产生真正的影响。其主要原因可能是促销活动缺乏长期性，策划创意缺乏特色，促销管理工作不给力。

（2）促销期间稍有影响，但促销后期销量低于原来水平。这时促销出现后遗症，这说明由于产品本身的问题或外来的其他因素，使该品牌的原有顾客产生动摇，而新的顾客又不愿加入，从而在促销期满后销量没有上升。其主要原因可能是促销方式选择有误、主管部门干预、媒体协调出现问题、顾客不能接受、竞争者的反攻生效争夺了大量顾客。

（3）促销期间的销售情况同促销前基本一致，但促销结束后又无多大变化。这说明促销无任何影响，促销费用浪费了。这种情况说明该产品基本上处于销售衰退期。主要原因可能是企业对市场情况不熟悉，促销方式缺乏力度，信息传播方式、方法出现问题，产品根本没有市场。

（4）促销期间销量有明显增加，且促销结束后热销势头不减或略有减少。这说明促销效果明显，且对今后有积极影响，该促销方式对路。促销产品的市场销量上升，可能是促销对顾客产生了吸引力。在促销活动结束后的一段时期内，称为有货消耗期，顾客因消耗在促销期间积累的存货而没有实施新的购买，从而产品销量在刚结束的时候略有下降，但这段时间过后，产品销量比促销前上升，说明促销取得了良好的效果，促使产品的销售增加。

2. 市场调查法

这是一种企业组织有关人员进行市场调查分析以确定促销效果的方法。这种方法比较适用于评估促销活动的长期效果。

(1) 确定调查项目。调查项目包括促销活动的知名度、顾客对促销活动的认同度、销势增长（变化）情况、企业形象的前后变化情况等。

(2) 市场调查法的实施方式。一般来说，采用的方式是寻找一组顾客样本，与他们面谈，了解有多少顾客还记得促销活动、他们对促销的印象如何、有多少人从中获益、对他们今后的品牌选择有何影响等。通过分析这些问题的答案，就可以了解到促销活动的效果。

3. 观察法

这种方法是通过观察顾客对促销活动的反应，从而得出对促销效果的综合评价。主要是对顾客参加竞赛与抽奖的人员、优惠券的回报率、赠品的偿付情况等加以观察，从中得出结论，这种方法相对而言较为简单，而且费用较低，但结论易受主观影响，不是很精确。

（三）注意事项

1. 评估周期

效果评估应采取单次评估与中期评估相结合的方式。随着顾客消费时的选择日益理性、信息传播的滞后等原因，当月组织实施的促销即使在活动结束之后几个月仍然能够发挥一定的销售促进作用。同时，促销活动的负责人能够在一定程度上控制促销结果，如压货等，非常容易造成销售上升的假象。

2. 促销费用的计算

(1) 很多企业在计算促销费用时往往没有计算上级下拨的赠品，如礼品、宣传物品等。这将使促销费用失真，不能反映促销费用的真实效果。

(2) 有部分客户在促销期内购进较大数量的产品，由于滞销或其他私人原因，容易出现退货现象（尽管大部分企业在实施促销时都会注明不允许退货）。因此，建议除加强控制外，应根据历史经验预提退货损失，并将其列入促销费用。

(3) 促销活动的关键在于事前计划、费用预算、事中控制。效果评估只是用于对活动结束后的总结，目的是为以后开展促销活动提供可供借鉴的经验与教训。

[例 7-1] 某洗发水促销效果评估

一种洗发水在某商场举办了为期 2 周的促销活动。促销的内容包括降价、促销广告和商品展示。销售数据如下：

促销之前 4 周的平均每周销售量为 1 000 瓶，单价为 23 元。

促销期间（2 周）的销售量为 4 000 瓶，单价为 19 元。

促销期后 2 周的平均每周销售量为 1 100 瓶，单价为 23 元。

促销广告、商品展示等成本为 800 元。

商品的成本为每瓶 16 元。

制造商提供的商品折扣是销售量的 10%。

从以上资料中，可以粗略地计算出促销的获利情况，结果如下：

1. 如果不举办这次促销，则：

销售收入＝1 000×4×23＝92 000（元）

销售成本＝16×1 000×4＝64 000（元）

销售利润＝92 000－64 000＝28 000（元）

2. 促销期间

促销期间的销售收入＝4 000×19＝76 000（元）

促销期间的销售成本＝4 000×16×（1－10%）＝57 600（元）

促销期间的销售利润＝76 000－57 600＝18 400（元）

促销活动的成本等于促销广告、商品展示等费用，为 800 元。

3. 促销影响期（2 周）

促销影响期的销售收入＝1 100×2×23＝50 600（元）

促销影响期的销售成本＝1 100×2×16＝35 200（元）

销售影响期的销售利润＝50 600－35 200＝15 400（元）

促销活动的利润＝促销期间的销售利润＋促销影响期的销售利润－促销活动的成本－没有举办促销活动的利润＝18 400＋15 400－800－28 000＝5 000（元）

从以上分析可以看出，这次活动促销非常成功，不仅带来了销售期间的利润增长，同时带来了促销后生意的持续增长。

五、数字化促销

（一）数据来源

1. 公域流量

腾讯体系如搜一搜、附近的小程序，这些称之为公域的免费流量，企业可以通过曝光内容对消费者营销，这是一种与消费者近距离接触的方式。

2. 自有流量

企业在线下花了重金开设的门店，自然就带了流量。而将这些流量一分为二，一部分是自有流量，另一部分叫作半自有流量。然而线下门店一部分是品牌商开设，一部分是合作伙伴或者渠道商开设。渠道商所开的门店里面的流量也可以叫作半自有流量，并不一定完全听从于品牌商的安排。

3. 社交流量

腾讯微信作为超级连接器，可以通过运营好单个用户，基于这个用户的社交媒体获得更多的社交流量。

4. 付费流量

通过付费的方式来获取更多的消费者流量，可以进行忠诚用户的获取。

（二）全渠道相互引流

1. 技术上要做全渠道

新的数字化系统要与企业现有的 ERP、CRM 等进行快速的集成，集成后可以让消费者无论是在线上和线下都享受同等品质的商品和服务。对 ERP 集成后，所有实体门店会实时将价格和库存同步到线上的云店，这时候云店不再是商城，是基于实体门店所映射出的一个线上门店，所有的数据和体验都是相对和同步的。

2. 实体店与线上店相互引流

可以将这部分表示成向上走和向下走。

向下走是指流量往下移。对于实体店来说，门店的装修、导购的培训、商品的陈列在经营成本中占比很高，而消费者不来门店，所有的投资都没了价值。那么，如何通过线上平台将消费者吸引到门店？因此，要构建门店预约、门店专属优惠券等只有在门店才能体验到的服务，以此吸引消费者到店。

向上走是指如今品牌的零售业态中，门店的客流占比高，痛点是消费者离店后，很难进行二次触达，如果将消费者引导到线上服务矩阵，如社群等，就可以借此高频、高效地触达用户，实现用户不流失的局面，可以为企业的私域流量带来非常好的价值。

因此，只有让线上商城与门店之间有了第一层的关联，门店拥有者和导购才愿意去推广与自己相关的事情。

（三）数字化导购员

数字化转型过程中最不能忽略导购员。要提供给导购员非常重要的工具，这些工具可以帮助导购员在门店获得更多的用户，可以精准洞察用户需求，进而精准化运营、营销，最终实现用户在品牌、门店整个生命周期的价值延伸。

（1）为导购员提供一款 App，可以安装在手机上，也可以将功能兼容在企业微信里，并在这款 App 里下发工作任务，如可以看到每天需要回访多少用户等。这些任务的来源是客户关系管理部门，挖掘消费者的需求后，让导购员为消费者提供精细化的服务。

（2）为导购员提供专属码。线上线下要做到一一对应，让导购员可以放心发展用户。消费者无论是线上、线下交易都归到这个导购员名下，让其获得相应的薪酬。

（3）即时回报。所有导购员做的工作都会即时看到回报，包含收入、业绩贡献，这样可以激励导购员提升自己的工作能力，进而做好拉客、变现的工作。

（4）为导购员赋能。数字化系统要与企业客户关系管理打通。在客户关系管理中所有用户画像会分配到每个用户所对应的导购员工作台上，导购员打开工作台就可以看到用户的历史消费行为、偏好以及人群标签，进而来实现精细化的运营。

另外，企业还可以将办公室人员发展成促销员，以全面营销的方式，让更多人成为企业的触点，人际触点、人际经营可以促使企业的商品进行更大范围的推广。

任务 3　案例学习

案例 1

失败的减肥品促销

视频：

促销案例分析

某减肥品经销商在浙江绍兴下辖的××市举办了主题为“减肥效果万人大公证”的促销活动。希望通过这次活动，扩大产品的尝试人群，从而形成回头购买及口碑传播。据经销商讲，这次活动为达到预期目的做了积极准备，促销结果却不尽人意，这使他大惑不解，垂头丧气。让我们看一下促销的全过程是如何进行的。

活动简述如下：

时间：“3·15”消费者权益日。

地点：仁寿堂大药店门口。

内容：3 月 15 日只需花 18 元就可以购买价值 49 元的××减肥胶囊。

1. 活动前媒体宣传

（1）3 月 12 日、14 日分别在当地《××日报》进行促销活动宣传。

（2）在当地人民广播电台，从 3 月 10 日—15 日开始发布促销活动广告。时间从早 8:00—晚 9:00，每天 25 次滚动播放。

（3）在仁寿堂门口挂跨街横幅一条，内容为活动通知，时间为3月8日—15日（一周）。

2. 活动经过

（1）现场促销员6名，由于报酬高，加上临时做了培训，积极性很高，一开始就基本进入状态。

（2）为了活跃活动气氛，让咨询顾客对活动及产品能快速了解，现场设大展板两块。一块介绍产品，一块介绍活动内容。顾客来咨询时，促销员一边发宣传单，一边介绍活动及产品。

3. 活动结果

现场只来了50名咨询的顾客，其中32人当场购买了产品，合计销售80盒。据事后统计：70%的顾客买三盒，15%的顾客买四盒，10%的顾客买两盒。

从以上介绍看，活动从开始宣传到结束设计得似乎很合理，而且经销商讲，自己经常在终端观摩别的厂家的促销活动，大致都差不多，似乎谁也没有什么出奇制胜的招数。然而这次活动结果与预期相差甚远。

像这类促销活动，在区域性产品经销商的运作中很有代表性。他们大多数凭经验做促销，没有专业的活动策划能力；所有促销活动的目的就是“多卖产品”，很少考虑促销活动对品牌的影响。每次都精心准备，但活动过后总有避免不了的遗憾让人捶胸扼腕。这样往往导致不搞促销，产品销不起来；而搞了促销，又得不偿失。

关于如何做好促销，尤其是节日促销，许多业内人士都不屑一顾，似乎人人都会做促销。可现实是真正达到目的的促销并不多。像上面提到的活动，看似无懈可击，其实许多地方都值得商榷。

资料来源：考试资料网，见 https://www.ppkao.com/tiku/shiti/208e14357f234501b2e9d373b6059e77.html.

问题

该减肥品促销失败的原因是什么？

案例2 “红苹果”油漆专卖店促销

毛先生经营“红苹果”油漆专卖店已经有8年了，积累了相当丰富的经营经验。赶上前几年房地产生意火爆，他的油漆店更是日进斗金，一直保持着良好的发展势头。但是好景不长，毛先生很快就感到经营上有些力不从心。首先，国内涂料市场上已经崛起了不少涂料品牌，虽然是新生品牌，但是发展势头却不容小觑，这就加剧了涂料市场的竞争。其次，随着人们环保意识的增强，在购买涂料的时候人们往往会对涂料环保性持怀疑态度。这两个因素给毛先生油漆店的发展之路造成了一定阻碍。

为了突破经营困局，毛先生想了不少办法，却一直未能扭转局面。更为严重的是，随着其他涂料品牌不断蚕食整个涂料市场，“红苹果”油漆专卖店的市场份额越来越小。如果不尽快想办法留住顾客，油漆店早晚会倒闭。可是如何才能赢得顾客的信任呢？毛先生口说无凭，一时又拿不出什么证书向顾客证明他的商品不会对健康产生影响。

一位有营销经验的朋友帮他出了个主意，朋友说道："既然顾客怀疑商品的环保性能，那你就需要做一个和环保主题有关的促销活动，而且你的店铺现在具备了举办这种活动的条件。"

毛先生一愣，不明白朋友的话是什么意思，摇了摇头。

朋友笑着解释说："你的店铺离植物园不远，你为何不利用这个地理优势进行一次栽树命名的促销活动呢？这样既能宣扬你经营店铺时一直秉持的环保理念，也容易赢得顾客的信任。"

听朋友这么一说，毛先生大受启发，脑海里马上就产生了一个促销计划，并想很快实施。他与植物园的负责人取得联系之后，经过谈判、协商，最终花了 2 万元购买了一块空地，他享有这块空地的植树权和署名权。毛先生打算把这块空地署名为"红苹果之林"，并计划在这块空地上进行一次栽树命名活动。

完成第一步工作后，毛先生深知，栽树仅仅是一种宣传环保经营理念的活动，除非能为顾客提供更多的优惠，否则单凭为树命名的权力是很难吸引顾客参与促销活动的。考虑到这些，毛先生先进行了一次有奖销售活动。活动规定，顾客只要在"红苹果"油漆专卖店消费满 100 元就有机会参加抽奖活动。如果中奖，顾客就可以在植物园中的空地上栽种一棵树苗，并且可以根据自己的喜好给树苗命名。

对于在大城市生活的人而言，植树是一件十分有意义的事情，于是很多人在活动开始时纷纷来到店铺购买商品参加抽奖活动，希望自己能够亲手栽种一棵树苗。

大家植树过后，毛先生每隔一段时间就组织员工和顾客去给树苗浇水。很快，空地变成一片绿荫，每棵树上都挂着顾客的名字。通过这次活动，"红苹果"油漆专卖店以往给顾客留下的美好的印象更加深入人心了。

资料来源：高海友．小店铺，卖疯了［M］．北京：中华工商联合出版社，2015.

问题

你认为该店铺促销成功的关键因素是什么？

任务 4 学思之窗

宣传、诚信与社会责任

当今社会已经从"酒香不怕巷子深"的时代变成了"酒香也怕巷子深"的时代，于是各种宣传铺天盖地。宣传本身不是坏事，相反，在商品和服务极其丰富的情况下，它能使被宣传的产品（服务）脱颖而出。怕的是，有些人为了一己私利，把宣传混同为弄虚作假，变成了虚假宣传。如某平台的某些商家，非医疗、药品、医疗器械宣称医疗功效，普通食品（无保健食品标志的商品）宣称保健食品功效，非特殊用途化妆品宣传特殊功效等。直播带货作为新生业态近年来异常火爆，特别是由于疫情期间，市场停摆，更加促进了直播带货行业的发展。但是由于直播带货没有门槛，这也导致主播素质良莠不齐、虚假宣传、假冒伪劣等各类问题，进而引发的消费纠纷也一直持续不断。仅 2020 年“双 11”促销活动期间，中国消费者协会就收到有关直播带货的负面信息 33 万余条。凡此种种，破坏了整个社会的风气，使得企业和客户之间缺乏信任，整个社会的诚信缺失。

依据《中华人民共和国广告法》《中华人民共和国价格法》《中华人民共和国商标法》《中华人民共和国反不正当竞争法》等法律法规的规定，商家不得对商品的实际使用效果进行不符的宣传（对商品的质量、用途、使用效果等进行虚假或引人误解的宣传）。国家市场监督管理总局为了加强网络直播营销活动，保护消费者合法权益，于 2020 年发布了《关于加强网络直播营销活动监管的指导意见》，其中明确规定，如果商家在直播营销活动当中存在虚假的、夸大的甚至是误导消费者的宣传，不但商家要承担反不正当竞争法相应的虚假宣传的责任，而收取佣金的平台和主播也同样与商家承担一样的连带责任。另外，为了保障消费者的知情权和选择权，商品经营者除应持续公示相关证照信息之外，也应向消费者提供经营地址、联系方式、售后服务等信息。

以上从法律法规的角度规范了相关主体的责任与义务，但要一个社会能够和谐发展，必须所有的企业自觉承担起社会责任，避免将宣传变为追逐经济利益最大化的工具。企业缺乏社会责任感、道德诚信的缺失，不但会使得企业的品牌、形象等无形资产遭受致命损失，而且会严重影响我国市场经济的可持续发展。企业自觉承担社会责任、构建诚信是促进社会和谐发展的必然要求，也是企业可持续发展的必然选择。

任务 5　团队项目实战训练

1. 选择一家大型超市或家电卖场进行促销调查分析，包括其促销的品类、方式及效果。

2. 针对以上你所选择的门店，基于调查分析的结果，创新设计该门店的促销方案，包括选择哪些品类进行促销、促销的目的及其方式，并估计促销的成本。

项目八　收银作业管理

知识目标

1. 了解收银人员的服务礼仪
2. 熟悉收银作业纪律
3. 掌握收银的操作规范和流程
4. 熟记收银作业重点
5. 掌握收银稽核内容

技能目标

1. 会按照操作规范和流程进行收银作业
2. 能够熟练操作收银重点作业
3. 能够运用科学的方法进行收银稽核

任务1　大家来讨论

将顾客晾一边

5月1日上午，某购物广场迎来了顾客流的高峰。一位顾客推着一车物品，在收银台前排队结账。当商品条码扫描到一半时，收银台前来了两位营运部门课长。只见这两位课长跟收银员说了几句什么，收银小姐立即放下了手中扫描了一半的商品，跟那两位课长核对起什么来。顾客没说什么，等着。然而5分钟过去了，他们三个人的核对仍然没有结束，顾客还是没说什么。10分钟过去了，核对仍没有结束，顾客与他的家人无奈地交换着表情。15分钟过去了，顾客实在忍无可忍发了火："你们有完没完？能不能把我的东西算完账再说。”顾客边说边向其他等待结账的顾客说：“连个招呼都没打，就把我们晾到一边了。”其他顾客连连点头表示赞同。三个人这才结束了核对，收银员又继续开始工作，自始至终，没有人对该顾客说一句“对不起”，顾客很不满意地离开了。

资料来源：百度文库，见 https://wenku.baidu.com/view/e2864e3b1ed9ad51f11df20b.html。

讨论：

1. 作为一名超市收银员，除了结算款项以外，还应该做好哪些工作？
2. 这个案例中的收银员的正确做法是什么？
3. 营运部门课长的做法是否妥当？有没有更好的处理方法？

任务2 操作指导

一、收银服务礼仪

视频：

收银服务仪态

收银员是整个超市中直接对顾客提供服务的人员，可以说是超市的亲善大使，其一举一动都代表超市对外的形象。因此，哪怕一个小小的疏忽，都可能让顾客对整个超市产生不良的印象。尤其是在目前市场竞争激烈的情况下，亲切友善的服务以及良好顾客关系的建立，是服务业成功的基础。

如果每一位收银员在为顾客提供服务时，都能面带微笑来招呼顾客，并且和顾客稍做家常式谈话，将使顾客在购物之余感受到愉快及亲切的气氛。也许顾客并不会当面称赞或感谢，但是顾客愿意再次光临，就是答谢工作人员的最好证明。因此，每一位收银员都应谨记超市并非只有一家，顾客可以选择光临或不光临，所以要提供最好的服务，促使顾客再度光顾。

（一）收银员的仪容

（1）整洁的制服：每位收银员的制服必须保持一致并且整洁、不起皱。在工作时，必须佩戴工号牌于统一、固定的位置。

（2）清爽的发型：收银员的头发应梳理整齐。

（3）适度化妆：收银员化点淡妆可以让自己显得更有朝气，但切忌浓妆艳抹。

（4）干净的双手：超市出售的商品绝大部分属于食品，若收银员的指甲藏污纳垢，会使顾客感觉不舒服，而且过长的指甲会造成工作上的不便。

（二）收银员的举止态度

（1）收银员在工作时应随时保持良好的体态，以礼貌和主动的态度来接待和协助顾客。与顾客面对面时，必须带有感情，不能表现出虚伪、僵化的表情。

（2）当顾客出现错误时，切忌当面指责，应以委婉有礼的语气向顾客解释。

（3）收银员在任何情况下，皆应保持冷静与清醒，控制自身情绪，切忌与顾客发生争执。

（4）员工与员工之间切忌大声说话、彼此闲聊，需同事协助时应轻声呼唤。

视频：

逛超市手指被收银员掰断

（三）正确的待客用语

收银员与顾客接触时，除了应将“请”“谢谢”“对不起”随时挂在嘴边，还有以下常用待客用语：

（1）当顾客走到收银台时，应该说“欢迎光临/您好”。

（2）需离开顾客做其他服务时，必须先说“对不起，请稍等一下”，同时将离开的理由告知对方。

（3）当顾客等候一段时间时，应该说“对不起，让您久等了”。

（4）顾客在叙述事情或提出要求时，不能默不作声，必须有所表示，应该说“是”“好的”“我知道了”“我明白了”。

（5）当顾客结束购物时，必须感谢顾客惠顾，应该说“谢谢”“再会”。

（6）为顾客做结账服务时，应该说“总共××元”“收您××元”“找您××元”。

二、超市收银作业流程

（一）营业前

（1）清洁、整理收银台和收银作业区，包括收银台、收银机、收银台四周的地板、垃圾桶、收银台背柜、购物篮放置处。

（2）整理补充必备的物品，包括购物袋（所有尺寸）、吸管、必要的各种记录本及笔、干净抹布、剪刀、装钱袋、空白收银纸、“暂停结账”牌。

（3）整理补充收银台前货架内的商品，核对价目牌。

（4）准备好一定数量的备用金（包括各种币值的纸币与硬币）。

知识点：

收银机及其操作

（5）检验收银机，包括机器的各种装置是否正常、机内的程序设定是否能正常运行。

（6）收银员服装仪容的检查，包括制服是否整洁，发型、仪容是否清爽整洁，是否佩戴工号牌。

（7）熟记并确认当日特价商品、当日调价商品（作好记录，便于查找）、促销活动以及重要商品所在位置。

（二）营业中

（1）主动招呼顾客。

（2）为顾客做结账服务。

（3）为顾客做商品入袋服务，同时将购物小票放入购物袋。

（4）特殊收银作业处理：会员卡、打折卡、支票、储值卡、积分卡。

（5）无顾客结账时：整理及补充收银台各项必备物品，整理及补充收银台背柜的商品，兑换零钱，整理顾客的退货，擦拭收银柜台。

（6）处理顾客废弃的收银联，保持收银台及周围环境的清洁。

（7）协助警卫人员做好通道安全工作。

（8）处理顾客询问及抱怨。

（9）收银员交接班工作。

（三）营业后

（1）整理作废票据以及各种优惠券。

（2）与财务结算营业总额。

（3）清洁收银台及周围环境。

（4）关闭收银机电源并盖上防尘罩。

（5）擦拭购物篮并放于指定位置。

（6）协助现场人员处理善后工作。

三、超市收银作业管理重点

（一）收银员作业纪律

（1）收银员在营业时身上不可带有现金，以免引起不必要的误解和可能产生的公款私挪的现象。

（2）收银员在进行收银作业时，不可擅离收银台，以免造成钱币损失，或引起等候结算的顾客的不满与抱怨。

(3) 收银员不可为自己的亲朋好友结算收款，以免引起不必要的误会，以及可能产生的收银员利用收银职务的方便，以低于原价的收款登录至收银机，以企业利益来图利，或可能产生的内外勾结的“偷盗”。

(4) 收银台上除茶水外，收银员不可放置其他私人物品。因为收银台上随时都可能有顾客退货的商品或临时决定不购买的商品，如有私人物品放在收银台上，容易与这些商品混淆，引起误会。

(5) 收银员不可随意打开收银机抽屉查看数字和清点现金。随意打开抽屉既引人注目并引发可能的不安全因素，也会使人产生对收银员徇私舞弊的怀疑。

(6) 不启用的收银通道必须用链条拦住，如果不启用的收银通道也开放的话，会使一些不良顾客不结账就将商品带出。

(7) 收银员在营业期间不可看报与谈笑，要随时注意收银台前和视线所见的卖场内的情况，以防止和避免不利于超市的异常现象发生。

(8) 收银员要熟悉卖场内的商品，尤其是变价商品和特价商品，以及有关的经营状况，以便顾客提问时随时做出正确的解答。

(9) 收银员在工作时应做到“三轻”，即说轻话，走路轻，操作轻。尤其是操作轻，应该是商品提、拿和放置都要轻，避免商品损坏。

(二) 结账步骤

为顾客提供正确的结账服务，除了可以让顾客安心购物，取得顾客的信任外，也可以作为公司计算经营收益的基础。在整个结账的过程中，收银员必须达到三个要点，即“3S”服务（微笑、速度、诚恳），坚持微笑服务、用语礼貌、态度主动、口气亲切、目光友善，将微笑服务贯穿于服务始终。具体结账步骤如表 8－1 所示：

表 8－1　收银作业结账步骤

步骤	收银标准用语	配合动作
1. 欢迎顾客	欢迎光临	1. 面带微笑，与顾客的目光接触 2. 等待顾客将购物篮中的商品放到收银台上 3. 将收银机的客显面向顾客
2. 商品登录	逐项审核每项商品的金额	1. 以左（右）手拿商品，并确定该商品的售价及类别编号是否无误 2. 以右（左）手按键，将商品的类别编号或售价输入收银机 3. 登录完的商品与未登录的商品分开放置 4. 检查购物篮底部是否还留有商品未结账
3. 结算商品总金额并告知顾客	总共××元	1. 将空的购物篮从收银台上拿开，放在一旁 2. 若无其他人协助入袋工作，收银员趁顾客拿钱时，将商品放入袋中后再收现金
4. 收取顾客支付金额	收您××元	1. 确认顾客支付金额，并检查是否有伪钞 2. 若顾客未付账，应礼貌性地重复一次，不可表现出不耐烦的态度

续前表

步骤	收银标准用语	配合动作
5. 找钱给顾客	找您××元	1. 找出正确零钱 2. 将大钞放下面，零钱放上面，双手将现金连同购物小票递给顾客 3. 待顾客没有疑问时，立刻将现金放入收银机的抽屉内并关上
6. 商品入袋		根据入袋原则，将商品按顺序放入购物袋内
7. 诚心地感谢	谢谢，再会	1. 一手提着购物袋交给顾客，另一手托着购物袋的底部，确定顾客拿稳后，才可将双手放开 2. 确定顾客没有遗忘的购物袋 3. 面带笑容，目送顾客离开

（三）收银员离开收银台的作业管理

当收银员由于种种正常的原因必须离开收银台时，其作业程序如下：

（1）离开收银台时，要将“暂停结账”牌放在收银台上；

（2）用链条将收银通道拦住；

（3）将现金全部锁入收银机的抽屉里，钥匙必须随身带走或交值班班长保管；

（4）将离开收银台的原因和回来的时间告知临近的收银员；

（5）离开收银机前，如还有顾客等候结算，不可立即离开，应以礼貌的态度请后来的顾客到其他的收银台结账，并为等候的顾客结账后方可离开。

（四）营业结束后的收银管理

（1）在前台系统“收款结账”中，打印出当日收银报表，将当日收银现金、赠券等如数缴送财务部。

（2）收银部主管应如实记录每位收银员当日收银溢缺情况，以便收银主管月末考核。

（五）营业结束后收银机的管理

营业结束后，收银员应将收银机里的所有现金、购物券、单据收回金库并放入超市指定的保险箱内，收银机的抽屉必须开启，直至次日营业开始。收银机抽屉开启的原因是：防止万一有窃贼进入超市，为了窃取现金等而敲坏收银机抽屉，增加公司的修理费用。

（六）超市员工购物管理

（1）超市员工不可在上班时间购物。其他时间所购买的商品，如需带入超市内，其购物发票应加签收银员的姓名，并请店内主管加签，以证明该商品为结过账的私人物品。

（2）超市的员工必须依照正常手续进行换货作业，不可私下自行调换，购买的商品也必须与金额相等，收银员不可徇私舞弊，以避免员工因职务上的方便，任意取用店内货品或图利他人。

（七）货品管理

凡是通过收银区的物品，必须经过付款结账。厂商若有退货，应从指定地方进出。收银员应有效控制货品的出入，避免厂商及店内人员擅自带走店内的商品，造成超市的无形损耗。

（八）商品价格确认管理

收银员应熟悉商品价格，以便尽早发现错误的标价。如果商品的标签价格低于正确价格，应向顾客委婉解释，若是顾客坚持依照标签上的价格支付，仍应尊重顾客的意愿，因为这是超市工作人员的错误。若是同一商品上有两张标签，应以低价登录，但若顾客所购数量很大，或差价在一定的数额以上，应先查证清楚，是工作人员的疏忽还是顾客自行更换标签。发现以上两种情形，皆应立即通知店内人员检查其他商品的标价是否正确。

（九）收银差错作业处理

如果遇到顾客退换商品，或因收银员操作失误需用退货操作功能，收银员应首先找超市当日值班经理签字，再退换商品；收银主管应每天登记在册，并于当日报表核对。没有当日值班经理的签字，收银员不得以任何理由进行退换货操作，也不能以此退货小票作为交班结账款。

四、超市收银稽核作业

为了及时发现收银作业的人为弊端，并且矫正收银员在执行任务时的不良习惯及错误的收银作业，超市应设立专门人员负责执行收银稽核作业，稽核作业的内容如下：

（一）抽查收银台作业

为了评核收银员在为顾客做结账服务的工作表现，稽核人员（或店长）应于每天在不固定的时间随机抽查收银台。抽查项目如下：

（1）检查收银机结出的总营业账条与实收金额是否相符，并登录于收银机抽查表。

（2）核对总营业账条的折扣总金额与该收银台折扣记录单记录的总额是否相符，以稽核收银员是否私自给予顾客过多的折扣额。

（3）检查收银机内各项密码及程式的设定是否有更改，以免收银人员利用收银机行舞弊行为。

（4）检查每个收银柜台的必备物品是否齐全。

(5) 检查收银员的礼仪服务是否良好。

(6) 检查收银员是否遵守收银员作业守则。

收银机的抽查作业不仅可以评核收银员的工作表现，还可以评核收银员是否依据规定执行作业任务，以便即时纠正收银员的错误观念。

(二) 清点金库现金

清点金库内所有现金及准现金的总金额，点数的范围除了大钞之外，还应包括小额现钞及零钱，以核实与金库现金收支本登录的总金额是否相符。此项稽核作业可以避免负责金库的相关主管人员趁机挪用公款移作私人用途。

(三) 检查每日营业结算明细表的正确性

每日结完当日营业总账后，必须将单日营业的收支情形予以记录，作为相关部门在执行会计作业时的依据。因此，记录表的登录是否正确，将影响到超市各项财务资料的计算以及日后营业方向。稽核人员有必要检查超市人员登录账表的作业情形。

(四) 核对中间收款记录本与金库现金收支本

每台收银机过多的现金大钞必须依规定收回金库保存，而且每次收取现金大钞的时候，必须同时登录中间收款记录本及金库现金收支本。由于前者是由收银员与主管对点记录，而后者则由相关主管自行处理，因此稽核人员必须检查每台收银机的中间收款记录本及金库现金收支本是否相符，以及每次执行中间收款作业时，是否确实填写没有遗漏，以核查相关主管对现金收支的处理是否诚实。

任务3 案例学习

案例1

谁偷走了我的东西？

3月18日晚19:29，赵阿姨打来电话投诉：其上午在某超市购买食品，晚上发现购物袋中少了一件已付钱的物品，于是打来电话问个究竟。

接待员在电话里详细听了赵阿姨的诉说，口气委婉地告诉赵阿姨出现此种情况有几种可能。可是，赵阿姨没听完接待员的话就挂了电话。于是又有了下面的故事：

第二天，赵阿姨气冲冲来到前台要讨个说法，并态度坚决地认定是收银员藏了她的商品，接待员再三解释都无济于事，连收银部助理、营管部助理在一边劝解也爱莫能助。这时值班经理闻讯赶来，将偏执的阿姨劝进了办公室，经过耐心的沟通，赵阿姨终于消了气，也认同了发生这种事情有如下可能：(1) 收银员给您装了袋，但您忘记拿了（遗留在收银台）；(2) 收银员为您单独装了袋，不慎被其他顾客提走了；(3) 物品在您回家路上不慎丢失了；(4) 物品被收银员私藏了。值班经理又经过了一番分析，排除了收银员拿其物品的可能性。

最后，经过值班经理耐心细致的解释与分析，赵阿姨终于解除了心头的疑虑，高兴而去。

资料来源：百度文库，见 https://wenku.baidu.com/view/e2864e3b1ed9ad51f11df20b.html.

问题

1. 请分析问题出现的根源。
2. 超市应加强哪方面的管理？
3. 评价案例中相关人员的处理过程。

案例 2

收银员工作失误引发的顾客投诉

7月某日，顾客服务中心收到这样一个投诉：顾客杨某在买完单时无意中发现他的小票上多录入了两件他并没有购买的商品，与此同时，跟随他身后的家人也发现小票上多录入了两件并没有购买的商品。杨某当时非常气愤地跑到顾客服务中心，大骂："你们简直是诈骗犯！"而且他一直嚷嚷："如果不对这件事做出合理解释，我就投诉到消协"，并口口声声说："要炒掉这样的员工，要狠狠地处罚她。"闻讯而来的主管马上拿过电脑小票进行核实，发现情况确实如此。主管立即向顾客道歉，将这一家子引至自己的办公室内，并倒水安慰他们。待他们冷静后，主管再次对收银员工作的失误进行诚恳的道歉和检讨，并答应就此事对该收银员进行严肃的处理和教育。当时超市正在进行有奖促销活动，主管就多给了他们几张抽奖券，并说："这次差错是我们工作中的一次失误，我们一定会引以为戒，提高员工的工作质量，希望您能继续支持和相信我们超市。"在主管的耐心解释下，杨某一家才慢慢地消了气，并主动说："算了，也不要炒掉她了，现在找一份工作也不容易，但要好好教育她，不能再出现这样的失误，否则对你们超市的声誉影响太坏了。"

资料来源：陆影．连锁门店营运与管理实务 [M]. 大连：东北财经大学出版社，2009.

问题

1. 出现这种情况的原因是什么？
2. 请评价主管的处理过程。
3. 请对超市的管理给出建议。

任务4 学思之窗

收银工作和意志力

收银工作时刻都在经受金钱的诱惑和考验，因此收银员必须具有强大的意志力。

（1）收银员如果要把公款据为己有或挪作私用，有很方便的条件和较多的机会。收银员意志力之一是要时刻抵制诱惑，保持清正廉洁、克己自律。

（2）由于收银工作的特殊性，更应该坚持实事求是的原则，坚持“手过万金，一尘不染”“收款必入账、入账必出单”“账实一致、账账一致”的原则，保证会计资料的合法、真实。收银员意志力之二是要能避免他人干扰，永远实事求是、力求精确，拒绝造假凭证、造假账、开假凭证等弄虚作假行为。不管在任何时候、任何条件下，都应该以真实为标准，绝不弄虚作假，凭自己的努力，保证会计资料的合法、真实、准确、完整。

（3）收银员应当保守本单位的商业秘密，除法律规定和单位领导人同意外，不能私自向外界提供或者泄露单位的会计信息，收银员应当确立泄露商业秘密是大忌的观念。收银员意志力之三是对于自己知悉的内部机密，任何时候、任何情况下都要严格保守，不能信口吐露，也不能为了一己私利而向外界提供。

任务5 团队项目实战训练

1. 到某门店当一天收银员。

2. 情景模拟：课堂模拟收银操作。主要考察和训练学生作为收银员的服务礼仪、态度和操作规范。

项目九　防损管理

知识目标

1. 了解和掌握门店防损的理念和原则
2. 了解内盗、外盗、供应商欺诈、内部管理等情况下损耗发生的原因，掌握相应的防范控制措施

技能目标

1. 能够运用防内盗技能防内盗控损
2. 能够运用防外盗技能防外盗控损
3. 能够运用防供应商欺诈、偷盗技能防供应商欺诈、偷盗控损
4. 能够运用各种措施对内部管理不当引起的损耗进行控制

任务 1　大家来讨论

有“油水”的仓库管理员

小莉是某门店的一名仓库管理员，是经人介绍进入大卖场工作的，主要负责超市仓库的货物管理。在最初入职时，小莉一直对这个整天和货物打交道的工作抱有成见：成天灰头土脸的，比不上那些促销员光鲜。可一个月下来，小莉彻底扭转了自己起初的想法，上起班来也再没那么无精打采的了。

原来，小莉发现这项库管工作虽说看起来没那么“体面”，可其中的“油水”可不少。暂且不说卖场内的那些破损商品，就算是正常商品她也可以轻易地弄到手。小莉分管的物资是洗化区商品，主要经手各类品牌的洗发水的进出货。自打自己接手洗化区的工作以

来，小莉再也没有自己花钱买过洗发水。大量的“残次品”，被用来当洗手液用。而那些自己手上处理不完的“报损品”，还可以和其他品类的库管来交换。例如：上个月她就用两瓶洗发水和对面库管换了一些卫生巾。而且，小莉发现在卖场里做事，很多人都有办法能够搞到一些所谓的“残次品”，有些部门还把处理这些卖场内的“残次品”当作部门的福利发放。而所谓的“残次”有时候都是卖场内部人员故意制造出来的。真正属于商品销售中的残次品其实很少，大部分都是一些冒牌的“残次品”。开始的时候，小莉还有点后怕，可看到大家都那么“照章办事”，也就见怪不怪了。

总之，用小莉的话讲，自己每个月工资就那么一点，不利用自己手上的权力捞钱，也太对不起自己了。逢年过节，她也时常可以顺带着捎些东西回家，好歹也算是给自己的“补偿”。

资料来源：零售动力，见 http://www.lingshoudl.com/html/lingshouziliao/chaoshifangsun/5553.html.

讨论：

1. 从该案例可以看出，门店损耗高的主要原因是什么？
2. 门店损耗还有哪些原因？
3. 正确、科学的防损包括哪些环节？

任务2 操作指导

损耗是店铺接收货物时的商品零售值与售出后获取的零售值之间的差额。从狭义的概念上也可解释为账面库存金额与盘点库存金额之间的差额。损耗直接危害经营的业绩和利润；损耗会破坏营运流程，降低员工对企业的忠诚度，人心涣散，使企业失去竞争力。除了直接看到商品失窃等有形损耗外，还有很多无形的损耗会吞噬大量的经营成果，如商业贿赂、供应商欺诈、安全事故损失等。因此，加强防损，提高防损技能，对门店营运管理来说非常重要。

一、防损管理理念和工作原则

（一）防损管理理念

（1）全员防损。防损不仅是防损部门的工作，也是全体员工的责任和义务。因此，防损是员工工作中不可缺少的重要工作。全员防损的目标是：员工积极配合并遵守防损管理规定，积极参与防损监督和举报，及时为防损部门提供损耗线索。

（2）全过程防损。工作流程中的任何一项错误都会直接或者间接导致损耗。因此，企业要对每一个可能出现损耗的环节进行有效监控。它的关键是：流程合理高效，员工都能按质按量完成工作。

（3）防损等于纯利润。商品损耗是企业的敌人，降低损耗是取之不尽的利润源泉。商品销售带给企业是销售毛利，但商品损耗不仅会损失商品的价值，还会损失运输成本、包装成本、人工成本等。因此，损耗损失的是纯利润。

（4）防损工作以防为主。防损工作的重点在“防”字，防患于未然。控制损耗在发生之前，才是成功的防损。事后的防损主要在于尽量地弥补损失，其目的是防范和避免类似损耗。

（5）消防安全是营运工作的保障。安全的经营环境是营运的前提。如果在不安全的状态下开展营运活动，发生的安全事故不仅会造成重大的人、财、物损失，甚至还会让营运工作停顿。

（二）防损工作原则

（1）法制原则：防损管理的措施、制度必须符合国家有关法律、法规。

（2）预防原则：防损工作严格贯彻以防为主的工作原则，在重视事后防损（损耗发生后的弥补和处理）的同时，重点放在事前防损（未发生损耗前的预防）。

（3）监督原则：防损的重要手段之一就是监督、检查日常工作是否违反防损、安全工作制度。

（4）教育原则：要求每一位员工都了解防损工作的重要性，了解损耗控制与自己的工作息息相关。防损意识必须普及到每一个岗位、每一位员工。

二、防内盗控损技能

尽管防损部门有威慑手段和控制措施，员工偷窃的现象仍会发生。而且，员工偷窃的机会多于顾客偷盗。员工偷窃与其说是偷窃行为，不如说是典型的周密计划行窃。一个员工偷窃成功，可能会引发其他员工效仿。因此，员工偷窃是防损课的防范重点，也是最敏感、最棘手的问题。

知识点：

EAS防盗报警系统

（一）员工偷窃的主要原因

（1）店面管理不到位，有令不行，有禁不止，使员工处于一种无约束的状态。

（2）生活支出超过收入，家庭较困难。

（3）结交不可靠的朋友。

（4）发现被抓的风险很小，或者门店缺乏监督。

（5）店面缺乏明确的处置内盗的规定。

（6）对于出现的有内盗行为的员工没有按规定处理或者通报结果。

（7）其他引起内盗的原因。

（二）员工偷窃及消极怠工的几种行为

（1）给亲朋好友结账时不扫或少扫，或者取消扫描过的商品。

视频：

婆媳联手——超市收银员只消磁不收钱

（2）利用工作之便把贵重商品调到价格低的商品包装内。

（3）收银员、防损员利用顾客未取走的收银条，自己或者交给其他人进卖场重复拿出以上商品。

（4）收货人员和供应商串通收不合格商品或少收商品，以及在重量上做文章。

（5）生鲜区和散货商品区域的工作人员利用职务之便，给亲朋好友少打商品价格、重量。

（6）滥用企业商品作原材料或直接用于办公，而不作账面记录。

（7）偷拿商品、赠品、设备原料供自己使用。

（8）偷吃商品不付账或者未经企业同意用卖场商品供顾客和自己试用、试吃。

（9）发现员工、顾客偷盗行为而不及时报告。

（10）勾结亲朋好友将其他部门的商品放在自己的工作场地和仓库附近，以便偷吃或隐藏。

（11）其他消极怠工行为：

1）未经许可私自外出或者提前下班。

2）装病请假。

3）毁坏财物，与同事、上级、顾客争吵。

4）故意延缓工作进度或工作马虎，酗酒后工作。

5）上班时间无所事事，聚众聊天、串岗、溜岗。

6）违反操作流程和安全操作规定。

（三）防止内盗的措施

（1）定期对经常短款的收银员进行调查，并在平时的工作中进行检查。

（2）经常性地对店面的购物情况进行检查，对收银员的操作进行暗中测试。

（3）对配送中心和厂家直送商品的接收数量进行核对。

（4）加强对夜间值班人员及送货人员的检查。

（5）经常召开店员会议，共同讨论店面的管理制度和流程，使员工有机会发表他们对超市防盗、防损方面的观点和建议，以便不断修改和完善各种制度和流程。

（6）设立举报信箱和电话，受理顾客、员工关于偷窃方面的信息。

（7）对顾客退换货、商品退换货工作流程进行监督、检查。

（8）对员工购物制度严格规定，建立员工购物通道，并加强对员工购物行为的检查。

（9）加强对员工进出的管理以及现场的管理。

（10）对已出现的有内盗行为的员工，要从严从快处理，并及时通报。

（11）加强对员工入职前的背景调查和入职后的培训工作。

（12）建立严格的防损制度，并加强锁和钥匙的管理。

三、防外盗控损技能

（一）外盗处理的原则

（1）所有本企业员工、管理人员均有责任防止商品被人偷窃，均有义务举报有偷窃行为的人员。

（2）作为防损员，必须根据防损课的工作职责捉拿小偷，具体捉拿要按相关规定进行。

（3）在捉拿小偷之前，必须遵循的主要原则是确定，如有疑问应该放行（在脑海里记住此人的特征）。

（4）实践证明：加强内部员工管理以及出色的顾客服务是防止外盗的最好措施。

（二）偷窃行为成立的两个要素

（1）拿了本企业的商品并隐藏，或者私换标签和商品。

（2）出收银台未付款或者未按商品实际价格付款。

（三）顾客偷窃的几种行为

随身夹带、皮包（购物）夹带、高价低标（换标签）、偷吃、换穿、换包装。

（四）易发生偷窃的区域

成为死角看不见的区域、照明较暗的区域、通道狭小的区域、管理较乱及商品陈列较乱的区域、现场无工作人员的区域、上下电梯的区域、试衣间、垃圾桶。

（五）易发生偷窃的时间和季节

（1）节假日购物顾客较多的时间；

（2）中午、下午工作人员就餐的时间及现场无管理人员的时间；

(3) 晚上营业结束前的一段时间；

(4) 收银台等候结账人员较多的一段时间；

(5) 天气变冷进入冬季的月份；

(6) 学校放假的时间。

(六) 易被偷窃的物品（举例）

(1) 食品类（休闲食品为主）：巧克力、口香糖、奶粉、散装食品等。

(2) 非食品类（日用品为主）：内衣、袜子、香皂、卫生巾、洗发水等。

(七) 偷窃的防范

1. 商品陈列

(1) 卖场前部的陈列不应挡住收银员投向卖场及顾客流动区域的视线。

(2) 口香糖、巧克力及其他体积小、价值高且吸引人的商品，必须放在收银员看得到或者偷窃者不便于隐藏的地方。

(3) 由于季节的变化而易失窃的商品，应该将这些商品的摆放位置进行调整，这些商品通常应陈列在商店货架的端头附近，也可考虑放在收银台和入口位置。

2. 教育培训

(1) 每天应不定时地进行防损安全广播，特别是高峰期。提醒顾客应注意的购物安全和规定，以及公开防损课的调动信息。以此在卖场营造一种气氛，无形之中可扼制一些有不良行为的人的偷窃念头。

(2) 在店面组织的工作会议上，防损部门负责人应将平时工作中发现的一些防损方面的新情况、新问题提出来进行讨论，并达成共识，以此提高广大员工的防损意识。

3. 巡视检查

(1) 加强对卖场各部门包括联营柜组、仓库的巡视检查与管理，不允许非工作人员进入。特别是营业高峰期对收银台的巡视，有相当一部分顾客就是利用在收银台等候结账时将商品偷吃、隐藏，以及将商品不放在收银台上蒙混过关。

(2) 不定时对垃圾箱、卫生间以及盲点区域进行检查，看有无丢弃的空包装、价格标签。

4. 对有条件的商品进行防盗处理

如针织品、带包装盒的食品，为防止因顾客拆开包装损坏商品，可用胶带进行加固，并提示“请勿拆开包装”。

5. 加强各通道的管理

特别是员工通道和收货口，要求当班防损员敢于坚持原则，对各通道进出的人员和商品包括废弃物实施严格的检查。凡禁止顾客进出的地方应有明显的标志。

6. 各部门协助防窃

防损部门应将每个店员作为商场防盗的一员，并通过训练教育使员工掌握在防止偷窃方面所应采取的措施，使每位员工知道自己应该检查什么，应该做什么。

（1）收银员。

1）把停止收款的出口拦上，确保顾客从有收银员值班的收款台通过。

2）观察手拿报纸、杂志的顾客，偷窃者常常将比较小的扁平商品（如贺卡、袜子）等隐藏在杂志或报纸中带走。

3）当收银员进行收款系统录入时，如果顾客不停地谈话，要提高警惕，不要受外界影响，防止后面的顾客将未付款的商品递给前面的顾客混入已扫描商品内。

4）没有顾客结账时，要不停地扫视出口处及通道，在等待下一位顾客时，应保持与前一位顾客的联系。

5）如果怀疑顾客偷窃，应保持冷静与礼貌，并可试探性地问顾客："请问，你还有什么东西没有付款？"如果该顾客没有反应，应通知防损员或者部门主管，以便跟踪其购物完后的活动情况。

6）当看到小孩或者顾客本人在未付款前吃商品时，应及时礼貌地提醒、制止，并确保该顾客付款购买。

7）负责打包的员工在利用打包的过程中，可按收银机显示的商品数量对商品进行核对。

8）禁止购物完毕的顾客拿着商品转身进卖场。如果顾客有其他购物需求，且时间紧迫时，可要求其将商品暂时存放于出口防损员处和收银台底部。一般要求其将商品存放在服务台。

9）及时将顾客遗弃在收银台的商品归位或者通知工作人员取回，以防止被人拿走。

（2）卖场员工。

1）最重要的是要对顾客友好，在顾客经过时说声"你好"，微笑或者以目示意、点头，尽可能以此建立与顾客的联系。

2）工作中要不断扫视货架排面，如果有顾客在一个地方长时间徘徊和短时间多次出现，应上前询问其是否需要帮助。

3）注意那些手推车中放着敞口手提包的顾客，如果尚未发现顾客偷窃，至少让部门的其他同事提高警惕，这类顾客可能趁无人注意时将商品丢进手提包。

4）留心用购物袋选购商品的顾客，不论购物袋是本店还是外带的，应提醒顾客使用购物篮。

5）注意那些天气暖和却穿着厚夹克及奇装异服的顾客。

视频：

里应外合偷盗门店营业款

6）注意顾客携带的物品。尤其是当这些物品显得反常时，如晴朗天气携带雨伞。

7）在卖场发生混乱，如吵架、打架斗殴时，要格外留心。这种情形可能是为了引开卖场员工的注意力，以协助同谋在附近作案。

8）如果发现某人将一件物品藏在手提包、口袋、包袋或衣服里面，不要让这个人从视线中溜走。尽力记住其隐藏物品的种类，让另一个员工把你看到的情况告诉主管或防损员，继续观察这个偷窃者。

9）站在货架的端头，可扫视排面的位置，在卖场内来回巡视。

10）注意那些手拿报纸、杂志的顾客以及折叠商品、压缩商品体积的人或者故意把商品弄旧，写上自己名字的顾客。

顾客在卖场损坏商品应督促其到收银台交款。如果顾客不配合，应立即通知本部门主管或防损部门。

如发现顾客在营业现场偷吃、偷喝本企业的商品（一般是饮料），或者有明显的以上现象，应上前主动询问："请问您手上拿的商品是否买单？"得到证实之后，应当督促其到收银台交款。

（3）出口处防损员。加强对商品的终检力度，应按照电脑小票显示的价格、数量、重量去核对，检查电脑小票的时间是否与购物时间符合，是否已经终检过。特别是要检查贵重商品及内部员工购买的商品。另外，对顾客携带的提包和雨伞也要实施检查，防止夹带商品。

（4）入口处防损员。

1）不允许顾客带大件物品和商品进入卖场购物。如顾客依然强烈要求可放行，但必须对顾客声明并通知出口处防损员，在顾客购物完毕后进行检查。

2）如发现那些有明显的暴力倾向，或明显的酒精和毒品影响，或以前曾有偷窃行为的顾客进店，要特别注意。必要的话，可派一名防损员紧随其后。

3）如发现团体顾客进店后又分散的现象，或者短时间内及一天之中多次进出卖场的人，应通知防损员派人在卖场内进行监视。

7. 员工对店内偷窃行为采取的行动

（1）发现有人隐藏商品和偷换标签以及有其他偷窃行为时，员工应继续监视这位顾客，并坚守在能清楚地观察偷窃者活动的地方。

（2）该员工在继续监视偷窃者的同时，请另一位员工通知防损员或部门主管。

（3）防损员或部门主管到现场后，员工应把看到的情况进行汇报。最好知道顾客所隐藏的商品种类及隐藏的部位。

（4）在捉拿偷窃者回办公室的过程中，该员工（目击者）应和防损员同行，并填写证词。用书面语言描述从发现偷窃到捉拿的全过程。

8. 外盗确认的内容

（1）偷窃者是怎样隐藏物品的，如放到手提包、口袋里面等。

（2）所藏物品的类型，如袜子、巧克力等。

（3）事件发生时偷窃者距员工有多远。

（4）把物品藏起来后，偷窃者又做了什么。

（5）偷窃者和什么人接触过，并说过什么话。

（6）偷窃者被发现时的时间。

（7）在偷窃者被捉拿之前，员工大约监视了多长时间。

（8）防损员抓住偷窃者的确切地方。

（八）询问嫌疑人的方法

（1）询问地点：一般在顾客出了收银台或出了终检处之后。

（2）询问应注意的问题：

1）要注意礼貌，态度要诚恳；

2）要避免跟顾客在出口处发生争吵；

3）要善于察言观色；

4）千万不要出现“我亲眼看见你”等字眼。

（3）具体询问方法。

［情形一］你确认顾客在选购了某种商品后一直没有回原处，但在出收银台时该商品不见了，你没有亲眼看到顾客将商品放入身体某一部位。

1）分析可能的情况：

● 顾客将商品放到其他柜台上了；

● 顾客将商品隐藏了；

● 转移了商品。

2）询问：“先生（小姐），我是这里的工作人员，请问您刚才选购的某某商品是否放回了原处？”

反应一：顾客说放回了原处。（可以判断该顾客有偷窃嫌疑）

反应二：顾客说放到了卖场内的其他地方，但神色紧张，在卖场内寻找了找较长时间也未找回该商品。（可以判断该顾客有偷窃嫌疑）

反应三：顾客不配合工作或者大发脾气。（可视情况并做好解释工作）

［情形二］你确认顾客将商品藏入了身体的某一部位。

询问：“先生（小姐），我是这里的工作人员，请问您还有什么东西忘记付款没有？”（在问的同时，可以装着不经意的样子拍打该顾客藏入商品的部位）

［情形三］不能肯定顾客有偷窃行为，只是知道顾客在选购了某种商品后出了收银台时不见了。

1）分析可能的情况：

● 观察顾客的着装能否隐藏商品；

● 观察顾客的口袋是否有凸起的部位；
● 观察顾客在收银台付款时是否经常向出口或后面张望；
● 故意从其身边走过碰其某部位。

2）询问："先生（小姐），我是这里的工作人员，有件事想问您一下，刚才有一位员工（顾客）说您选购了某某商品，但您没有到收银台付款，他要我问您一下放到什么地方去了。"

反应一：顾客顿时显得很不自然，说话支支吾吾，在寻找的过程中没有找到该商品。（可以判断顾客有偷窃嫌疑）

反应二：顾客不配合工作或者发脾气。（可视情况放行并做好解释和道歉工作）

应当注意：当确认顾客有偷窃行为，在带往防损办公室时，要注意顾客的双手，防止顾客将商品扔掉而不承认偷窃行为。

四、防供应商欺诈、偷盗控损

（一）供应商欺诈、偷盗行为

1. 供应商欺诈行为

（1）供应商将已经收货完毕的商品，重新按未收货点数。

（2）供应商送货商品的数量、质量、重量的作弊行为。如在送货商品中混杂不合格包装和质量的商品，收货数量（重量）少于送货数量（重量）。

（3）供应商私自丢弃应属于退货且未办理手续的商品，如生鲜食品等。

（4）供应商在办理退货手续中，将商品高价低退。

（5）供应商的送货商品中标有其他商场的标签。

（6）供应商的送货商品价格违反合同规定。

（7）供应商的送货商品是其进行二次包装且影响正常销售的商品。

（8）供应商送货的新品套用旧商品的编码，有意不按照合同的规定交纳新品费用。

（9）联营供应商利用自己操作的销售金额骗取门店的销售扣点奖励。

（10）场外交易：供应商（包括其导购员、营业员）有意将本应在公司门店实现的销售，秘密地在公司门店以外的地点销售。

（11）隐瞒销售：供应商（包括其导购员、营业员）有意隐瞒在公司门店实现的销售收入，短报或不报营业款。

（12）其他公司认定的欺诈行为。

2. 供应商偷盗行为

供应商利用与公司的合作之便，将公司的商品、赠品、试用品有意隐藏（未办理正规手续）带出收银台或卖场的行为，属于偷盗行为。

（二）供应商欺诈、偷盗行为的防范

（1）收货部严格执行收货制度，对所有入库的商品（包括联营柜台的联营商品）均进行严格的验收。

（2）防损员严格对供应商的进出进行控制和管理，对进出携带物品进行检查。

（3）禁止供应商进入仓库。

（4）由公司收货人员负责收货操作的全过程，禁止供应商及其促销员参与收货。

（5）将已经收货和未收货的商品按区域严格分开。

（6）收货部做好商品的退换货工作，防损部加强监督。

（7）定期检查联营供应商的销售动态，对异常的大笔销售进行检查。

五、收货区控损

（一）防验收不当控损

1. 验收不当行为

（1）不诚实的直接送货到店面的供应商，涂改送货单上的数据进行欺诈。

（2）店面的收货员参与供应商的欺诈行为而获得供应商给予的好处，如礼物、现金等。

（3）供应商在交货时快速计件，如把 10 件数成 12 件，或者涂改商品的数量，如把 12 件改成 22 件。

（4）供应商从商场中取走库存商品，但未办理任何手续，从而在表面上增加其销售量。

（5）送货前，供应商从箱里和盒子中拿出一些商品，然后封好，而店面却按整箱或整盒的数量付款。

（6）供应商把不新鲜的快过期商品当作新鲜食品卖给店面。

（7）供应商把从卖场偷来的商品藏在身上或装在箱子、盒子中带走。

（8）供应商把已验收过的商品不是送进卖场而是放在收货口，再趁收货员不注意时重复接收。

2. 防验收不当的措施

（1）对照直接供货价格，检查供货单据的成本和零售价格，如果发现不一致的地方立刻向部门主管汇报。

（2）如果发现供应商的单据上所显示的品名、重量、规格、有效期、数量与实际验收不一致，应在供应商的单据上修改注明，并要求供应商签字。

（3）经常发生供货错误的供应商应被替换，特别是发生供应商偷盗卖场物品的情况时应立即与其解除合约。

（4）对已经验收过的商品一定要及时入库交卖场各部门验收。

（5）发现并阻止未经认可的商品进入卖场。

（6）如果在验货时发现已损坏或过期变质以及与单据不符的商品应在单据上注明没收，并将这些货物搬出收货区。

（二）防退换货及报损不当控损

1. 退换货及报损不当的行为

（1）内部员工和供应商内外勾结或者供应商擅自操作，造成退货单未经财务核算而直接将退货商品带出，导致货已退而无货款可扣。

（2）超越退货的限制，将合格商品以好充次退给供应商而使公司蒙受损失。

（3）退换商品没有经过检查而带出，也许其数量、重量、规格上存在差距，一般是退出去的多，退货单据上的数据少，而以货换货指的是拿出去的多，换回来的少。

（4）员工将好的商品或者将好的商品弄坏后（但其品质不变），采取报损的方法交商管部，随后又以低价购买。

（5）报损的商品没有经过正常手续填写报损单，或者填写了报损单后并没有交到公司而是私自处理。

（6）退换货及报损的单据被别人利用，或者没有相关责任人的签名。

2. 防范措施（收货区防损员职责）

（1）严格控制好所有单据，防止被不法分子利用，检查任何外出的商品的合法手续及相关责任人。

（2）在单据合法的前提下，检查所有退换货及报损商品的数量、重量及价格是否与单据上的一致。

（3）换货的原则必须坚持以同等价格、规格、数量、重量的商品换取新的商品（一般指生鲜食品），最重要的是其总价值必须一致。换货必须在收货口进行，并有收货员、防损员及商品部门的监督。

（4）在检查报损单据合法且与实物一致的前提下，必须跟踪检查报损的商品是否交收货部。

（5）卖场内各部门腐烂、受损及失效的商品应及时办理退换货及报损手续，防止发生失窃，并和供应商联系，一般是在供应商下次送货时办理退货手续。

（6）检查所有外出的垃圾、报纸及废弃物，防止夹带商品。并管理好收货口的人员进出，发现不熟悉的人，防损员应主动地去询问和调查。

（7）收货部无人值班或者下班后，任何人均不得将此类商品以退换货及报损的理由带出。

（三）收货区防损工作管理

门店收货区作为商品进出的重要工作区域，其操作过程的严格、规范和收货的环境、秩序都十分重要，是门店商品防损的重要环节。为有效加强收货区的防损管理，防损部应做好以下管理工作：

（1）对于收货区直送、配送、退货、报损商品按公司的操作流程执行，门店防损员加强对其过程的严格监督与检查，对于不符合公司规定的流程应立即予以制止，查明原因，并及时上报。

（2）对于直送商品，收货部应要求供应商按先后顺序有序排队进行验收（速冻商品允许优先验收），防损员对验收过程进行监督与抽检，并保持验收秩序井然有序。

（3）对于设有独立收货通道的门店，收货区除收货员、商品部验收员、防损员、供应商各一人外，其余人员严禁在此区域进出、逗留。

（4）防损员应及时督促已验收的商品立即入库，避免在收货区滞留商品，造成商品验收的差错。

（5）对于无独立收货口通道的门店，防损员除严格执行以上各项要求外，应加强对进出人员的监督和检查，对于在此进出的人员一律凭工号牌、出入证进出。

（6）对于有明显开箱痕迹的大件商品和附属品出货，应认真开箱检查核对，无误后方可放行。

（7）严禁各联营（租赁）柜组不通过服务台或店长办公室办理正常退换货手续，私自进行商品退换货。

（8）电脑操作员必须严格按照退换货单商品的编码进行数据处理，严禁套用其他商品编码进行退换货处理。

（9）联营（租赁）柜组商品的退换货单应在单据的右上角注明“联营”或“租赁”字样，要求当班开具，当班有效。

（10）联营（租赁）柜组单方面需要进行退换货处理时，所退换商品必须从公司收货区通过并且由本公司收货人员、防损员共同检查、核对后方可进出。

六、数字化赋能一体化防损

首先，数字化赋能商品管理一体化。通过数字化赋能，负毛利商品信息会自动推送到防损人员的手机工作台上，这样就能直接到店找到单品，找到相应的责任人，然后分析这个单品在这家店产生负毛利的原因，从而进一步采取措施来改变这样的情况。从商品的进销存到最终销售结果的任何一个环节异常（如异常采购、异常购物等）的监控，都很便利地、自动地推送到相关防损人员的手机上，从而很便利地进行损耗分析、控制工作。

其次，数字化赋能线上、线下一体化防损。包括与大数据的结合应用，可以应用到虚假妥投、异常订单的刷单，以及支付限制的预警、对打假人员的预警、漏截订单的预警、商品保质期预警等，并且这些预警是任务到人的。如果这些预警发到某个员工，该员工没有按时回复完成，过一段时间之后这个任务会推送到他的上一级领导。所以，线上、线下一体化大数据防损更能让防损工作形成闭环。

再次，数字化可以赋能收银防损。智能防损系统能够解决自助收款台顾客的漏扫行为，规避收银员漏扫和放水的现象，减少收银环节的损耗。

最后，数字化赋能到最后是大数据防损。也就是通过大数据自动把各个异常数据结合到一起，能够精准锁定到店、锁定到人、锁定到事、锁定到商品等一系列的异常抓取场景。

任务3 案例学习

案例1

落泪的赵女士

某日，赵女士携老人、小孩到某超市购物。选好商品后她突然内急上厕所，便将老人、小孩留在超市内看管物品。待她走出超市外，一防损员追了出来并直言："你拿了润肤品没有买单。"赵女士忙翻出裤兜以示清白，防损员发现检查未果，便将自己的工牌翻转后转身就走。当时许多在场的顾客以为是抓小偷都纷纷围观上来，赵女士遭人误查，当场哭了起来。

记者赶到后，购物广场的防损部主管表示，对此事他们会引以为戒，在以后工作中将坚持文明防损，对员工加强培训。随后，当事的防损员郭某及其主管在超市门前，代表该超市向赵女士当众道歉。

资料来源：三亿文库，见 http://3y.uu456.com/bp-258a8070a417866fb84a8ea8－1.html.

问题

1. 请评价该案例中防损员的行为及其对超市的影响。
2. 怎样在防损过程中避免类似事件的发生？
3. 该超市在防损方面还有哪些地方需要加强？

案例2

拼装

一位顾客在货架旁转来转去，看看这，看看那，好像在找什么。接着，他把货架上的一些药盒一一打开，看看药品，又看看说明书，看完后放回原处。后来他拿起一盒"整肠生"，打开包装看了看药品和说明书，但没有合上药盒，然后随手又拿了一盒"整肠生"，抽出一板药后，左顾右盼地迅速塞进了之前没有合上的药盒里面并合上了药盒盖，把抽了一板药的那盒药放回原处，扫视了一下周围，发现没人注意时拿起拼装后的药品来到收银台前付款。

资料来源：豆丁网，见 http://www.docin.com/p-739559916.html.

问题

1. 出现这种情况的原因是什么？哪些人应对这样的事情负责？

2. 请对该药店的防损管理给出建议。

任务 4　学思之窗

防损与主人翁精神

对于门店来说，损耗的原因有很多，包括采购到劣质商品、员工操作不当、内外盗窃、浪费、安全事故等。但不管具体问题是什么，除了一些自然损耗及新员工操作不熟练以外，绝大部分的深层次原因都是责任心问题，缺乏责任心的原因则是员工的主人翁精神不足。且不说有少数员工自己有浪费现象，甚至盗窃门店财物，认为自己拿一点点东西对门店影响不大。相当数量的员工则认为，自己不是老板，只要自己不是故意为之，劣质商品、顾客盗窃、浪费、安全设施不过关等与自己并没有多大关系。这种想法都过于狭隘，每个员工都与公司是一体的，公司经营不好，自然也影响员工自身的利益。从大的方面来讲，如果整个社会都形成“事不关己，高高挂起”的风气，社会的损失也将非常严重，最终的后果将由这个社会的每个人来承担。因此，门店的每个员工都应该有主人翁精神，切身体会和理解防损的意义和责任以及重要性。

任务 5　团队项目实战训练

1. 到某门店当一天防损员。

2. 情景模拟：课堂模拟防损员工作。一个学生扮演顾客（疑似有偷盗行为，如某件商品在购物车里未取出付款），一个学生扮演防损员，模拟防损行为。

3. 到某门店调查防损员的工作，指出其工作的妥当与不当之处，提出相应的建议。

模块三
门店后场管理

项目十 商品采购与进存货管理

知识目标

1. 掌握门店采购的模式、方法、流程等
2. 掌握门店订货、进货、退换货作业流程
3. 掌握商品存放标准及库存控制的方法

技能目标

1. 能够根据门店的商品目录进行商品的采购，并且尽可能地降低成本
2. 能够根据相应的作业流程订货、进货、退换货等
3. 能够按照库存控制的方法进行库存管理

任务1 大家来讨论

完善采购网络，加强供应链管理

采购技术、物流技术的提高，使联华超市的高速发展有了坚实的平台。

一、采购：全国建网，引领市场

上海浦东，4 000 平方米的联华大卖场中，商品琳琅满目，顾客正在细心挑选。记者在这里看到：东北豆制品专柜，热腾腾的豆奶一杯杯送到消费者手中；吉林土特产货架，松子、猴头菇、木耳、山葡萄正在热卖；最受欢迎的是联华定牌生产的大米……卖场经理介绍说："这大米我们一天能卖 500 多袋。这是我们企业在海丰农场定牌生产的，质量好，

还便宜，上个月搞特价，顾客排着队来买。”

采购是商业企业扩大销售、获取商品利润的关键环节。乍一看，市场上商品极大丰富，卖的东西都差不多，在品种上很难做文章。联华超市的运营者不这么想。他们注意到有关部门的一项调查：在上海，商品供应可挑选种类约为 8 万种，供应种类为 3 万余种。也就是说，每种商品的挑选余地仅为 3∶1，并不宽松。为让消费者到联华购物有“走千家不如走一家，走一家赛过走千家”的感受，联华开始实施全国商品采购建网战略。

联华一改过去等客上门的采购方式，主动走出去，到全国各地特别是农副产品集中的大省，举行采购专场，建立商品采购中心。2000 年，联华到各地组织了 5 次大的专场，引进了 2 500 多种新商品。如今，在联华拥有的商品总数中，各地商品每年都以倍数递增。

主动走出去，不仅可以丰富货架，而且可以使商业企业走向采购源头。在联华超市中，同类产品，从原产地直接采购来的商品比从经销商处采购的商品价格要低 10%左右。对部分销量大的产品，如酱油、纸巾、洗衣粉，联华主动选择生产厂家，工商联手，定牌加工。上海某饮料厂生产的蒸馏水，原销量在联华超市仅为同类产品的 12%，每瓶售价 2.4 元；合作定牌“联华”品牌后，联华出资大量订货，每瓶价格降至 2 元，销售份额增长到 48%。据统计，联华公司定牌产品的价格一般要比同类商品低 20%，受到消费者欢迎。

农副产品销量大，消费者几乎天天离不开，这就对采购技术提出了更高的要求：价格要低，质量要好。联华推出了订单招标的采购方式，由科研单位提供、食监部门认可的质检数据为标的，以社会公开招标形式下发订购单。

在联华采访的时候，记者注意到，联华卖的鸡蛋上都标有生产日期。这还是件新鲜事。原来，联华了解到，鸡蛋在上海每年有近 1 亿千克的消费量，但市场上蛋品质量良莠不齐，消费者买回去的鸡蛋看着都一样，里边却常会发现变质蛋、粘壳蛋。联华于是请来上海农科院、质监部门、营养学会的专家来制定标准，向社会公开订单招标。由于招标量大，供应商特别踊跃，联华再优中选优，比较质量、价格。现在联华销售的鸡蛋都是鸡场在 36 小时内直供超市的新鲜蛋，鸡蛋上标有生产日期。7 天内，鸡蛋内在的营养价值不变；7 天后，还没卖完的鸡蛋开始打折。订单招标，让人们看到了商业资本对市场的引导。

二、物流配送：2%费率的背后

近年来，联华超市扩张迅速，不过，联华超市的运营者并不满足于此。在其看来，连锁超市的首轮竞争拼的是网点、规模，第二轮竞争就要看后台，这就离不开一个强有力的物流配送中心。企业的物流技术能不能起作用，能不能快速、准确地把握和满足各个门店的需要，同时又用很低的物流成本来支撑物流配送，每一个环节都十分重要。在这方面，联华有一个引以为傲的数字：联华物流配送的费率，即配送一定价值商品所需的物流配送成本，一直控制在2%以内，低于沃尔玛4.5%的水平。

2%是怎么来的？记者参观了联华生鲜加工配送中心。

上午10点，正是配送中心最繁忙的时候。一辆辆恒温车停在门口，蔬菜、肉类从这里直接送到加工中心。肉糜生产线上，各种肉类切片、切丝、切丁、切大排，都由电脑控制完成；成品自动分盆、称重、分拣、贴标，标准统一，又快又准。几百平方米的大排加工车间内，只有5名操作工，他们每人面前都有一个电子屏幕，显示配送物品的各种信息。每天，联华各连锁店发出生鲜食品的要货指令，采购部门负责采购，要货单随即生成加工单发送到配送中心各加工车间的电脑系统，配送中心再根据物流配送的时间和各门店的线路自动安排生产次序。生产加工完成后成品自动分装，送至各连锁店。目前，联华共有两个智能化配送中心，可以满足1 000家门店的配送工作。

联华的物流配送充分体现出一个“快”字。联华做过对比：为30家门店配送6 000箱商品，从门店发出要货指令到配货作业仅需40分钟，而按照传统的操作方式，这些配货作业至少要4小时。速度提高，商品周转加快，单位时间内配送总量增加，费率也就降了下来。先进的物流技术，使商品配送直接为商品销售创造机会。

资料来源：中大网校，见 http://www.wangxiao.cn.

讨论：

1. 从案例来看，联华超市是如何保持竞争优势的？
2. 商品采购的模式有哪些？
3. 商品采购的基本流程是什么？
4. 门店应该如何从各个环节上节约成本？

任务2　操作指导

门店想要盈利，不仅商品要卖得好，而且要控制好进货成本。另外，商品卖得好与坏与门店进的货关系密切。可见，商品采购在门店经营中扮演着很重要的角色。

一、商品采购

（一）商品采购模式

门店商品采购的模式按门店是否连锁，可分为单店采购模式和连锁采购模式。其中，连锁采购模式按集权与分权的程度，可细分为集中采购模式和分散采购模式。

1. 单店采购模式

尽管门店越来越趋向于大规模连锁型发展，但单体的门店仍广泛存在。在这种门店中，商品采购常由一个采购部负责，直接与众多的供应商打交道，一般进货量较小，配送成本较大，必须努力实现采购的科学管理，否则失败的风险很大。对于一些规模不大的门店，有时店长直接负责商品采购，但实现较为理想的商品组合仍是困难的，特别是由于进货量小，不可能取得较低的进货价格。减少流通环节、降低商品价格成为可望而不可即的事情。

这种门店的店长是企业的法人代表，可以完全按照自己的经营意愿开展经营活动。单个门店卖场规模一般比较小，经营商品通常在 2 000 种以下，在竞争中往往处于劣势。单个门店的商品采购模式主要有如下三种具体形式：

（1）店长或经理全权负责。商品采购的权力完全集中在店长或经理手里，由他选择供应商，决定商品购进时间和购进数量。

（2）店长授权采购部门经理具体负责。门店店长将采购商品的工作下放给采购部门经理，由采购部门经理根据门店经营的情况决定商品采购事宜。

（3）由门店各商品部经理具体采购。门店商品部经理是一线管理人员，他们熟悉商品的经销动态，比较了解消费者的偏好，可以根据货架商品陈列情况以及仓储情况灵活地进行商品采购决策。因此，这种形式比上述两种形式更为有效。

不论采用哪种形式，单个门店由于规模较小，经营商品品种较少，在商品采购数量方面不占优势，在与供应商的价格谈判中常常处于劣势地位，也就不利于其实行低价格策略。

2. 集中采购模式

集中采购模式是指总部设立专门的采购机构和专职采购人员统一负责门店的商品采购工作，如统一规划与供应商的接洽、议价、商品的导入、商品的淘汰以及 POP 促销等，总部所属各门店只负责商品的陈列以及内部仓库的管理和销售工作。对于商品采购，各分店只有建议权，可以根据自己的实际情况向总部提出有关采购事宜。

集中统一的商品采购是连锁门店实现规模化经营的前提和关键。只有实行统一采购，才能真正做到统一陈列、统一配送、统一促销策划、统一核算，真正发挥连锁经营的优势。

（1）有利于提高门店与供应商谈判中的议价能力。集中采购是实施规模化经营的基本保证。连锁零售企业实行了中央采购制度，大批量进货，就能充分享有采购商品数量折扣的优惠价格，保证了门店在价格竞争中的优势地位，同时也能满足消费者求廉的心理需求。

（2）有利于降低商品采购成本。大批量集中进货，可以大幅度减少进货费用，再辅以配套的统一配送机构与制度，就能有效控制连锁零售门店的采购总成本。

(3) 有利于规范门店的采购行为。在分散采购制度中，由于商品采购的决定权下放到各分店，对采购行为很难实施有效的约束，因此采购员的种种不规范行为屡禁不止。而集中采购制度则有利于规范企业的采购行为，为门店营造良好的交易秩序和条件。

3. 分散采购模式

分散采购模式就是总部将采购权力分散到各分店，由各分店在核定的金额范围内直接向供应商采购商品。从门店的发展趋势来看，分散采购是不可取的，因为它不易控制、没有价格优势以及采购费用高。分散采购模式有以下两种具体形式：

(1) 完全分散采购。完全分散采购是门店总部根据自身的情况将采购权完全下放给各分店，由各分店根据自己的情况灵活实施采购。它最大的优点是灵活，能对顾客的需求做出有效的响应，比较有利于竞争。例如：家乐福曾经在很长一段时间都是实行分散采购的，由于其单店规模较大，一段时间内有效。但完全分散采购的最大弊端在于不能发挥规模采购的优势，不利于压低价格及控制采购，因此就连家乐福这样的大型超市也逐渐向集中采购模式转变。

(2) 部分分散采购。部分分散采购是门店总部对各分店的地区性较强的商品（如一些地区性的特产就只适合于该地区销售），以及一些需要勤进快销的生鲜品实行分散采购，由各分店自行组织进货，而总部则对其他的商品进行集中采购。

例如：某一分店的目标消费者有特殊的饮食习惯，而总部又不了解市场行情，在这种情况下，由分店进行商品采购决策就比较适宜。这种模式具有较强的灵活性，使分店可以根据自身的特征采取弹性的营销策略，确保了分店效益目标的实现。

(二) 商品采购方法

根据不同的划分标准，商品采购的方法有很多种。

1. 按采购地区分类

(1) 国外采购。适用于价格比国内低廉的商品及国内无法制造或供应数量不足的商品。世界零售巨头沃尔玛的国外采购数量就非常巨大，仅在中国一年就采购几十亿美元的商品。

(2) 国内采购。适用于政府管制进口的商品以及需求量较小的外国制品。当国内外采购品质与价格相同，因为国内采购的安全库存量较低、交易过程简单、售后服务比较迅速，就以国内采购优先。

2. 按采购进行的方式分类

(1) 直接采购。免去中间商的加价而直接向制造商进行采购，是门店最主要的采购方式。

(2) 间接采购。通过中间商采购商品。

（3）委托采购。门店委托中间商进行采购，如委托代理商采购。

（4）联合采购。中小门店为了取得规模采购的优势而进行的一种合作采购方法，即汇集同业的门店向供应商订购。

3. 按与供应商交易的方式分类

（1）购销方式。又称经销、买断，即在门店电脑系统中记录详细的供应商及商品信息，结账时，在双方认可的购销合同上规定的账期（付款天数）到期后最近的一个付款日，准时按当初双方进货时所认可的商品进价及收货数量付款给供应商。

（2）代销方式。在门店电脑系统中记录详细的供应商及商品信息，在每月的付款日准时按当期的销售数量及当初双方进货时所认可的商品进价付款给供应商。卖不完的商品退货是交易条件之一。

（3）联营方式。门店的电脑系统中记录详细的供应商信息，但不记录商品详细的进货信息。结账时，门店财务部在每月的付款日，在当期商品销售总金额上扣除当初双方认可的提成比例金额后，准时付款给供应商。此联营商品的换退货及库存清点的差异都是由供应商来承担的。

4. 按采购订约方式分类

（1）订约采购。是买卖双方根据订约方式进行的采购行为。

（2）口头或电话采购。买卖双方不经过订约的方式而是以口头或电话洽谈方式进行的采购行为。

（3）书信或电报采购。双方借书信或电报的往返进行的采购行为。

（4）试探性订单采购。是买卖双方在进行采购事项时，因某种原因不敢大量下订单，先以试探方式下少量订单，等试探性订单采购进行顺利时才下大量订单。

5. 按采购价格方式分类

（1）招标采购。门店将商品采购的所有条件（如商品名称、规格、品质要求、数量、交货期、付款条件、处罚规则、投标押金、投标资格等）详细列明，刊登公告。招标采购的开标按规定必须至少三家以上供应商从事报价投标方可开标，开标后原则上以报价最低的供应商得标，但是标的报价仍位于标底时，采购人员有权宣布废标，或征得监办人员的同意，以议价方式处理。

（2）询价采购。门店采购人员选取信用可靠的供应商将采购条件讲明，并询问价格或寄以询价单并促请对方报价，比较后现价采购。

（3）比价采购。门店采购人员请数家供应商提供价格后，从中加以比较后，决定供应商进行采购。

（4）议价采购。门店员工与供应商经过讨价还价后，议定价格进行采购。一般来说，询价、比价和议价是结合使用的，很少单独使用。

（5）公开市场采购。是门店采购人员在公开交易或拍卖场所灵活机动地采购，大宗需要或价格变动频繁的商品常用此方式采购。

（三）商品采购流程

1. 不断引进新商品

对于一个门店来说，如何能长时间地存活下去？如何才能长时间地吸引顾客来光顾？除了懂得让利之外，还有一个非常重要的途径：不断引进新商品，即让顾客对门店保持新鲜感。

知识点：

畅销商品的统计分析辨识法

［**例 10-1**］爱推陈出新的烟酒专卖店

毓秀街上有一家专营烟酒的店铺很有名气。虽然该店开业的时间不长，但是很多爱好品酒的顾客喜欢到这家店，原因在于该店的店主对好酒很钟情，只要去供货商那里，看到有新鲜的美酒品种，就一定会引进，自己品尝过后就极力向那些既好美酒又是朋友的顾客推荐，而顾客也十分相信店主的品位，对于店主推荐的新品都很认可。

久而久之，有些顾客每当有购买需求，就会不由自主地到店里购物。这家店不仅老商品值得信任，而且时不时地推出新商品，让顾客觉得很有新鲜感。不像别的店铺那样，常年就那几个品种，顾客早就喝腻了。

不仅如此，店主还从别人那里学来了调酒技术，所以在他的店铺里，时不时有新鲜出炉的调制酒出售，这样一来，店铺的顾客也就越来越多了。

资料来源：兰涛．给你一家店，你会怎么管［M］．北京：中国华侨出版社，2011.

例子中的店主基于自己钟爱美酒的喜好，四处搜罗有销售前景且还未在市场上大量上市的美酒，一则满足顾客追求新鲜的需求，二则尽可能多地为自己的店铺打开销售市场，力争占据更多的市场份额。不过，引进新商品时需要注意以下几点，不能盲目引进。

（1）考虑自身是否具备必要条件。新商品的引进不是单方面的，并不是说商家乐意引进就可以，门店只有做到让引进的新商品顺利适应市场并不断发展扩大，才能考虑引进该商品。因为每个新商品对市场操作都有一定的要求，如仓储物流条件是否成熟、资金占用及周转是否方便等。有可能一些新商品表面上看起来利润较大且市场适应性较强，但是门店并不具备条件，一旦贸然引进，门店势必会被套单，这样的商品还是不引进为妙。

（2）有计划地引进新商品。新商品对于商家来说，没有好坏之分，只有是否适应本地市场的区别。因此，一定要在事先设定好的门店商品规划上，有计划地按照门店销售需求引进新商品；不能一看到很新奇的新商品就立刻引进，特别是面对厂家攻势十足的招商攻略，商家一定要保持冷静。

引进的新商品最好具有独特性，也就是说仅仅自己门店有而别的门店没有。当你的门店有别的门店所没有的商品之后，不仅门店的利润会上升，而且这些独特的商品会成为门店的招牌。人们只要一想到这种商品，就会想到你的门店。

[例10-2] 情侣衫专卖店出新招

“大头娃娃”情侣衫专卖店是一家专门经营情侣衫的店铺，该店的主要顾客群体是年轻一族。刚开始开这个店铺的时候，老板王先生觉得赚钱其实也不难，只要有顾客进入自己的店铺就可以。而事实上，他的想法太简单了。

一个月过去了，销售不容乐观；

两个月过去了，销售不容乐观；

…………

半年的时间过去了，销售还是不容乐观。

这到底是什么原因？该怎么办？放弃还是寻找出路？王先生最终决定寻找出路。当然，要想寻找出路，首先得知道问题出在哪里。于是，他就有意识地和顾客聊天，询问他们自己这个店铺的欠缺之处。

在不断的聊天中，王先生得到了重要的“情报”：自己的店铺缺少独特之处，没有影响力。为了解决这个问题，王先生决定在采购方面下一番功夫。果然，功夫不负有心人，在他的努力之下，他发现了一种新的产品，几乎没有考虑就把它买了回来。

第二天，店里来了两个年轻顾客。到店的顾客都是为了选购情侣衫的，店长微笑着过去招呼，在了解了顾客的需求后介绍了几款适合他们的商品，接着着重介绍了刚采购回来的新商品。这款商品的特别之处在于：可以把情侣的大头照复印在衣服上，届时两位就可以像明星一样在衣衫上出现了。由于这种方式以前从没听说过，这两个顾客一见就很喜欢，立刻购买。之后几天还带了几个好朋友过来，这款独特的商品销路还挺好。

王先生新引进的这款商品一下子成为该店的招牌商品。人们只要一想到买能够印大头照的情侣衫，就会想到“大头娃娃”情侣衫专卖店。

当然，要采购到别的门店没有的商品绝非易事。因而，在采购时就要多注意同行业的市场信息，与各个渠道打好交道。在有独特的商品时，还要适时向顾客推荐，介绍时突出商品的独特性，这样才能在第一时间吸引顾客。

（3）充分考虑销售情况。商家的利润是建立在销售基础上的，商品的利润再高也必须有一个量来支撑，否则新商品即使给商家带来很高的利润，若是没有良好的市场前景也是白搭。也就是说，引进新商品的前提是它要有一个基本的销量保证，这个销量保证寄托在商品自身的成熟度、厂家对于该新商品的推广思路以及对于商家地域的适合程度上。此外，商家切忌抱着试图培养新商品市场的心态，更不可用大量资金为厂家的新商品来打头站。这对于商家是绝对没有好处的。

总而言之，引进新商品需要综合考虑许多因素，不能只注意到了新商品的利润就贸然引进，引进之前的评估工作和引进之后的应对策略都需要仔细斟酌。因此，门店的商品经营不能固守死板模式，但也不能只为引进新商品而忽视了其他因素的阻碍作用。

2. 了解进货渠道

当门店要引进新商品时，必须要知道进货的渠道有哪些。进货渠道通常是指进货的途径和方法。进货渠道有长渠道与短渠道之分。根据中间商介入的层次，可以将进货渠道按级数来进行划分，如零级进货渠道、一级进货渠道、二级进货渠道、三级进货渠道。一般而言，渠道越长，进货的成本就越高。随着互联网的发展，进货渠道也随之多样化。

而门店要想降低进货成本就必须对新商品的进货渠道有一个深入的了解。这不仅仅是为了防止受骗、防止上当，更是为了控制进货成本、保住门店的利润。

3. 选择供应商

一个好的供应商能为门店的发展提供很多帮助。为了自身的商品销售，供应商会尽心尽力地帮门店出谋划策，这样，门店不仅节约了投资成本，而且可以保证供货畅通无阻。与诚实、讲信誉的供应商合作，不仅能保证供货的质量、及时交货，还可得到其付款方式及价格的关照，特别是与其签订长期的合同，往往能得到更多的优惠。

4. 采购谈判

采购谈判是指企业为采购商品作为买方，与卖方厂商对购销业务有关事项，如商品的品种、规格、技术标准、质量保证、订购数量、包装要求、售后服务、价格、交货日期与地点、运输方式、付款条件等进行反复磋商，谋求达成协议，建立双方都满意的购销关系。

（1）采购谈判的作用。采购谈判在采购活动中的作用如下：

1）降低采购成本；

2）保证产品质量；

3）保证采购物资及时送货；

4）获得比较优惠的服务项目；

5）降低采购风险；

6）妥善处理纠纷，维护双方的利益及正常关系，为以后的继续合作创造条件。

（2）采购谈判的过程。采购谈判可以分为三个显著的阶段：谈判前、谈判中和谈判后。

1）谈判前。谈判前要有充分的准备，采购人员必须了解商品的知识、品类市场及价格、品类供需状况、本企业情况、本企业所能接受的价格底线与上限，以及其他谈判的目标。采购谈判前主要做的工作包括：确立谈判的具体目标，分析各方的优势和劣势，收集相关信息，认识对方的需要，识别实际问题和情况，为每一个问题设定一个成交位置，制定谈判策略，向其他人员简要介绍谈判内容，谈判预演。

2）谈判中。谈判的主要步骤包括：第一步，双方互做介绍，商议谈判议程和程序规则；第二步，探讨谈判所涉及的范围，即双方希望在谈判中解决的事宜；第三步，谈判要成功，双方需要达成一致意见的共同目标；第四步，在可能的情况下，双方需要确定并解决阻碍谈判达成共同目标的分歧；第五步，达成协议，谈判结束。

3）谈判后。采购谈判后的工作主要包括：起草一份声明，尽可能清楚地详述双方已经达成一致的内容，并将其呈送到谈判各方以便提出自己的意见并签名；将达成的协议提交给双方各自的委托人，也就是双方就哪些事项达成协议，从该协议中可以获益什么；执行协议；设定专门程序监察协议履行情况，并处理可能会出现的任何问题；在谈判结束后和对方举行一场宴会是必不可少的，在激烈交锋后，这种方式可以消除谈判过程中的紧张气氛，有利于维持双方的关系。

二、订货作业管理

（一）订货作业的含义

门店的订货作业是指门店在连锁企业总部所确定的供应商及商品范围内，依据订货计划而进行的叫货或称为添货的活动。订货方式可分为分散式订货和集中式订货两种。

（二）订货作业流程

图 10－1 所示的是集中式订货作业流程。

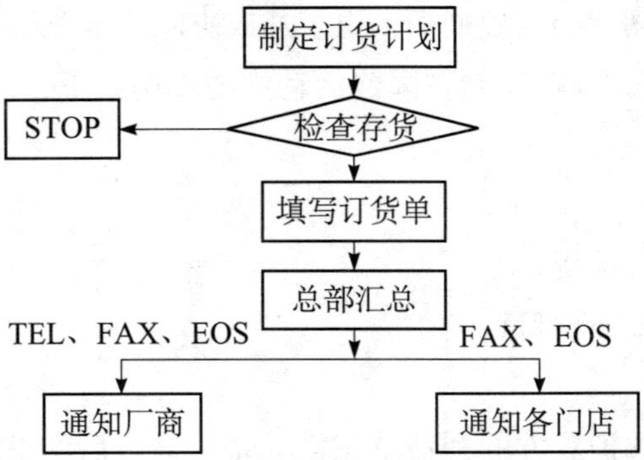

图 10－1　集中式订货作业流程

1. 制定订货计划

制定订货计划时应考虑：商品的订货周期、配送周期安全存量、最小库存量、订货方式等。不周全的订货计划势必产生下列三种问题：

（1）库存量太多；

（2）商品种类减少；

（3）作业时间浪费。

2. 检查存货

订货人员根据规范制度，定期检查各个商品的库存。当库存量小于安全库存量时，应该及时发出订货单。

3. 填写订货单

订货单的格式见表 10－1。

表 10-1　订货单

门店名称：

商品类别：　　　　　　　　　　　　　　　　　　　　　　　　　　　　制表日期：

品种	货号	供应商编号	规格	数量	单价	金额	购进方式	提货方式	订货日期	到货日期

[例 10-3] 世纪联华的订货作业流程

世纪联华的订货作业流程如图 10-2 所示。

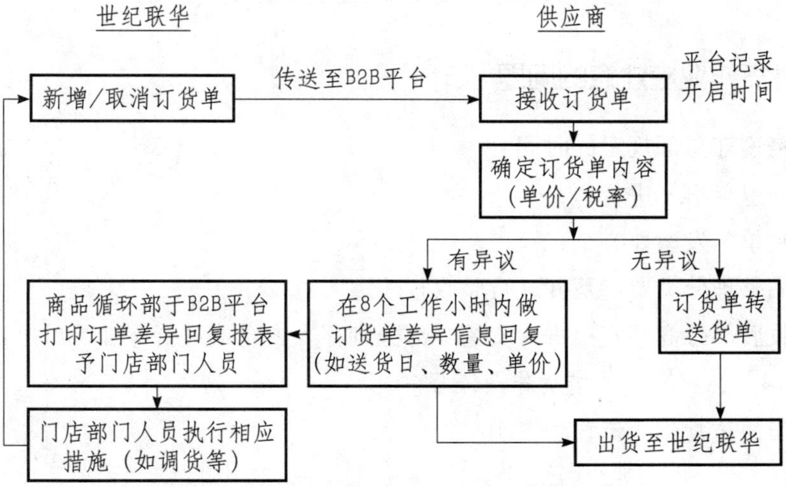

图 10-2　世纪联华的订货作业流程

（三）门店在订货作业中应注意的问题

（1）存货检查。店长应随时检查卖场和门店仓库的存货及现有存货的保质期。

（2）适时订货。门店订货必须注意实效性。

（3）适量订货。进行单品进存销管理，店长可参考建议进货值再决定订货量。

三、进货作业管理

门店的进货作业是指订货后对厂商或配送中心配送来的商品进行接收或验收，从而使商品进入卖场或内仓。

（一）连锁门店进货作业流程

连锁门店进货作业流程如图 10-3 所示。

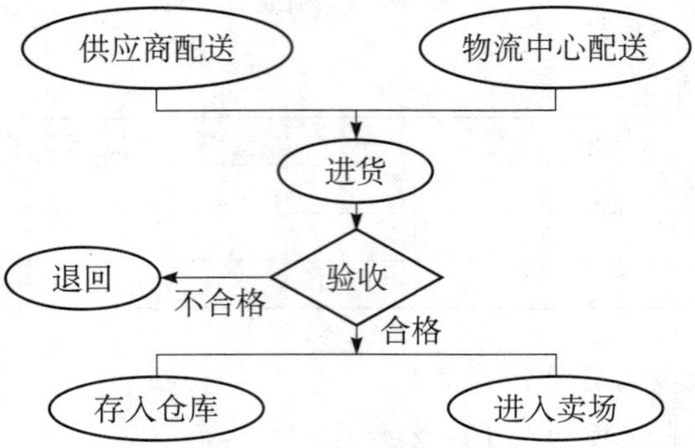

图 10－3　连锁门店进货作业流程

（二）进货作业应注意的问题

（1）严格遵守总部规定的时间；

（2）先办退货再办进货；

（3）验收单、发票要齐全；

（4）商品整理分类要清楚并进行验收；

（5）验收后部分商品直接进入卖场，部分则存入内仓或进行深加工后进入卖场。

［例 10－4］ 世纪联华的进货作业流程

世纪联华的进货作业流程如图 10－4 所示。

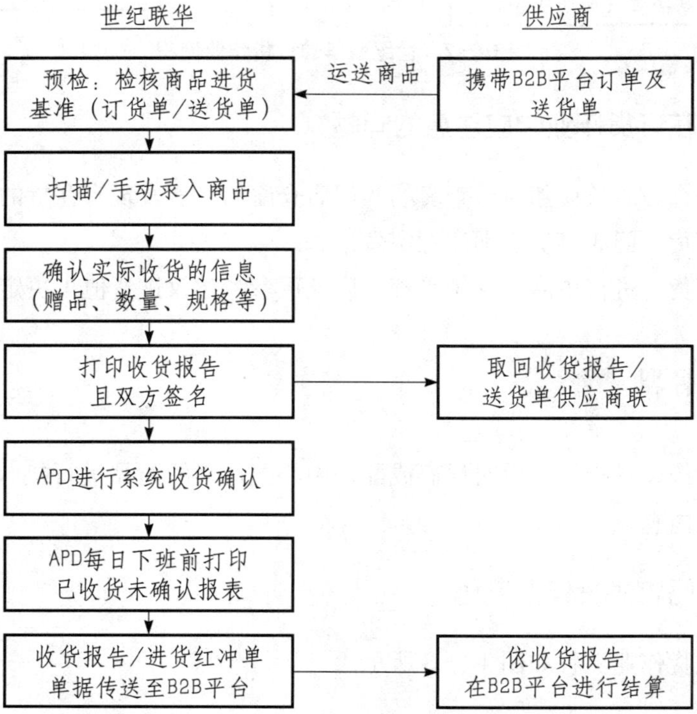

图 10－4　世纪联华的进货作业流程

（三）验收要点

1. 生鲜类

（1）生鲜收货一律按净重计算，不包括各种包装箱、篓、卡板等。

（2）收货重量以在现场称重的数字为准，计数到小数点后两位。

（3）楼面人员与收货人员共同收货，前者负责质量检查，后者负责数量确认。

（4）质量标准按照合同规定或通用标准执行（如海鲜的活鲜在收货后 30 分钟内死亡的退货）。

（5）单品送货数量不得超出订单 5%或少于 8%，品种不得少于订单的 85%。

（6）收货质检时可以试吃，试吃部分不计入收货数量。

2. 百货类

（1）无条形码的商品，在未收货区域进行处理，按规定贴店内码后，才执行收货程序。

（2）条形码在本系统内无效的商品，原则上拒收。

（3）单品送货数量在订单数量的 60%～80%间浮动，送货品种在订单品种的 50%以上才可以收货。

（4）收货员必须亲点数量，不允许供应商点数与报数。

（5）验货方式为开箱验货。对于非标准箱，要全部打开 100%验货；对于标准箱，20 箱以内 50%抽检，20～50 箱 20%抽检，50 箱以上 10%抽检。

（6）检查供应商是否按合同要求提供了足够数量的赠品。

3. 赠品

（1）明确标记有“非卖品”或“赠品”的，一般不经过赠品发放处分发，而是与商品一起包装销售，此类赠品不执行收货程序。

（2）能明确识别是非商场的商品（如“万宝路”的手表），一般由精品柜员工或促销员分发，不通过赠品发放处派发。

（3）“买几搭赠”的商品，赠品与商品捆在一起，无条形码或条形码在本超市系统内无效，赠品不执行收货程序。

（4）“买几搭赠”的商品，赠品与商品捆在一起，条形码在本超市系统内有效，赠品不执行收货程序，但赠品的条形码必须覆盖至无法扫描。

（5）不与商品捆在一起的赠品，且不属于上述（1）、（2）两种情况，则收货部执行点数程序并转交赠品发放处。

（6）供应商额外提供部分商品做赠品，执行收货程序，但要标明，如每进 100 箱可乐可免费获赠 1 箱，此时记录收货数量是 101 箱，1 箱免费。

（四）收货标准

（1）订单必须完整、清楚，在送货有效期内。

（2）卫生检疫证书、进口商检证书必须是原件，证书内容与商品一致。

（3）商品必须质量合格，保质期或生产日期清楚、正确，离最后的使用期限符合公司收货标准（如包装食品是 6 个月以上）。

（4）商品标识必须符合国家的各项强制性规定。

（5）商品外包装干净、完好，无破损、无其他商场的标识。

（6）商品条形码正确、完整、有效，粘贴位置正确、牢固。

（7）产品分类码放在卡板上，货物底部不超出卡板，码放高度不超过 1.6 米。

（五）错误控制

（1）单据审核。

（2）收货单位的确定。

（3）扫描收货。

（4）收货员亲自点数。

（5）严格执行区域原则。

（6）生鲜食品需要楼面进行质量检查的，精品家电类需要楼面进行收货的，必须执行相应的收货程序。

（7）退换货的数量、品种正确。

（8）安全员监督、复核。

四、退换货作业管理

退换货作业可与公司总部、配送中心或供应商进货作业相配合，利用进货回程顺便将退换货带回。退换货作业一般定期处理（如每周一次或每 10 天一次），以提高其作业效率。

（一）退换货流程

以世纪联华为例，其退货作业流程如图 10－5 所示。

（二）办理退换货作业需注意的事项

（1）供应商确认，即先查明待退换商品所属供应商或送货单位；

（2）退换商品需清点整理，妥善保存，一般整齐摆放在商品存放区的指定地点；

（3）填写退换货单，注明退换商品的数量、品名及退换原因；

（4）迅速联络供应商或送货单位办理退换货；

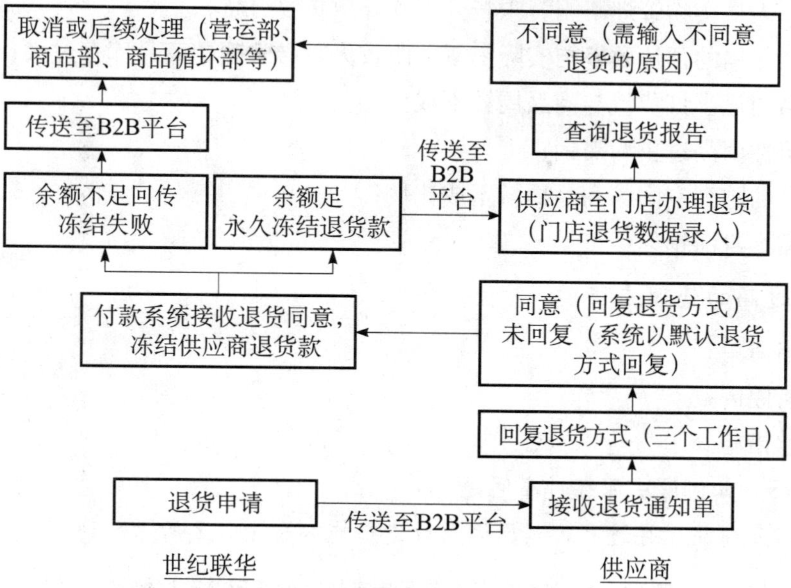

图 10－5　世纪联华退货作业流程

（5）退货时确认扣款方式、时间及金额。

五、存货管理

（一）库存区商品存放标准

（1）分类码放，单品库存尽量采用先纵后横的码放方式；
（2）商品外箱有库存单的一面朝外；
（3）所有库存区的纸箱要封箱、封底；
（4）易燃商品要单独在特别区域存放；
（5）安全第一，任何时间、地点，商品不能从库存区掉下来；
（6）货物不能超高度码放，要考虑承重，适当进行货架分层；
（7）库存商品不能直接放在地上，必须放在货架或卡板上；
（8）库房内要留有通道，保证商品进出畅通；
（9）商品与灯源需保持消防规定的距离（50 厘米以上）；
（10）不能占用库存区消防器材的位置存放商品；
（11）特殊、贵重商品的库房必须配锁并由专人管理。

视频：

管理好服装库存是盈利的关键

（二）异常库存的处理

1. 库存过高的可能原因

（1）库存数据不准确，导致订货不准确；

（2）楼面人员实物管理不当，未找到库存导致重复订货；

（3）商品促销的预计数量与实际销量差距较大，导致促销商品库存过大；

（4）商品的最小订货量与商品周转不成比例；

（5）季节性商品过季后滞销；

（6）商品的陈列空间与商品周转不成比例；

（7）商品本身滞销。

2. 库存过高的处理流程

（1）列出清单；

（2）分析原因；

（3）采取措施。

[例 10－5] 如何解决库存过高问题

某门店部分商品库存过高，其原因及改进措施如表 10－2 所示。

表 10－2　某门店部分商品库存过高的原因及改进措施

货号	品名	库存数量/周平均销量（件）	库存周转率（%）	原因	改进措施
2752	雷达电蚊香片	535/33	16.21	因夏季来临，订货过多	退部分货
4607	亮晶洗洁精	109/11	9.91	促销估计数量过大	退部分货
4646	保柔衣物柔顺剂	112/8	14.0	价格过高并且已进入销售淡季	退部分货，降价销售
1611	粘钩	105/8	13.12	供应商的单箱商品过多	调整排面，加一个挂钩陈列
2409	立得清拖把	98/1	98.0	促销备货	
3793	666 杀虫剂	136/6	22.67	商品滞销	退部分货，降价清仓

（三）滞销品处理

对于店铺来说，即便店长有再好的盘货能力，也会出现滞销产品，因为顾客的喜好随时在变。

[例 10－6] 月饼为什么卖不出去

视频：

滞销商品或能带来意外收益

“酥香”糕饼店在中秋节之际进了很多品种的月饼，其中一个品牌的月饼不知何种原因，一直没有销量，直到中秋节的前几天为止，销售仍不容乐观。店主老钱心里很犹豫，一边想立即处理这个品牌的月饼，一边觉得中秋节过后还会有很多顾客为贪图便宜而买。他抱着侥幸的心理等着中秋月饼热潮之后的小高潮，可事实让他大失所望。一些知名品牌的月饼顾客都不买账，更别说是一开始就滞销的品牌了。这下他就不理解了，自己这次的决策错了吗？但后悔已经来不及了，供货商当初承诺：若是在中秋节三天假期里退还商品可以退一半的款。可是现在，已经过了中秋节这么长时间了，供货商已经不允许退货了。当时未果断下定决心处理滞销商品，现在连一半的货款都退不了。

资料来源：兰涛．给你一家店，你会怎么管［M］．北京：中国华侨出版社，2011.

可见，如果不对滞销商品进行果断、及时的处理，将影响到店铺的盈利甚至生存。或许在很多商家的眼里，处理滞销品采用的都是最传统的让利方法。就如上例中的店主那样，以为顾客会因为降低销售价格而争相购买，结果是就算商品的价格为原先的三成，顾客依然还是不买账，那就不是价格的原因，而是顾客对这一品牌的商品确实不喜欢。因而，处理滞销品一定要坚决果断，该出手时决不手软，在大利益面前必须选择牺牲小利益。

1. 促销处理

如果店长发现某种商品确实卖不动，无论价格多低，顾客就是不买，这个时候就应该进行必要的促销了。例如："买三送一""买五送二"等，甚至可以把它当成另一种促销商品的赠品，在带动促销商品销售的时候，将这些商品处理掉。

2. 直接退货

如果某种商品滞销，而且促销也不起作用的话，不妨直接按照和供货商谈好的条件进行退货。虽然这样做可能会导致一些损失，但是小损失总比大损失好。

3. 异质销售

有的滞销品因包装损坏或是外观设计过时等缺点而滞销，但这些缺点都是可以经过改进而消除的。商家可以对该滞销商品进行升级，改变商品的包装或设计，在保证商品质量不变的情况下，也可以及时地将滞销品重新销售出去。

4. 异时销售

有的滞销品在其畅销时段过去一段时间后，会在某一个时机突然又重新具有畅销品的特性，原因可能是该商品具有其他商品无法替代的商品特征。对于这种滞销品，商家可以采用异时销售的方法，即将这一个时段的滞销品挪到下一个时段去销售，不仅不用降价销售，还能赚得正常的经营利润。

5. 异地销售

即在某一个地方滞销的商品，到另一个地方销售就有可能是畅销商品。如上例中，该品牌的月饼降低价格仍不能吸引顾客，说明不是价格的原因，这时可以试试异地销售的策略，说不定另一个地方的顾客很喜欢这个品牌。

六、数字化采购

数字化采购是指通过应用人工智能、物联网、机器人流程自动化和云端协作网络等技术，打造可预测战略寻源、自动化采购执行与前瞻性供应商管理，从而实现降本增效，显著降低合规风险，将采购部门打造成企业新的价值创造中心。

数字化采购的核心是利用了先进的技术，如人工智能、大数据分析、流程自动化、云端协同平台等技术，将端到端的采购活动进行数字化管理，提升采购效率（实时数据分析与决策），降低采购风险，为企业创造价值。

数字化采购的核心为：利用数字化技术打造链接各方的平台（自建或者参与），基于实时数据及市场洞察制定决策（采购策略），快速响应及执行采购需求（采购执行），为企业创造价值。核心分为三个部分：品类策略、供应商生命周期管理、采购执行自动化。人员技能培训与采购组织绩效是两大基础部分。

具体来说，数字化采购包括供应商生命周期管理、电子招投标、采购管理、合同管理等。

任务3 案例学习

案例1 某公司的采购成本分析及改进

某公司在经济开始回调、市场增长减慢时，终于意识到必须花更大的力气来保住利润。由于过去几年的采购过程未经严格的管理，因此现在看来，采购方面无疑是挖掘潜力的首要方向。

该公司先请专家制定了一套电子采购策略。这一做法有助于通过集中购买及消除大量的企业一般行政管理费用来达到节省开支的目的。然而在最后的分析中，节省的效果却并未达到该公司的预期。

为了寻求更佳的节省效果，该公司分析了可能影响采购成本的所有因素，包括市场预测、运输、产品规格的地区差异、谈判技巧及与供应商关系等。通过深入的调查，一些问题开始浮出水面。结果显示，在供应商数量和类型、谈判技巧以及运输方面均存在相当明显的缺陷：

第一，公司采购的谈判效率奇低无比。相关人员对是否该争取有利的谈判地位并不关心在意，而且公司对供应商所处行业的经济状况或成本结构的研究也几乎是空白。因此，采购经理极少对现状提出质疑。采购经理通常习惯于在一个一体化的卖家手中购买各种商品，而不是寻找每种商品最佳的供应商。

第二，公司几乎从不将自己的采购成本与竞争对手的采购成本进行比较。

第三，公司缺乏将营销及采购部门制度化地集合在一起的机制。这也就意味着，公司没有对市场营销成本和收益进行评估的系统。

第四，公司节省成本的机制不灵活。当采购经理发现了节省成本的机会（可能需要改变机器规格或操作流程），他们也很难让整个企业切实地实施自己的想法。任何一次对系统的调整所耗去的时间都会比实际需要的长得多。

当意识到未能进行采购成本管理而造成的诸多损失时，公司开始对这个问题进行全面的处理。

（1）设定商品的优先次序，随后进行了一系列成本收益的统计，并运用六西格玛指标对竞争对手的情况进行了比较。

（2）建立一套积极的谈判方式。这需要对现有及潜在供应商的成本及生产能力进行详细的评估，包括对供应商成本结构的分析。尽管大多数的经理认为他们在谈判桌上已经足够强硬，但是几乎没有人真正在谈判中保持了应有的一丝不苟的态度。

结果，在过去这些年里，商务谈判通常显得过于轻松惬意。因此，为了克服这种思想上的松懈，采购经理在进行谈判前应做好准备，充分了解不同供应商的成本构成并对供应商的成本结构做深入分析。

在这些方面做好精心准备是非常重要的：对于大多数商品而言，70%的成本是由产品特质决定的，30%才是由供应商的竞争力决定的。

例如，公司发现在采购一种商品时，其供应商的要价是最高的。在对供应商的成本结构进行分析后，公司发现事实上供应商是在其自身相对较高的成本基础上给产品定价的，对于该供应商而言这一定价确实已是不能再低了。

于是，公司对其他供应商的成本结构进行了研究。这是一件复杂的“侦察”工作，研究中除了涉及一些普通的要素外，还将诸如工厂位置、精炼设施、电力和劳动力成本及企业规模等因素考虑在内。

研究结果显示，有一些企业的成本结构使它们能够以较低的价格出售产品，从而占据有利的市场地位。

事实证明，解剖纵向供应链以研究分散的成本确实是一种有价值的谈判手段。

资料来源：搜狐网，见 https://www.sohu.com/a/329288260_470074.

问题

为了控制采购成本，你认为该公司还需要做哪些工作？

案例 2　存货，留多少最好

早上 8 点半，嘉农公司总经理扬波准时出门，今天上午 9 点公司要开月度部门主管总结会。扬波一边叫司机开车，一边把要在会议上讲的问题在脑中重新理一遍。

的士才开过两个路口，扬波的手机突然响了起来，是仓库经理黄豪的来电。扬波按下了通话键，还未开口，就听到黄豪心急火燎的声音：“扬总，快到仓库来一趟，赵董在这大发脾气呢，已经有两个工人被解雇了……”上午应是仓库赶发当天订单的时候，扬波赶紧掉头直奔仓库。

果然，整个仓库就像一锅沸水。几个工人推着小车在货架间往来穿梭，也不知道是通道太窄还是他们跑得太快，老是互相堵住。出货口有三四个工人正在给货物打包，做标记，而他们身后已经累积了好几辆小车。还有些人在仓库里跑来跑去，不知道在忙什么。

“扬总，你可来了！”黄豪一下子就发现了站在门口的扬波，像看见救命稻草一样冲了过来。他满头大汗，非常狼狈。原来一个多小时前，董事长赵志伟就到了配送中心，查问一张运丰公司的订单，当得知这份订单和其他需要今天送货的订单一样，都还在货架前等着处理时，他就做起了监工，亲自在仓库里指挥工人。

可半个多小时下来，只完成了30%的拣货工作，而且还有不少货品短缺。更糟糕的是，核验员还发现不少完成拣货的单子里有错误，根本无法发运，赵董开始暴跳如雷，而他又发现货架上的牛奶有一大半都已过期，这更是火上浇油。“已经有两个拣错货的工人被他解雇了，从来没见过赵董发那么大的脾气，”黄豪心有余悸，“现在我也得在线上帮着完成订单。”他扭头瞅瞅配送中心经理办公室：“赵董在里面，你去看看吧。”

扬波还没走进办公室，便透过玻璃墙看到赵志伟铁青的脸。他才推开门，赵志伟就嚷嚷起来：“这怎么行，一笔这样简单的订单都无法完成，这样下去，还说什么顾客至上，服务制胜?”

原来在昨天晚上，客户部接到运丰公司的电话，狠狠地埋怨了嘉农总是不能按时按量送货，给他们带来了很大的麻烦，并威胁如果再发生这样的情况就中止合作。很不巧的是，当时正好客户经理不在，是他这个董事长亲自顶住了运丰公司那个凶神恶煞般的采购经理半个多小时的狂轰滥炸。

扬波赶紧叫黄豪优先处理运丰公司的订货，并向赵董保证下午前一定把货送到，以后也不会再出现这种状况，赵志伟的火气才消了一些。他抓起衣服和扬波一起回公司参加部门主管会议，黄豪则暂时留在仓库里善后。

一、三月之限

嘉农是一个组建不到三年的新兴公司，主要经营日用品、食物、饮料等杂货的网上销售业务。公司是几个年轻人集合了民间资本创立的，投资者就是现任董事长赵志伟的父亲，他们皆看好网络超市的前景，打算借此做一番大事业。

嘉农公司成立以来发展迅速，从十几个人两台电脑，配送小礼品开始，业务范围逐渐扩大，包括一些对质量及货架管理要求较高的水果、新鲜奶制品等。每天的订单量从几个发展到几百个，配送点覆盖了上海的10个区县，配送量每天达到10多辆货车，业务量突飞猛进。

可是网络神话的破灭使那些昔日五彩缤纷的泡沫无影无踪，全球经济受到重创，裁员、降薪，甚至倒闭都已不再是新闻。国内经济也不复上演上次金融危机时的这边风光独好，投资商们也跟着纷纷修改了他们的预算，嘉农好几笔谈好的投资计划都搁浅了。但幸运的是还有赵志伟父亲的资金支持，嘉农尚有足够的资金度过这个寒冷的冬天。

但事实显然不如扬波想得那么乐观。赵志伟回到公司后没多久，就给扬波带来了一个坏消息。“我爸刚才来电话了，他的公司经营出现了问题，资金紧张，我们原本谈好的第二笔资金现在没法到位了……”赵志伟满脸愧色。

扬波一愣，但很快他就说：“如果暂时没法全部到账，是不是可以先注入一半，或是30%也行……”赵志伟摇摇头，脸色凝重：“我已经努力争取过了，可是实在没办法。我爸还说，如果我们不能在三个月内扭亏为盈的话，他就会把嘉农出售变现，要我们做好准备……”

这个消息无疑是一记重锤，扬波只觉得眼前有些发黑。网络公司被变卖，这是最近在媒体上最耳熟能详的梦魇，难道也要落到自己头上，回想自己和这群伙伴创业艰辛，扬波不知道该怎么告诉其他人这个事实。

看到扬波和赵志伟一起走进会议室，大家都把眼光投到他们身上。扬波清了清嗓子：“不怎么好的消息，如果我们不能在三个月内扭亏为盈的话，志伟的父亲会考虑把公司出售。”他努力让自己的声音听起来平静点。

“什么？那第二笔……”急性子的IT部门经理冯维话还没出口，就看到赵志伟在缓缓摇头。接着是半分多钟的沉默，几乎就像是过了半个钟头，整个办公室静得几乎可以听得到每个人的呼吸声。最后还是财务总监沈亦芸先开口：“扬波，那现在你怎样打算呢？”

“到了现在，我们只能放手一搏，希望能有转机。如今外部的资金支持已经没有了，我们只有从公司内部挤出钱来进行下一步的发展，也就是说，我们的目标是同时改善净利和现金流，至于具体怎样达到这个目标，我们现在就商量一下。”扬波说，“大家不妨说说自己的看法，只有三个月的时间，我们从什么方向着手改进最有效？”

二、寻找突破口

会议室里一片寂静，扬波首先转向财务总监：“亦芸，现在我们的财务报表上能透露什么信息？”

沈亦芸随即打开了她的笔记本电脑，熟练地点开费用清单，随之而来的是两个电子表格下的饼状图。管理费用和销售费用都被切成了一块一块的，每块都代表一个小项目。“大家可以先看看这个，我认为公司在管理费用和销售费用上还有潜力可挖。”

“原来我们每个月有那么多的货物坏掉呢！”赵志伟指着管理费用中的黄色区域说道，“对了，昨天我去配送中心就看到一大批牛奶过期，是不是我们每次订货订得太多了？”

“可是如果减少订货量的话，我们无法得到供应商提供的订货折扣啊，”亦芸为现行的订货政策辩护，“而且你们看，由于无法满足顾客订单而导致的缺货赔偿也不少呢。”

扬波有些迷惑了，一边看图一边试图厘清自己的思绪。“如果我们减少订货量，就可以减少由于货物过期报废而导致的损失。但是这样，我们势必要损失订货折扣，货物的单价上升，销售成本也跟着上升，而且由于市场需求的不稳定可能会导致某些货物缺货，这部分缺货造成的损失也是不小的。”

“没错！反过来呢，尽管大量的订货可以降低销售成本以及减少缺货现象，可又会使得那些没有及时销售掉的货物过期，增加管理费用。”赵志伟接着说。

其他人似乎也不知道究竟该如何处理。“那么现金方面呢？”扬波问亦芸。相持不下的时候，转移阵地总是个好主意。“恐怕我们的现金都给喂了个大胖子。”亦芸微笑着指着资产负债表上的存货数字。

“就是它，存货是个罪魁祸首，”赵志伟好像发现了新大陆，嚷嚷着，“哪里都有它。”

三、多了还是少了

对于存货的问题，嘉农内部也召开过多次会议研究。各个部门所持的意见大相径庭。销售部认为货存量不够导致频频缺货，越来越低的订单完成率和糟糕的服务水平限制了销售额的增加。而仓库部门和采购部门则认为现有的库存量已经太高，特别是对那些货架期（保鲜要求）比较短的商品来说，过期损失的负担相当大。而财务经理的分析也显示，存货在公司的资产中占用了大量的现金，已经到了警戒水平，而且和业务量的发展相比，成几何级数的增长趋势。扬波也觉得是存货管理出了问题，但是要证实自己的想法和找到问题的症结所在，他需要更多数据分析的支持。开完会后，扬波就直奔仓库，他打算跟仓库的经理黄豪先谈一谈。

听扬波说明来意，黄豪叹了口气，说：“扬总，我知道缺货对于我们公司来说损失很大，但是这个我也没有办法。像牛奶、果汁等商品我们现在是每周进一次货，但是有时这些货品的需求量很大，到周五就开始陆续缺货。我经常和采购部说要多进些货，但是每次他们都说不能再多进了。”

然后他又指着右边几排货架说：“右边标着蓝色记号的货架存放的都是冷门商品，那些货品的需求量小，所以周转也慢。我们平均两到三个星期进一次货。但是两个星期前订的货，到今天差不多还有80%剩下。这些货占用了很多地方不说，很多时候由于货品存放时间太长，过了保质期，只好通通扔掉，我也觉得很心疼呢！”

“元凶果然是存货！”扬波又生气又高兴，生气的是存货管理不善，高兴的是这条路似乎走对了，正应该从存货量方面着手改进。可又是缺货，又是囤积过多，造成浪费。可是存货到底是多了还是少了？扬波禁不住在心里打了个大大的问号。

“存货的确是个问题，我们也已经想过各种办法了，可就是……”黄豪在一旁说。扬波看了看货架上的冷门商品，问：“那么这些冷门商品每次订那么多也是采购部决定的？”黄豪没有说话，只是点了点头。

“老黄啊，依你的看法，我们该怎样改进呢？”扬波看着面前的货架问道。

“扬总，照我看来，每次订多少货不能一概而论。对待周转速度快的热门商品和周转速度慢的冷门商品应该有不同的方法。那些周转快同时保质期比较短的产品，比如牛奶、面包等，如果采购部不同意增加每次的订货量，我们可以增加订货次数，这样的话，既可使平均存货量有所减少，同时又降低了缺货的可能性。”

看扬波露出迫不及待地想听下去的神情，黄豪接着说：“那些周转慢的商品，就更简单了，我认为一次根本就不应该订这么多货。不仅占用地方、资金，还会因为商品过期而造成浪费。”

“对啊，正是这些存货吃掉了我们公司大量的现金，给我们的现金流造成问题。所以，当务之急是改变我们的采购策略。”听了黄豪的话，扬波好像已经有了一点头绪了。

从仓库一回到办公室，扬波马上叫秘书小章把采购部经理李景请来。“李经理，我想问一下，我们公司现在的商品采购量是根据什么来定的?”扬波一边招呼他坐下，一边直截了当地问。

“通常我们是根据营销部每周的销售记录来预测下个星期的需求量。当然，某些产品如果订购的数量足够多的话，能够享受到供应商给我们的价格折扣，那么我们就会适当地比预测数目增加一些订货量。”

“有些货老是短缺，这个情况你知道吗?”扬波又追问道。

李景叹了一口气，似乎也有他的难处。“一些保质期短的商品，营销部反映客户的要求很高，都希望是最新鲜的产品。好比牛奶，一旦超过 3 天，即使还有 4 天的保质期也得半价出售，那就亏本了。财务部已经和我说了几次了，一定要尽量避免这种不必要的损失。你说我还敢一次订很多货吗?”

“那么，你们为什么不试着多订几次货？每次订的量可以少一些，这样既可以保证货品的新鲜，又可以减少缺货。”

李景想了想，把身体往前挪了挪，说道：“道理上讲是可以的。可供应商每次给我们送货，都要收取运输费等不少费用。所以增加订货次数，肯定会增加总的订货成本。其次，订货次数一多，我这里的工作量也随之增加，单是加班费这一项的开销就不小了，更不要提目前财务部强调要降低运营成本，已经在抱怨我们采购部每个月的用度。再增加订货成本，恐怕财务部会有意见。”

这话说得没错，扬波在心里忖道，他知道沈亦芸的厉害。李景顿了顿，又接着说：“我们是根据过去的销售量来订货的，可有些商品的销售量很不稳定，时高时低的，难以准确预测。这也是引起缺货的原因之一。另外，营销部经常会做不定期的促销活动，使得某些商品十分畅销。这原本是好事，但他们又没有事先通知我们采购部哪些促销商品应该多进多少，结果反而引起商品的短缺。”

“那么那些堆积在货架上的商品又是怎么回事呢?”扬波又想起黄豪向他提到的那些周转慢的商品。

“有些商品的保质期比较长。而我们的仓库反正也够大，这些商品进来了，早晚总是可以卖掉的，而且一次进货量大的话，不仅可以减少订货次数，降低订货成本，而且可以享受到供应商给我们的价格折扣，降低销售成本。这一点我已经请示过财务部了。”

又和财务部有关。扬波提起话筒，让秘书小章把亦芸请到总经理办公室来，想了想又加了句："叫黄经理也来一趟。"

四、精明的财务总监

沈亦芸不一会儿就进来了。她的办公室就在隔壁。

李景看到沈亦芸，仿佛见到救星一般，从椅子上蹦了起来，对她说："沈经理，关于批量订货享受现金折扣的方案，是不是财务部批准的?"

"是的，为了降低销售成本，我们就要尽量享受供应商的折扣。而且如果我们在一个供应商那里订购的货物足够多，通常供应商还会承担货物的运费。"沈亦芸从容答道。

"扬总，其实我个人也认为销售折扣对于我们很重要，30 万元的订货额，95 折就能给我们节省 1.5 万元。"李景显然不觉得现行的订货策略有任何问题。

"可是，这些堆积如山的货物不但占了我们大部分的仓库空间，每月很大一部分人力都花在整理、保管这部分存货上，这也是一块不可忽视的成本。"这个时候，黄豪也到了。

"获得商业折扣直接就能够降低销售成本；反之，如果减少每次订货量，会大大提高我们的进货和销售成本，而所节省的存货管理成本与损失的销售折扣相比，孰多孰少还不知道。这个道理你不会不清楚吧?"亦芸站在了李景一边。

"可你不觉得正是为了享受这个商业折扣，我们过度订货，从而导致部分货品过期，造成浪费吗?"扬波反问道。

"即使我们放弃享受订货折扣，完全按照销售预测来订货，就能保证没有存货会坏掉吗?"亦芸仍然振振有词。

"这个……"黄豪沉吟了半天，还是摇了摇头，"我想可能还是会有误差。因为毕竟无论用什么方法，预测总是不准确的。实际需求有时偏多有时偏少，所以没有人能保证每样东西都卖出去，也不知道什么时候会缺货。"

黄豪好像打开了话匣子，继续在那里喋喋不休地埋怨着。一切都是起伏不定的需求的错。常常让他和工人有时忙得焦头烂额，有时又无所事事。天晓得明天顾客会要多少货，要是没有这个"无恶不作"的魔头，他会把仓库打理得井井有条，及时完成每张订单，也无须劳烦董事长和总经理频频光顾。其他人也似乎被他感染，纷纷开始诉苦。李景是对那些要求很高订货量才给予价格折扣的供应商耿耿于怀，数落他们的不是；亦芸则始终坚持订货量没有问题，而是仓库与销售两个环节没有协调好，导致供销不平衡。办公室乱作一团，扬波的心情也降到了冰点。

资料来源：沈翔．存货，留多少最好，见 http://www.itpub.net/thread-551315-1-1.html.

问题

你认为应该如何解决这个问题？分析研究后提出解决方案。

任务4　学思之窗

采购与廉政管理

对于采购员来说，可能面临的问题有：当与其他人相比，收入差距较大时，心理容易产生不平衡；对当前社会上存在的“潜规则”认识不到位，把“潜规则”作为礼尚往来；在与工作对象交往中，不能抵制各种诱惑；等等。这些问题再加上政治理论学习不够，理想信念动摇，可能导致世界观、人生观、价值观偏移或扭曲，法律意识和廉洁自律意识淡漠，可能引发个人不廉洁等违法违规问题。如在采购预算、结算过程中，可能采取多预算、少结算方式获取不正当利益；或者未经批准，安排人情接待或提高接待标准，导致接待费用失控，可能获取不正当利益。

因此，对于门店来说，一要注重加强对员工的思想政治教育，以荣辱观教育立其志，以世界观、人生观、价值观教育固其本，以职业道德、社会公德、家庭道德教育引其行，通过思想政治教育增强员工爱岗敬业和遵章守纪意识；二要注重强化对员工的教育培训和引导，组织全体员工认真学习有关法律法规，帮助他们克服在内部管理和机制建设中存在的模糊认识；三要注重规章制度健全和执行，建立健全体制牵制、程序牵制和责任牵制制度，利用互相之间的牵制、制约来有效地加强管理。

任务5　团队项目实战训练

1. 以小组为单位，调查所在地区超市的商品采购与存货管理状况。

2. 详细分析所在地区某门店的商品采购与存货管理的现状、问题，分析其原因并提出解决方案。

项目十一　盘点作业管理

知识目标

1. 了解盘点注意事项
2. 熟悉盘点前的准备工作
3. 掌握盘点的作业流程和盘点规范

技能目标

1. 能够建立系统盘点图
2. 能够编制盘点表
3. 能够处理盘点差错

任务1　大家来讨论

经理让我做盘点

最近经理一直在给我做工作，要我接管库存的盘点工作（之前我们财务是不管理库存这一块的）。在外人来看，库存盘点肯定被认为非常简单，只要带着人去库房数数就完事了，可我们单位有些特殊。我们单位销售产品中有一部分是代销的，库存商品发给客户时商品的所有权没有发生改变，我们也不做库存的减少，等到客户销售出去后，我们定期给客户开增值税发票，这时财务才依据增值税发票做库存商品的减少。也就是说，财务的账面上的库存量与实物的库存量差一个数，这个数就是我们已发给客户而没有开具发票的数（财务库存量－已出库未开票量＝实际盘点量）。

盘点难点：以前几乎没有盘点过库存，平时又有客户没销售出去而退回的商品，还有没销售出去被退回的残品，再加上自然毁损和人为丢失等因素，现在没有盘点我就可以肯定上面那个等式在实际中肯定无法成立。

资料来源：如何做好库存盘点，见 http://bbs.esnai.com/thread-4607732-1-1.html.

❓讨论：

1. 案例中的“我”应怎样组织这次的盘点？
2. 盘点及监管过程中应注意的环节和问题是什么？

任务2　操作指导

一、盘点的目的

所谓盘点，就是定期或临时性对门店库存商品进行清查、清点，核对库存账本上的数目与实际库存商品数字是否吻合，以便准确掌握库存数量。如果发现某种商品库存过多，就应当进行促销，否则商品可能会滞销或过期变质。如果发现某种商品数量过小，则应该及时进货。

知识点：

库存盘点的方法

[例 11-1] 库存管理员突然离职之后

“馨而美”工艺礼品店因门店库存管理员的突然离职，在库存问题上遇到了一定的麻烦。库存管理员不辞而别，店员对于库存的商品不是很了解，当货架上某款畅销商品缺货时，发现库存已经没有了，但店员明明看见库存簿上登记着该款商品还有少量库存可以维持日常销售。这么一来，原本答应顾客第二天送货过去就不可能了。发生这件事以后，店长要求全面盘点库存，结果发现库存簿上的库存量远远超出了实际的库存量，好多商品急需补货。还好现在已经发现了库存不足的问题，若再晚一点，到了礼品订购的高峰期，那经济损失就可想而知了。

资料来源：兰涛．给你一家店，你会怎么管［M］．北京：中国华侨出版社，2011.

由此可见，做好盘点工作是加强门店管理的重要环节。通过盘点，可以达到以下目的：

（1）确认门店在一段经营时间内的销售损益情况。

（2）掌握门店的存货水平、积压商品的情况。

（3）了解目前商品的存放位置和缺货情况。

（4）发现并清除门店的过期商品、残次品或滞销品。

（5）了解经常出现异常的商品的情况，杜绝不轨行为。

（6）环境整理并清除死角。

二、盘点前的准备工作

（一）建立盘点制度

1. 确定商品盘点的方法

按计算存货是以账面还是以实物为标准来区分，可分为账面存货盘点和实际存货盘点。

按盘点时间来区分，可分为营业中盘点、营业前（后）盘点和停业盘点。

按盘点周期来区分，可分为定期盘点和不定期盘点。

2. 盘点工作的时间安排

盘点前 5 天：由各部门经理负责对排面框格编号进行划分。

盘点前 4 天：各部门经理将盘点任务编组名册及盘点人员编号交到门店总经理室。

盘点前 3 天：各部门经理贴排面编号，并由物流管理部输入排面框格编号。

盘点前 2 天：要求店面不收货、不退货，清理好所有单据交到店面核算员处。

盘点前 1 天：主管以下人员进行盘点作业演习，由部门主管负责。

3. 盘点时课长的工作

对应到人员到岗情况进行检查，对未到岗人员要及时上报店面。发放盘点表时，注意发放多少张就应回收多少张，确保单据不遗失。单据流转的每一个环节均应通过课长，课长登记后再转至下一个环节。

4. 盘点电脑操作要求

店面盘点后需当日录单，电脑室日结，记账后生成本月的电脑账存数据。对于上次盘点后所有未处理单据，电脑室在本次盘点前查实原因后按正常流程处理，不得在本次盘点后再处理任何本次盘点前应该处理而未处理的单据，否则将对有关责任人进行严肃处理。

5. 账务的处理规定

在进行盘点作业的账册工作时，要重新复查数量栏，审核有无计量单位上的差错。盘点作业的账册工作就是将盘点单的原价栏上记的各商品原价和数量相乘，合计出商品的盘点金额。其计算公式如下：

账面盘点金额＝上期库存零售额＋本期进货零售额－本期销售金额
＋本期调整变价金额

6. 盘点出现差异的处理方法及改进措施

差异是指初点和复点不一样及抽点与初点、复点的结果不一样。初点和复点不一样，应由主管或其指定的不同员工去第三次盘点，填写红色单，注明第三次盘点。抽点若与前述盘点有差异，按上述步骤进行，直至正确；若无差异，则需主管签名，由录入组进行确认。

7. 对盘点结果的奖惩规定

（1）实际盘损率超过标准盘损率时惩罚；

（2）实际盘损率低于标准盘损率时奖励。

（二）盘点组织落实和责任区的确认

1. 盘点组织落实

盘点组织的组织架构如图 11－1 所示。

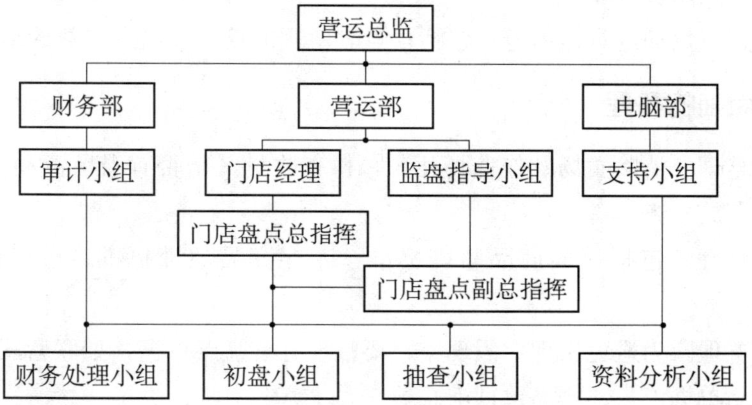

图 11－1　盘点组织的组织架构

2. 盘点责任区确认

为确保盘点作业的有序、高效，盘点作业要将所确定的责任区域落实到个人，并且告知有关人员。

（三）系统盘点图的建立及盘点表的编制

1. 系统盘点图的建立

系统盘点图的建立步骤：系统盘点图的初建、商品陈列的确认、系统盘点图的核实、系统盘点图的修正。

2. 盘点表的编制

盘点表的编制步骤：准备空白表和文具，库存区进行整理，盘点表编号，记录商品，检查盘点表内容，打印/扫描系统标签，回收盘点表，封存盘点表。表 11－1 是盘点表示例。

表 11-1　盘点表

货架编号：　　　　　　　　　　　　　　　　店名：
文件袋号：　　　　　　　　　　　　　　　　日期：
盘点表号：

品号	品名	规格	数量	零售价	金额	复点	抽点	差异
小计								
初点人：			复点人：			抽点人：		

（四）盘点培训

（1）制定盘点培训计划。

（2）确定盘点培训的具体内容。包括盘点表使用的培训和盘点点数的培训。

（五）盘点前的整理

（1）环境整理。清除卖场及作业场死角，检查收货区是否有滞留商品；将各项设备、备用品、工具存放整齐。

（2）商品整理。包括楼面商品整理标准、库存商品整理标准、盘点前商品的最后整理。

（3）单据整理。为避免出现虚假现象，要整理有关盘点单据，如联营式自营商品的单据整理、报废品单据汇总、赠品单据汇总等。

（六）盘点通知

盘点前门店要通过各种方式告知供应商，以免供应商直送的商品在盘点时送到。采用停业盘点时，门店必须贴出安民告示告知顾客，以免顾客在盘点时前来购物徒劳而返。

三、盘点作业规范

（一）初点作业规范

视频：

超市盘点流程培训

（1）若在营业中盘点，则先将当日有营业的收银机全部读出“×账”；

（2）先点仓库、冷冻库、冷藏库，再点卖场；

（3）盘点货架或冷冻柜、冷藏柜时，要依序从左至右，由上至下；

（4）每台货架或冷冻柜、冷藏柜均应视为独立单位，使用单独的盘点表；

(5) 两人一组，一人点，一人写。

(二) 复点作业规范

(1) 在开店初期，复点通常按100%的商品进行盘点；而开店半年以上者，则可以根据不同的商品分类，按30%～50%的比例进行盘点。

(2) 复盘时，应先检查盘点配置图与实际现场是否一致，是否有遗漏的区域。

(3) 在将复点的数字计入复点栏内时，应一并计算出差异，填入差异栏。

(4) 复点者须使用红色笔填表。

(三) 抽点作业规范

(1) 由部门经理先抽盘并填写分店盘点抽查记录表，每个小分类抽盘20%左右的品项；

(2) 抽盘重点为高单价、高库存及易失窃商品及卖场内死角的商品或不易清点的商品；

(3) 对初点与复点差异较大的数字，要进行实地确认，检查每类商品是否都已盘出数量和金额，并有签名；

(4) 抽点者须使用红色笔填表。

(四) 盘点前确认事项

(1) 三清：票证数清、现金点清、往来手续结清。

(2) 两符：会计账与柜组账相符、账簿与单据相符。

(3) 一归：全部商品整理完好，归类存放。

(4) 暂停仓库提货。

(5) 准备好盘点工具。

(6) 编制商品盘点表。

(五) 注意事项

(1) 明确责任区，以防漏盘、重盘。

(2) 盘点方向从左到右，从上到下。

(3) 不足一个销售单位的商品不计数。

(4) 小箱子放上面、前面，不要被大箱子挡住。

(5) 避免将内装不足的商品当作整箱计算。

(6) 更改数量，只能用“+”“-”表示，不能涂改。

(7) 货已到但未办理收货手续的商品，不计数；借出但未办理销售手续的商品，计数。

任务3 案例学习

案例1

某药店盘点结果

为了加强管理，我们按照公司领导要求，对仓库进行了一次全面盘点。为了保证本次盘点的真实性和科学性，我们采取分组、分批次、重复统计兼抽查的方法。首先在电脑系统查出库存，然后对仓库人员和参加盘点的人员进行了动员和简单培训，明确了本次盘点的主要目的，确保本次盘点的真实性和准确性。经过本次盘点，发现大部分还是好的，但也确实发现了不少问题，现结合本次盘点的具体情况，对今后仓库的管理提出以下几个方面的建议。

（1）破损药品的处理程序、制度。此次盘点发现了不少破损药品堆放在退货库，有的批号较新，有的接近失效，建议尽快拿出处理方案，由原采购人员和厂家联系退换货事宜，避免将来不必要的损失。如能尽快建立破损药品的处理程序、制度，可为将来处理破损药品提供科学、有效的方法和标准。

（2）药品放置的标准（分厂家、分类型）。现在仓库的药品存放，总体感觉比较乱。以慢咽舒宁和邦迪为例，一个批号放在3个地方，容易发生清点数目不准确的情况，建议一种药品集中存放，并形成制度。

（3）仓库盘点的周期和方法。仓库应经常盘点，建议为136模式，即仓库每个月自行盘点一次，每3个月财务和业务中心等部门联合盘点一次，每6个月由公司审计等部门抽查盘点一次。在人员安排上，应该以其他部门人员为主，仓库人员只是协同。仓库定期盘点应该形成制度。

（4）仓库样品的管理（不影响销售、清洁、卫生、秩序、拼装箱）。目前，我公司仓库样品架上的样品多存在灰尘较多、摆放零散、无序以及和原装箱批号对不上等问题，建议出台样品管理制度。

（5）仓库日常管理制度的建立。目前，仓库日常管理的相关制度需要尽快更新和重新建立，对人员的约束和管理应该尽快加强，否则，目前出现的问题还会再次出现，如仓库人员违规处理破损商品的事情。

（6）安全设施的管理、存放。仓库验收时出现的安全问题至今没有解决，消防设施没有明确到位，工作人员普遍反映不会使用灭火器，缺乏消防知识，建议尽快安排一次培训或者演练，杜绝安全隐患。

(7) 防盗防火的培训、员工保险、安全保卫工具的配备。

(8) 近效期药品的预警机制。采购人员的责任追究、创新处理办法（底价促销、厂家政策的争取、告客户处理破损药品函、厂家换货、内部认购等)。

(9) 领导责任制的制定。目前，仓库人员管理混乱，责任心不强，这和部门经理有一定的关系。领导必须带头遵守公司的相关制度，并严格执行，强调监督功能，奖惩分明，人性化管理等。建议执行领导责任制。

(10) 药检、手续、台账的建立。在当前仓库不设电脑的情况下，尽快建立台账，否则，管理将越来越乱，仓库人员只有验收货物、出库、装车的功能，没有系统的药品管理意识，因此建议仓库尽快建立台账。

(11) 退货库药品的处理方式、程序、时间、责任人、追踪人、账面处理。退货库药品应集中存放（目前分两堆)，过期药品不上架等。建议进行专门的培训。

(12) 药品验收入库单的规范、工整书写和妥善保存以及信息的及时传递。

(13) 药品销售出库的程序（出库、验货、放质检、装车)，要求仓库主管人员分工明确、分工合理、定岗定编、定期轮换。强调安全意识，非本公司人员绝对不能进入仓库，严禁非工作人员任意逗留仓库，并谢绝随意参观。

(14) 药检的指定管理部门。从工作的角度出发，暂时先放在业务中心，由发货人员负责复印并装箱发货。

(15) 仓库管理人员的培训。建议主管领导会同人力资源部定期进行培训，内容应包括消防安全、工作效率、责任意识、考核等多方面。

(16) 组织培训和参观学习。建议组织仓库主要人员到一些好的医药公司的仓库进行交流学习，发现自己的不足，找出差距，加以改善。

(17) 人员配置和管理（人员的定岗定编、绩效考核、监督机制、工作热情如何提高、工作方法、工作效率、忠诚度、责任心的培养等)。我认为目前仓库的人员配置数量基本合理，质量有待提高，表现在工作期间人员不在岗、个别人员工作懒散、部分人员工作没有热情、部分人员没有明确的绩效考核标准、缺乏工作方法、个人情绪没有及时和领导沟通、安全意识淡薄等多方面。

在此次盘点之前和盘点之后，我分别对仓库的工作人员进行了动员，激发他们的工作热情，并对以后的工作提出了自己的意见，了解了他们的思想动态、工作情况、生活情况，他们也对公司的发展和仓库的管理提出了自己的想法和建议。我发现，不是他们没有工作热情，而是没有积极引导；不是他们没有工作思路，而是没有找到准确的方向；不是他们整天抱怨工作强度大，而是没有明确的分工；不是他们工作懒散，而是我们领导者没有加以管理和作出榜样；不是他们没有安全意识，而是我们主管领导没有这个意识等。

资料来源：王高俊．盘点仓库管理建议案例参考，见 http://www.ruisy.com/content.aspx?id=8334.

问题

从这个案例中，我们看到盘点除了能核对账目、了解库存外，更重要的作用是什么？

案例2 超市盘点亏损，员工承担风险

7月15日，《都市快报》接到市民余女士的热线，余女士说她在某超市工作，但是7月10日领工资的时候，发现自己的工资以丢失率为由被扣了199.4元，她对此感到十分困惑。余女士告诉记者，她所在的超市在6月26日进行了盘点，盘点后发现有亏损，因此工资被扣。余女士表示收银员只是负责收钱的，丢失率与自己没有关系。

据了解，余女士是在3月份来到该超市工作的，她对盘点及扣工资的事情一无所知，为此她也咨询过超市的店长。余女士说："我问过她，她就说每个人都扣，但是我觉得合同上并没有规定，丢东西了收银员需平摊这个钱，扣钱没有道理。除了我之外，超市的其他工作人员也都不同程度地被扣了工资。"随后，记者和余女士一起来到这家超市。记者问："这个月发工资是不是扣了钱？扣了多少？"超市工作人员说："被扣钱了。那是因为我们盘点后有亏损。"记者找到超市的店长了解情况，但是她并没有给予记者明确的答复。记者说："听说你们这儿的员工被扣了工资，是不是有这样的情况？为什么？"超市店长说："是啊，这是我们公司自己内部的事情。"这位店长以公司内部事情为由拒绝了记者的采访。下午，记者找到了超市的相关负责人，她向余女士解释，扣的并不是工资而是奖金，奖金是根据盘点的结果而定的。

负责人胡晓敏说："盘点结果好，控制在9‰以内就有奖金；如果正好是9‰就不奖不扣；超过9‰，比如是11‰，就去掉9‰个点，剩下的2‰就由大家按不同的岗位来扣款。"这位负责人向记者出示了员工守则，以及守则中的商品安全奖惩条例。余女士在了解情况之后，表示事先对公司的这项条例并不知情，出现这样的分歧是双方的沟通存在问题。

资料来源：张明明. 连锁企业门店营运与管理［M］. 北京：电子工业出版社，2009.

问题

1. 如果企业发现盘损率较高要求员工承担部分损失，你认为是否合理？
2. 你认为应该怎样处理盘点亏损？

任务4 学思之窗

盘点与工作热情

盘点工作做起来枯燥乏味，这项工作需要员工认真、细致，如果员工缺乏工作热情，

往往做不好这项工作。其实，任何工作要做出优秀的成绩，工作热情都必不可少。因此，任何企业都希望员工对工作抱有积极、热情、认真的态度。这样的员工才是企业进步的根本。具有激情的员工能够感染别人的情绪，使事情向良性方向发展。对于工作饱含激情的人，永远都是企业最为欣赏的人。

1. 什么是工作热情

工作热情是一种洋溢的情绪，是一种积极向上的态度，更是一种高尚珍贵的精神，是对工作的热衷、执着和喜爱。它是一种力量，使人有能力解决最艰难的问题；它是一种推动力，推动着人们不断前进。它具有一种带动力，洋溢于表、闪亮于言、展现于行，影响和带动周围更多的人热切地投身于工作之中。工作热情并不是身外之物，也不是看不见、摸不着的东西。它是一个人生存和发展的根本，是人自身潜在的财富。

2. 理解工作热情

虽然工作热情不能代替工作能力，但工作热情是工作能力的前提和基础，工作热情可以促进工作能力的提高。只有有了工作热情，才会丰富工作成果、证明工作能力。没有工作热情，成天混日子，那样只会日渐消沉。工作热情不是凭空生造出来的。它是对事业、对工作的高度热爱，对社会、对他人的一片赤诚，对业务、对知识的无限渴求，对人生、对未来的美好憧憬，是用真心点燃的爱的火花，是以愉悦的心情去创造、去拼搏的动力。

3. 如何找回工作热情

许多人在刚刚踏入职场之初，干劲十足、激情高涨，对自己的职业前途寄予厚望。但过不了多长时间，工作的平淡就会磨平他们的工作激情，他们就会觉得自己像个机器人，每天重复着单调的动作，处理着枯燥的事务。他们每天想的不是怎样提高工作效率，提升自己的业绩，而是盼望着能早点下班，期望着上司不要把困难的工作分配给自己。每当工作中出现不顺心的事，他们就会“鼓励”自己换个工作环境，然而每一次跳槽的结果都不尽如人意。要想摆脱职业困境，跳出这一怪圈，就必须想办法找回工作激情。

要找回工作热情，必须明确工作的目的，知道自己是为了什么而工作是非常重要的。如果是为了理想，为了展示自己实实在在的价值，被他人和社会需要和认可，为了没有白活一生而工作，而不仅仅是为了一份薪水而工作，那么就会感到快乐，感到工作总是有激情的。然后，需要为自己确定分阶段目标。人们往往只在爬坡的时候，才会感到干劲十足，充满激情。当爬上山顶的时候，反而觉得迷茫。所以，人们需要不断地给自己树立新的目标，这样工作起来才会有方向、有动力、有奔头，才有助于保持高涨的工作热情。

资料来源：百度网，见 https://jingyan.baidu.com/article/72ee561a82f404e16138dfa6.html.

任务5 团队项目实战训练

【实训资料】A公司经营民用爆炸物品，由于存货属于危险品，公安机关只允许客户按日使用量提货，提货联上超过日使用量的，必须以寄存的方式由仓库保管。公司对存货销售及发货的内部控制规则是：客户凭公安机关出具的购买证明，到A公司的营业柜台开具销售发票（一式五联）并交纳货款后，凭提货联到仓库提货。但客户可能存在当日开票日后提货的情况。超过日使用量的客户，仓库保管员先在仓库商品账中凭提货单记录发货，然后让客户填写一份一式两联的《寄存商品出入库登记表》（以下简称《登记表》）登记增加寄存数，日后寄存商品发货时在寄存表中扣减。《登记表》每发生一笔增减业务，均需由客户和仓库保管员签名，《登记表》由客户和仓库保管员各执一份。仓库保管员凭《登记表》登记寄存商品明细账。在实物上，仓库保管员不必区分公司库存商品和寄存商品。公司会计人员每月要对存货进行盘点。

据举报，该公司仓库保管员当月有违法私自出借库存商品的嫌疑。假设上月月末公司会计人员盘点无误，本月盘点尚未进行。

【实训任务】请编制盘点表并编写检查工作底稿。

【实训要求】1. 盘点表编制合理；2. 制定具体的检查步骤；3. 查找、确定犯罪证据。

项目十二　顾客投诉与顾客关系管理

知识目标

1. 了解顾客投诉的心理
2. 熟悉顾客投诉的方式与处理要领
3. 掌握有效解决投诉问题的原则
4. 掌握顾客投诉的处理程序
5. 掌握有效处理顾客投诉的具体方法和沟通技巧

技能目标

1. 会对顾客投诉心理进行分析
2. 会按照科学的程序处理顾客投诉
3. 能够采用有效的方法处理顾客投诉
4. 处理顾客投诉过程中能够恰当地运用沟通技巧
5. 会建立顾客投诉处理系统

任务 1　大家来讨论

重视客人的“求平衡”心态

某日傍晚，一香港旅游团结束了“广州一日游”，回到了下榻的饭店。然而，不到十分钟，旅游团的一位中年女领队就光着脚来到大堂，怒气冲冲地向前台投诉客房服务员。

原来，早晨出发时，这位女领队要求楼层客房服务员为房间加一卷卫生纸，但这位服务员却只将这位客人的要求写在了交班记录本上，并没有向接班服务员特别强调指出。结果，下一班次的服务员看到客房卫生间内还有剩余的半卷卫生纸，就未再加。结果，这位客人回来后，勃然大怒。无论前台的几个服务员如何规劝、解释，她依旧坚持光着脚站在大堂中央大声说："你们的服务简直糟透了。"这引来了许多客人好奇的目光。值班经理和客房部经理很快赶到了，看到此情此景，他们一边让服务员拿来了一双舒适的拖鞋，一边安慰客人说："我们的服务是有做得不够好的地方，请您消消气，我们到会客室里面坐下来谈，好吗?"这时客人态度渐渐缓和下来，值班经理耐心地向客人询问了整个事件的经过和解决问题的具体意见，最后值班经理代表酒店向旅游团的每个房间都派送了一卷卫生纸，并向这位客人赠送了致歉果盘。事后，经向该团导游了解，这位领队因对旅行社当天的行程等一些事情安排不满，故其心情不好，亦是发火的原因之一。

资料来源：百度网，见 https://baijiahao.baidu.com/po/feed/share.

讨论：

1. 试分析案例中客人投诉的心理。
2. 该案例中值班经理的处理过程中值得借鉴的地方有哪些?
3. 当有客人投诉时，科学合理的处理流程是什么?

任务2 操作指导

一、顾客投诉心理分析

（一）求发泄的心理

这类顾客在接受服务时，由于受到挫折，通常会带着怒气投诉或抱怨，若能把自己的怨气发泄出来，他们的郁闷情绪就会得到释放和缓解，从而获得心理上的平衡。

（二）求尊重的心理

顾客在投诉时，总认为他的投诉绝对正确，是有道理的，所以他们希望得到尊重，得到明确的道歉及相关处理措施。

（三）求补偿的心理

顾客投诉的目的在于补偿，补偿包括财产上的补偿和精神上的补偿两方面。当顾客的权益受到损害时，他们希望能够及时地得到补偿。

二、有效解决投诉问题的原则

（一）先处理情感，后处理事件

有一家汽车修理厂的一条服务宗旨很有意思，叫作“先修理人，后修理车”。什么叫“先修理人，后修理车”呢？一个人的车坏了，他的心情会非常不好，服务人员应该先关注这个人的心情，然后关注汽车的维修。同样，正确处理客户投诉的原则，首要的就是“先处理情感，后处理事件”。

（二）耐心地倾听顾客的抱怨，分析顾客抱怨的原因

只有认真地听取顾客的抱怨，才能发现其实质性的原因。顾客投诉多数是发泄性的，情绪都不稳定，一旦发生争论，只会火上加油，适得其反。正确处理顾客投诉的原则是：首先必须耐心地倾听顾客的抱怨，避免与其发生争辩，然后进行处理。

例如：一位顾客在某商场购物，他对购买的产品基本满意，但是发现了一个小问题，便提出要更换，售货员不太礼貌地拒绝了他，这时他开始抱怨，投诉产品质量。但事实上，他更多抱怨的是售货员的服务态度问题，而不是产品质量问题。

（三）想方设法地平息顾客的抱怨

由于顾客的投诉多数属于发泄性质，只要得到店方的同情和理解，消除了怨气，心理平衡后事情就容易解决了。因此，作为一名营业员，在面对顾客投诉时，一定要设法搞清楚顾客的怨气从何而来，以便对症下药，有效地平息顾客的抱怨，正确、及时地解决问题。

对于顾客的抱怨应该及时、正确地处理，拖延时间只会使顾客的抱怨变得越来越强烈，使顾客感到自己没有受到足够的重视。例如：顾客抱怨产品质量不好，企业通过调查研究发现，主要原因在于顾客的使用不当，这时应及时地告诉顾客正确的使用方法，而不能简单地认为与企业无关，不予理睬，虽然企业没有责任，但这样也会失去顾客。如果经过调查，发现产品确实存在问题，应该给予赔偿，并尽快告诉顾客处理的结果。

（四）站在顾客的立场将心比心

漠视顾客的痛苦是处理顾客投诉的大忌，顾客服务人员不仅要站在顾客的立场上思考问题，而且必须站在顾客的立场上将心比心，诚心诚意地表示理解和同情，承认过失。因此，对所有的顾客投诉的处理，无论是已经被证实的还是没有被证实的，都不是先分清责任，而是先表示道歉，这才是最重要的。

（五）迅速采取行动

体谅顾客的痛苦而不采取行动是空谈。例如说："对不起，这是我们的过失。"不如说："我能理解给您带来的麻烦与不便，您看我们能为您做些什么呢？"对顾客投诉的处理必须付诸行动，不能单纯地同情和理解，要迅速地给出解决的方案。

很多人每次听到顾客投诉的第一感觉就是：找碴的又来了。性情就会特别烦躁，根本没有耐心去听取顾客的陈述，而一味地强调自己的立场和做事的原则性，讲话声音也会越来越大，而且喜欢争论，每一次都像是一场辩论赛。如果你辩赢了，顾客就气呼呼地走了；你辩不过，就对顾客爱答不理，不管他怎么说，反正就是一句话："不行！"

处理投诉时要善于倾听，做一个好的倾听者，只有这样才能从话语中了解顾客所需，了解投诉的真正症结所在，并从中找到解决问题的方法。其实，很多顾客的要求非常简单，甚至简单到只是希望你能听他倾诉。

三、处理顾客投诉的程序

（一）保持心情平静

视频：

如何处理客户的投诉

（1）就事论事，对事不对人；

（2）以自信的态度来认知自身的角色。

（二）有效倾听

通常而言，服务人员接待投诉的时候，都喜欢对顾客说："你先听我解释好吗？"往往这个时候顾客更着急。投诉的顾客一般都是先诉说自己的问题，这个时候服务人员要仔细倾听，并有肢体语言和口头语言的表示，比如点头，目光关注地盯着顾客，说"嗯"或者"这样啊"，以表示自己在聆听。通过肢体语言和口头语言，可以让顾客发泄一下怒气，同时有助于了解顾客所要投诉的整个情况。

我们都有这样的生活经历：有时候，朋友受委屈了，向我们打电话诉说。等朋友诉说完后，我们还没来得及安慰他，他已经情绪好转了，为什么呢？就是因为他诉说后，压力已经缓解了。诉说本身就是缓解压力的一种方法。

所以服务人员在处理投诉的时候，都要问一个开放式问题："请您详细告诉我发生的事情好吗？"其目的就是让顾客诉说，打开顾客的话匣子，让顾客的气先消一消。

（三）运用同理心

在投诉处理中，作为一位服务人员，如果真诚地表达出对顾客的同理心，就会让顾客感觉到你是有诚意为他解决问题的。你可以说“确实关键”“我能理解”“要是我的话，我也会生气的”。

［**例 12－1**］让顾客骂营业员的值班经理

一位顾客来到营业厅投诉，那天接待他的营业员脾气也不太好，双方发生了争执，声音越来越大，惊动了二楼的值班经理。值班经理来到顾客的身边，说的第一句话就是“她（指吵架的营业员）就该骂，你再给我骂几句”。这位顾客听了，愣了一下，他没想到值班经理说这样的话，态度马上缓和下来，并且说：“我也不是非要跟你们过不去，刚才那个营业员太气人了……”

值班经理一句话，使这个顾客的投诉处理出现了转机。

我们不需要完全照搬这位值班经理的话，但是可以采用其他更加专业的表达同理心的方式。例如可以说：

“您这种情况，我能理解，这么高的费用遇到谁都着急。”

“这样的事情发生在谁的身上都会着急的，我能理解您的心情。”

（四）表示歉意

一般而言，顾客在投诉、抱怨的时候，情绪都比较激动，因此需要服务人员适当致歉并安抚他们，这是满足顾客情感需求的重要手段。我们经常看到服务人员在处理投诉的时候，都在尽力推卸自己的责任，而这只会激怒顾客。很多服务人员不敢致歉，害怕道歉，是因为怕一说对不起，这个责任就是自己的了，担心顾客会缠上自己。实际上这是没有必要的，因为说一些道歉的话，顾客的态度一般都会变得缓和，这样就容易创造一个良好的谈话氛围。因此作为服务人员，我们要满足顾客的心理需求。其实，不管是不是服务人员的错，如果及时向顾客道歉，很少人会跟已经诚恳道歉的人纠缠的，笑脸是浇灭怒火的最好武器。

（五）分析顾客投诉的原因

（1）抓住顾客的投诉重点；

（2）确定责任归属。

（六）提出解决方案

根据连锁企业既定的顾客投诉意见处理及处理权限的规定，借鉴先例，提出有效的解决方案，并让顾客同意提出的解决方案。

对于营业员能解决的问题，营业员要立即为顾客解决，可以说：“我现在就给您办理。”

如果问题是因顾客误解、误操作等产生的，那么营业员要耐心解释。例如说：“您这种情况，是由于您不小心操作造成的，以后注意一下，就没事了，我先帮您取消了吧。”

当顾客提出的要求超出营业员的权限，但可以有其他的东西弥补顾客的损失时，营业员可以这样说："这件事我们也很抱歉，这个费用返还不了，因为我们没有这个权限，这样吧，我们赠送您一件礼品，怎么样？"

当问题超出营业员的权限时，营业员也可以请领导出面，可以这样对顾客说："您这种问题我也解决不了，这样吧，我马上给经理打电话，让他给您回复，您看好吗？"

有些问题解决起来需要一定的时间，或者当时顾客比较多，如果营业员处理投诉的时间过长，就会对其他顾客造成影响，因此营业员可以征求顾客的意见能否稍后解决问题。例如可以说："我明天上午 10 点之前给您打电话，告诉您解决的办法，您看这样行吗？"

（七）执行解决方案

营业员向顾客提供了可供选择的方案后，就要与顾客达成一个协议，顾客只要表示同意，服务就基本结束了。在与顾客达成协议的时候，营业员可以这样对顾客说："您觉得这样行吗？""您觉得这件事怎么处理比较好？"

在达成协议的时候，营业员要注意向顾客强调这样的理念：作为营业员，能给予顾客的都是很重要的，不能给予的一般来说都不重要。这样就能促使顾客接受协议并认可自己的选择。这就是与顾客达成协议的技巧。

（八）检讨

处理完投诉之后，要检讨处理的得失，分析处理的好与不好的地方，以作为下次处理类似事件的借鉴。同时，要将投诉事件的发生及处理过程和结果在所有的连锁门店进行通报。

另外，营业员与顾客达成协议之后，要检查顾客的满意度，并且对发生的问题再次道歉。然后要与顾客建立联系并保持这种联系，也就是留住顾客。例如，营业员在处理完顾客的投诉后，可以对顾客说："真对不起，给您添了很多麻烦，请问还有什么可以帮助您的吗？"这样就比较容易博得顾客的好感，也为以后的联系打下基础。

四、有效处理顾客投诉的具体方法

（一）一站式服务法

视频：

客户投诉处理技巧培训

一站式服务是指顾客投诉的受理人员从受理顾客投诉、信息收集、协调解决方案、处置顾客投诉的全过程跟踪服务。一站式服务人员要掌握的重要技能不仅仅是如何面对抱怨的顾客、如何沟通，更重要的是如何有效地评析和处理顾客的投诉，让顾客带着抱怨来而载着满意走。过去，一提到顾客投诉，人们首先想到的是"麻烦、挑剔、成心找碴"。而企业面对顾客投诉时也经常是害怕投诉或采取回避策略，没有真正意识到顾客投诉蕴藏的巨大价值。

随着日趋激烈的市场竞争和买方市场的全面形成，企业市场竞争手段日趋专业化，竞争意识不断提升，提供高质量、高技术的产品和优质服务是企业永恒的主题。企业的成功取决于能否使顾客满意，企业为了寻求持续发展就需要适应“以顾客满意为中心”这一新的竞争形式下建立的新的竞争法则。顾客投诉管理是企业产品和服务管理系统中的一个组件，其核心理念是“以优质服务为顾客创造价值”，为顾客快速、圆满地解决投诉，是赢得顾客满意和忠诚的一个重要法宝，也是企业获得竞争优势的利器。

（二）替换法

替换法是指因顾客购买的产品或服务存在质量问题，为顾客替换同类型或不同类型的产品或服务的投诉处理方法。

（三）补偿关照法

补偿关照法是给予顾客物质或精神上补偿关照的一种具体方法。顾客投诉处理人员可根据企业的授权，灵活选择使用补偿关照的方法，包括打折、免除费用、赠送、经济补偿、精神补偿等。

（四）变通法

变通法是指在企业与顾客之间寻找对双方都有利的解决方法，寻求建立在双赢理论基础上让双方感到满意的合作策略。

（五）外部评审法

外部评审法是指在内部投诉处理行不通时，选择一种中立的路线来解决投诉的方法。企业可以向顾客推荐使用外部评审程序，申请企业与顾客之外的第三方机构进行调解或仲裁。

五、有效处理顾客投诉的沟通技巧

（一）处理投诉的十大禁语

（1）“这种问题，我们从未听说过，你是第一个……”

（2）“这种事就是这样的，原厂设计出厂时就这样了……”

（3）“还好嘛，我看其实也没什么啊……”

（4）“……哪有十全十美的……哪有100%的无瑕疵……”

（5）“不可能！绝对不可能有这种事情发生……”

（6）“会不会是你们自己操控不当才……”

(7)“我不负责检查网络，我只负责客户服务……”

(8)“我不太清楚，我不会，我们也没办法，不行……”

(9)“我们的规定就是这样……”

(10)“改天我再找您……”

营业员在处理顾客投诉的时候，如果遇到火气比较大，甚至不讲道理的顾客，一定不要使用服务禁语，应自始至终把握好分寸。在处理顾客投诉过程中，营业员一定要记住：最重要的是态度，最后务必确认顾客确实满意了，才可以结束服务。

（二）说话技巧

1. 错误的方式

“我尽可能向信贷部门询问你的事情。”

“我尽可能把您的情况反映给后勤部门，不要再给我打电话了。”

“没看到我们多忙吗？你先等一下。”

2. 正确的方式

(1) 当你急于通知对方或当原来的要求没有得到满足的时候，你可以使用这样的语句：“您能……吗？”以缓解紧张程度，这有助于：

1）消除人们通常听到“你必须……”时的不愉快；

2）避免责备对方“你本来应该……”所带来的不利影响；

3）保证对方清楚地知道你需要什么。

范例：

不要使用：“你必须得从我们提供的服务中选择，这能节省你的费用。”

应该使用：“为了节省你的费用，你能在我们提供的服务中选择吗？”

(2) 你可以在下列情况下说“您可以……”来代替说“不”。

1）你不能完全满足顾客的要求，但的确还有别的办法；

2）尽管你可能立刻帮不上忙，但是却想表达你的真诚，乐于为对方提供服务；

3）你的顾客可能对自己要什么并不明确，给他提个建议，通常能激发他的思路。

范例：

不要使用：“我对此一无所知，这不是我分内的事，你得去财务部查一查。”

应该使用：“你可以在财务部查到。”

不要使用：“你必须以10个为单位订货，我们不单卖。”

应该使用：“你可以以10个为单位订货。”

(3) 3F法，即以顾客的感受（Feel）、别人的感受（Felt）、发觉（Found）为出发点。当顾客有不同的想法或建议时，可以采用这种方法：“我理解你怎么会有这样的感受（Feel），其他人也曾经有过这样的感受（Felt），不过经过说明后，他们发觉（Found），这样做更有利于快速、便捷地办理业务。”

六、建立顾客投诉处理系统

（一）顾客投诉处理系统的规划

主要做好以下几方面的工作：

（1）建立受理顾客投诉的通道，如投诉电话、投诉柜、意见箱等。

（2）制定顾客各类投诉的处理准则。

（3）明确各类人员处理顾客投诉的权限及变通范围。

（4）必须将投诉事件进行档案化管理。

（5）经常通过教育与训练，提高部门工作人员的能力。

（6）对所有的顾客投诉事件及时通报。

（二）顾客投诉处理系统的权责处理层次划分

（1）门店服务人员或部门管理人员：可以处理门店商品缺货、通道不畅、标签错误等投诉，并做好记录，事后汇报。

（2）门店店长：对基层人员无权处理的投诉进行处理；还要负责将投诉汇总上报，确定责任归属，提出改进日后作业的建议。

（3）连锁企业总部专职部门经理：有重大社会影响的投诉事件的处理，对投诉事件进行整理、分析、追踪、制定处理政策、公布奖惩条例。

七、数字化客户关系管理

知识点：

客户关系管理的定义、起源和发展

客户关系管理是一个系统，数字化项目需要多个部门参与，彼此环环相扣，任何一个环节掉链子，整个项目就无法开展。例如：对客户数据的分析，首先需要收集大量、真实的客户数据，来源包括业务的各个层面，仅靠销售合同、财务报表里的数据显然远远不够，还需要收集其他业务过程中的数据，如营销和服务，这就需要在营销流程、服务流程中设置收集信息的节点和标准，以保证信息的全面性和准确性。其次，信息的加工、分析可由IT部门完成，分析的结果由业务部门解读，并提出业务管理的改进。在这一过程中应确保信息收集的全面性、实时性、真实性，数据分析处理的可靠性、科学性，结果解读的还原性。任何一个环节出问题都无法实现对客户数据的有效分析。

第一，要整合打通不同系统间的基础数据和各个端口捕获的客户行为数据，破解数据孤岛现象，形成从客户触点数字化、客户多维数据整合、客户行为偏好洞察、数字模型引擎产出和数字化应用合理切入客户消费的数据闭环。

第二，将数字思维贯穿业务理解、数据理解、数据准备、数据建模、模型部署、模型优化六大环节，层层推进业务数据化和数据业务化间的双向循环。通过数字化时代用户的深度参与，关注客户的反馈，实时洞察客户潜在需求，发现存在的问题，从而优化商品（或服务）结构、内部管理流程以及客户服务流程等，实现从满足客户需求到规划客户需求再到创造客户需求的跨越式突破，提升客户满意度和忠诚度。

任务3 案例学习

案例

为什么不可以签单

某天下午，一批来自某单位的客人来酒店餐厅用餐。餐后客人提出该单位与酒店签订了就餐协议并交纳保证金，要求签单。经信用结算组查阅，发现客人所报金额与签单人姓名均与原始记录不符。为了维护签单权益，信用结算组便通知餐务中心该单位并无保证金，而客人坚持称确有此事，一定要签单。餐务中心与客人协调，提出先将本次餐费结清，由账台出具收条，待有确切证明能够签单，再退还此款，在内存中结算餐费。客人当时表示同意。

过两天，经该单位存款当事人与酒店联系，说明上次餐费可以签单，酒店立刻退还了钱款。而此时该客人以酒店工作有疏漏为由提出投诉，并要求餐费折扣。餐务中心与信用结算组共同向客人解释了缘由，再三说明这也是维护该单位资金的安全以及保密性而执行的一项工作制度，对此事给客人造成的不便表示歉意，餐务中心给予该单位用餐 8.8 折优惠，信用结算组也提出将尽快改进工作方法，避免类似的误会发生。

最终，宾客满意而归。

事后，质管办召集两部门针对此投诉进行分析。财务部态度非常积极，提出了一项改进方法，向各就餐协议单位签单人发放临时卡片，其他客人消费时只需出示此卡同样签单有效，能够使工作做得更圆满一些。餐务中心也表示将增强两部门之间的协调与合作，促使服务更完美。

资料来源：百度，见 https://baijiahao.baidu.com/po/feed/share?.

问题

1. 处理顾客投诉最终希望达到什么效果？
2. 该案例有哪些地方值得我们借鉴？

任务4 学思之窗

顾客投诉处理与大局观

有些事情站在局部来看是对的，而站在全局角度来看却是错的。在处理客户投诉时，也要有大局观。

每个门店都有自己的办事流程和规章制度，只有这样，门店才能顺利运转，各方的权益才能得到保障，如商品退换货的流程和规定、客户投诉处理的流程和规定等。但在实际工作中，如果只是机械地照本宣科，不知变通地执行“死”规章，不站在全局的角度思量问题，就会因小失大。例如，在商品质保有效期内顾客进行商品的退换，但在运费的支付上产生分歧，导致顾客的投诉。虽然门店可能在某些地方进行了明示，但顾客并没有注意到，而且顾客可能也会觉得不合理，既然质保期内商品出现了问题，自然由此产生的费用也应该由门店来承担。对于这样的投诉处理，如果店员还以门店规章为由据理力争，只会让顾客更加不满，导致顾客的流失，甚至带来潜在的更多不利的影响，从而因小失大。另外，店员在处理顾客投诉时，代表的是门店而非自己，不要因为意见分歧跟顾客争执甚至吵架，那样只会损害门店的形象，对门店更加不利。这些行为都是比较狭隘、缺乏大局观的表现。

门店不要害怕被投诉，应把客户投诉看成与客户沟通交流的有效途径，当作帮助门店提升管理、品质、服务的一部分，善于分析投诉的原因、规律等相关要素，为门店经营提供有价值的风险预警信息，这才是真正的大局观。

从长远着想，以大局为重，在遵守各项规章制度的同时，根据实际情况采取人性化的处理方式，为特殊客户提供个性化的服务，有时会收到意想不到的效果。

任务5 团队项目实战训练

1. 到某门店当一天客户投诉处理员。

2. 情景模拟：

【实训情景】一天，某品牌鞋专卖店来了一位女士，手里拿着一双鞋，要求给她换一双。假如你是接待的营业员，你如何处理？

【实训任务】写出处理的流程、处理的方法和注意事项，并由团队成员进行情景表演。

模块四
店长综合管理技能

项目十三 员工管理

知识目标

1. 了解和掌握领导力来源及如何提升领导力
2. 掌握员工管理的基本技能：沟通、追踪和辅导

技能目标

1. 能够与不同的员工进行有效的沟通
2. 能够运用科学的方法与员工沟通、对员工追踪和辅导

任务1 大家来讨论

制止聊天后

每个员工都有自己的个性，作为店铺的管理者，我经常和他们说：“不要用你的个性来挑战我的耐性！”因为个性也是影响情绪的一个很重要的因素。

我们店有个女导购，非常有个性，刚来的时候自己从不吃亏。在我与员工沟通的时候，她往往“不鸣则已，一鸣惊人”。记得有一次天气不好，客人非常少，卖场里没有顾客，店员们在谈论奥运的事情。我到卖场的时候看到导购们在扎堆聊天，于是当场制止。其他人都没有说什么就自动散开了，可是刚来的那个女导购仍然站在那里看着我说：“我们在谈论与工作有关的东西，奥运会很多代表队的服装都是NIKE赞助的，我们就是拿出来分享一下，有错吗?”

那时所有的人都用惊讶的眼光看着她和我。在很多人的面前被指责，当时的场景真是让我很尴尬。那时我没有急，很快地冷静了下来，叫她来到了库房与她单独沟通，告诉

她："你的目的没有错，可是如果你是一名顾客进到店铺里看到有一群导购在扎堆聊天是一种什么感受？"她沉默了，我接着又教导她："如果你想让别人尊重那首先学会尊重别人。"

所以，针对店铺里比较有个性的员工，当她（他）不服管理者的批评和教育时，不要和她（他）硬杠，用自己的权威去压制她（他），这样只会让其产生更多不好的情绪，甚至在工作中和管理者对着干。这时，作为店长，最需要平复自己的心态，抱着积极的态度单独与其沟通，以理服人，让她（他）明白你是为她（他）好，同时缓解她（他）一时产生的不良情绪。只有这样，才能及时化解与员工的矛盾，以免为店铺销售设下障碍。

资料来源：百度文库，见 https://wenku.baidu.com/view/626023630b1c59eef8c7b44b.html.

讨论：

1. 这个案例中，店长的做法有哪些地方值得我们借鉴？
2. 作为门店管理者，应该怎样管理自己的下属？

任务2 操作指导

对现场管理者来说，必须具备高效的团队领导能力、与团队员工有效沟通和管理的能力。不少店长因为缺乏沟通和管理技巧，从而造成团队成员的误解、抵触，这样的团队当然不能在销售、服务中取得好的成绩。

首先把自己的团队管理好，然后才能把现场的环境、客户、服务管理好。下面我们就从员工基础管理、领导力、沟通技能、追踪技能、辅导技能等方面进行详细论述。

一、员工基础管理

（一）门店人员的基础工作范畴

基础工作的成效决定了门店管理的质量，门店持续增长的动力来源于基础工作，所以每个门店都应该抓好基础工作。门店人员的基础工作范畴大致如下：

（1）坚守工作岗位，不得无故串岗、离岗，有事离岗须向店长或值班经理请假并向其他员工做好委托；

（2）店面到货须配合验收员认真清点验收，及时上架；

（3）检查每日价格变动报表，如有异动，及时更换价格牌以及特价牌；

（4）生鲜处检查每日更改的价格是否已传到每台电子秤上；

（5）如缺价格牌，用激光条码扫描枪扫描商品条码并打印，以便补齐；

（6）根据货架清洁计划清洁货架和商品；

（7）根据陈列规则陈列商品，并随时保持货架上摆放的商品充足和整齐，并确保卖场走道整洁、畅通，如果发现商品不足应及时告知店长或值班经理；

（8）根据计划用激光条码扫描枪进行周期盘点，初盘结束后，营业员必须和保安或收银员一起，检查有较大差异的盘点单品；

（9）根据到货状况表检查到货状况，将未到货的商品向店长报告，并及时打电话给厂商查明原因；

（10）配合做好顾客信息采集、交易数据收集和分析工作；

（11）配合公司进行各种营销活动并收集相关的信息和数据；

（12）定时检查门店的所有设备，如有损坏，及时向店长或值班经理汇报；

（13）微笑服务，积极响应，按时按质配送，要用规范的语言同顾客交谈，避免跟顾客产生冲突，收银员要严格按照规范进行收银操作；

（14）碰到投诉的顾客，要热情接待，严格按照投诉处理流程进行操作，并报店长；

（15）填妥每日商品报废清单，请上级签字，再将报废商品连同清单置于报废区；

（16）整理退货，核实退货的数量并封箱；

（17）听从店长的安排，做好店长临时交办的工作。

（二）考勤管理

为确保门店的正常运转，严肃工作纪律，营造一个良好的工作秩序，门店应重视考勤管理，相关部门和人员应按照规定记录员工每天的出勤情况，每月月末对考勤进行统计，将统计结果作为计算工资的基础数据。同时，企业的高速发展带来了人才的竞争，企业如何通过有效的激励机制激发员工的积极性，从而为企业创造更多的宝贵财富，考勤管理在其中扮演着很重要的角色。

考勤管理由考勤管理制度、日常考勤、员工出勤调配三部分组成。

1. 考勤管理制度

考勤管理制度是对员工进行考勤统计的依据，考勤管理制度的科学与否将严重影响员工的考勤情况，因此考勤管理制度的制定非常重要。

考勤管理制度至少应包括以下内容：

（1）员工上班和下班的具体时间（时间必须符合国家法律规定）；

（2）员工迟到、早退、旷工的明确界定及处罚措施；

（3）病假、事假、婚假、丧假、年休假等的具体规定及审批流程；

（4）出差规定及审批流程；

知识点：

××门店员工考勤管理规定

（5）门店或员工个人突发事件等的处理；

（6）考勤负责人及其汇报对象；

（7）全勤甚至加班的奖励等。

每个门店应该根据自身的情况建立和完善符合自己的考勤管理制度。扫左边的二维码可以显示某门店员工考勤管理规定，供参考。

2. 日常考勤

日常考勤就是由考勤员记录员工的出勤情况。在数字化运营下，日常考勤应基于数字化排班和数字化工具。数字化工具可以是一款 App，也可以是 Excel 等软件，但如果门店全数据化运营的话，则考勤的数字化工具应该是门店数字化系统里的某个功能。不管是以上哪种，数字化工具都应该包括以下几方面：

（1）员工的基本信息，如员工编号、姓名、性别、出生日期、文化程度、岗位、级别等。

（2）考勤的符号及其对应的数字化编号。考勤符号是在日常登记考勤时所使用的符号，如"全"代表考勤日全勤正常上班、"病"代表考勤日病假、"休"代表考勤日休息等。考勤符号可以根据公司的管理习惯制定，既可以使用文字，也可以使用图形符号。每个符号对应一个数字，以便统计分析。

（3）为了让考勤员或员工自己准确、方便、快捷地输入数据，数字化工具应该提供下拉菜单方式选择考勤符号。

（4）数字化工具应通过颜色的变化或字体的变化等，突出显示非全勤人员的信息。

（5）数字化工具应能够对员工出勤情况进行统计汇总。

3. 员工出勤调配

良好的数字化工具能通过预测经营数据，获取每日每时所需的工时，帮助企业控制劳动力成本，提高用工效率。但并不能保证预测和实际完全一致，避免不了员工的突发情况，因此，员工出勤调配就成为常事。为使出勤调配工作能够高效地完成，应该做好以下几点：

（1）门店员工应按工作大类进行归类，将技能相通、相近的岗位合并成工作站点，同时规范工作内容及相关工作技能要求，自动匹配合适员工，实现一人多岗、一岗多人的机动模式。

（2）规范考勤管理制度，合理调控员工出勤，最大化地利用员工劳动力，恰当调配员工出勤、公休时间，实时规避员工不合理的出勤与公休浪费，为企业节约隐性的劳动力成本。

（3）实时管控门店运营中随时发生的请假、假期和公休；创立账本式管理，自动化监控缺勤情况，后台一键设定员工请假、调休、年假及公休时间限制，超额自动提醒调班。

（三）仪容仪表管理

仪容是指人的容貌、形体和体态，是内在素质的外在体现，不仅反映了员工的自尊自爱，也反映了企业的管理水平。仪表是指人的外表，包括人的服饰和姿态方面，是个人精神面貌的外在体现。

良好的仪容仪表体现了门店的氛围、档次、规格，员工必须讲究仪容仪表。具体的要求请扫描右边二维码阅读。

知识点：

仪容仪表管理

二、领导力

（一）什么是领导力

视频：

店长角色定位与管理技术

领导力就是鼓励他人取得优良成绩的能力。“鼓励”这个词特别重要。很多经理在与员工交流的时候，采用骂人、威胁、生气的方法，他们以为这就是领导应有的行为。其实，一个人想做好领导，首先必须学会鼓励别人。

领导力的大小可以用下面的基本公式来表示：

领导力＝尊重×信任

赢得员工尊重是基于经理的知识和管理技巧（做事的能力），赢得员工信任是基于经理对员工的精神安慰及情感关怀（做人的能力）。员工越信任你、尊重你，他们就越愿意遵循你的指示行事。

经理可以根据上述公式，衡量一下自己的领导能力如何，即自己的下属在多大程度上尊重自己和信任自己。

（二）如何赢得下属的尊重

（1）了解工作内容并做好各项工作，在专业领域具有权威性。

（2）尊重员工。人人都需要尊重。通常一个人只有在对方表示出对其的尊重时，他才会尊重对方。如果我们愿意认真聆听并采纳他人的意见，他人也会认真听我们说话，并采纳我们的意见。在沟通过程中坚持对事不对人的原则，也是对他人的尊重。

1）尊重下属的创新意识。在任何一家企业中，都有一些员工会经常出些新点子，创新意识比较强。作为经理，要尊重这些员工的创新意识，因为他们是改善企业管理的最好助手。

2）顾及下属的面子。经理经常在营业现场指出营业员的错误或者不规范的操作，这可能会让营业员感到在客户面前或其他营业员面前丢面子，所以经理要十分注意保护营业员的自尊心，顾及他们的面子。

［例 13-1］当着客户的面训斥营业员

一天，在某营业厅，营业员海伦去给客户复印证件，回来的时候，忘了把“服务暂停牌”翻过来，这一点被经理发现了，经理就直接来到她的柜台，当着三个客户和其他营业员的面，大声地说：“你怎么弄的？说你几次了？”弄得营业员海伦很尴尬，连客户都笑起来了。虽然说这确实是营业员的错误，但经理应该顾及营业员的面子，因为这关系到她的自尊心。

（三）如何赢得下属的信任

信任员工是经理必备的素质之一，只有信任员工，员工才会从内心接受经理的管理。当经理关心员工的需要和感受，关心员工的利益时，员工便会信任经理。反过来说，当员工信任经理时，他们便会尽最大努力完成经理布置的各项工作任务。

经理能做些什么事来取得员工的信任呢？

（1）表示出对他们的关注和关爱。

（2）记录每个员工的兴趣、爱好，建立员工档案。

（3）创造一个积极、和谐、愉快的工作环境。

（4）运用正面及建设性的追踪技巧。

（5）了解员工的工作情况和个人情况，关心员工的生活。

（6）公平、公正地对待每一位员工。

（7）遵守承诺。

（8）礼貌待人。

（9）控制情绪。

（10）绝不藐视、嘲笑和开犯错员工的玩笑；绝不在众人面前让做错事的员工感到困窘；绝不使用冷嘲热讽的语言。

［例 13-2］关爱员工的经理

临近年底，天气非常寒冷。某营业厅里的员工都按要求穿着衬衣或西装，而且客户来来往往特别多，这一下，可苦了门口的两个迎宾员，因为门经常开开关关，风一吹就特别冷，两个迎宾员都感冒了，嗓子也哑了。靠近门口的是新来的业务演示员，他也感冒了。他原来是做行政的，因为新业务演示非常缺人手，是临时过来帮忙的。营业厅经理看在眼里、疼在心上。当听到大伙说话嘶哑的声音时，经理突然灵机一动，走到一位质检员身边，塞给她一些钱，在她耳边说了几句话，那位质检员转身就出了门。不一会儿，质检员回来了，悄悄地把刚买的三盒金嗓子喉宝递给经理。经理把金嗓子喉宝送到两位迎宾员和业务演示员的手里，虽然什么话也没说，但两位迎宾员和业务演示员眼里都噙着激动的泪花。

（四）领导风格与员工主动性的五个层次

1. 第一层次：等候告之

这种员工最典型的特点是：经理让他做什么，他就做什么；做完之后，他就在那儿等着；经理不布置新的任务，他就不动。这种员工一般是新员工或主动性差的员工，不能承担责任。对这种员工，应该采用命令式领导风格，对他进行立即、全面的追踪。

视频：

员工培养

2. 第二层次：询问该做什么

这种员工最典型的特点是：经理让他做什么，他就做什么；做完之后，他会请示下一步该做什么。显然，这种员工比“等候告之”的员工主动性要高一些，因为他有继续工作的意愿，就是不知道具体该做些什么。这种员工一般是新员工或到新岗位工作的员工，一般而言，他们比较“听话”。对这种员工，也应该采取命令式领导风格，对其进行立即、全面的追踪。

3. 第三层次：建议采取行动

这种员工最典型的特点是：碰到事情，他会向经理报告，并且提出解决问题的建议；如果经理不批准，他也不会贸然行动。这种员工一般是有一定工作经验、表现良好的员工。对这种员工，应该采用参与式领导风格，对他应该进行全面追踪或者稍后追踪，因为他们目前还不够成熟。

4. 第四层次：采取行动、立即汇报

这种员工最典型的特点是：碰到事情，他会先采取行动，然后立即向经理报告。这种员工一般都已有一定的经验，不然他没有信心采取行动，但是他的工作经验还没有办法和经理相比，所以他会立即向经理汇报。这种员工一般是熟悉工作岗位、有一定经验、表现优秀的员工。对这种员工，应该运用参与式领导风格，追踪可以稍后进行。

5. 第五层次：采取行动、定期汇报

这种员工最典型的特点是：碰到事情，他会先采取行动，然后定期向经理报告。这种员工一般是经验丰富、表现杰出的员工。对这种员工应该运用参与式领导风格，追踪可以稍后进行。

管理人员应把注意力更多地放在追踪第三层次以下的员工身上，并对第三层次以上的员工抱有更大的期望。一般而言，典型的命令式风格的领导者拥有更多的第三层次以下的员工，这是因为这种领导者对员工没有明确的、针对性强的训练计划。在日常工作中，员工很少自己主动思索，习惯于服从和执行。而典型的参与式风格的领导者拥有更多的第三层次以上的员工，因为这些员工在日常工作中就有独立思考及向领导提建议的习惯。

管理人员应特别注意处于第五层次的员工，在其面临新岗位、新职位时，其主动性层次将由第五层次降到第一层次，领导者应给予更多的关注。

可以做一张与下面一样的表格（见表 13 - 1），将门店中所有员工的主动性层次标示出来。经理应该清楚对主动性层次不同的员工，要采取怎样的领导方式和追踪频度。

表 13-1 员工主动性层次划分

姓名	等候告之	询问该做什么	建议采取行动	采取行动、立即汇报	采取行动、定期汇报
张三	√				
李四			√		
赵五		√			
王六					√
刘二				√	

三、沟通技能

（一）双向的而不是单向的

常见的单向沟通有压制型和缺乏技巧型。压制型就是打断别人的谈话，压制别人的反馈；缺乏技巧型是在对方还没有反馈意见的时候，不进行深入的沟通，就以为对方已经理解了自己的意思。因此，管理人员在与下属沟通时，应采用双向沟通方式，避免采用单向沟通方式。双向沟通是下属有反馈意见的机会，产生平等感和参与感，增加自信心和责任心，有助于建立双方的感情。

（二）对事不对人

在与人沟通时，一个重要的方面就是要做到对事不对人。这句话的意思就是：谈论一个人所做的事，而不要谈论那个人。

"事"是指一个人的行为，即一个人说什么或做什么。例如："小曼，你昨天为客户办理过户手续的时候，没有复印客户的身份证。"

"人"是指个性，即对那个人的评价或感受。例如："小曼，你太粗心了。"

有人可能会问："你太粗心了"和"你昨天为客户办理过户手续的时候，没有复印客户的身份证"有什么不同呢？"小曼，你太粗心了"这句话并没有说明小曼为什么粗心，而且听起来更像是对其的人身攻击。

显而易见，对负面问题的沟通，如果谈对方的个性，会引起对方的反感和抵触。而谈对方所做的事，就能够使对方明确地知道什么地方有问题，从而更好地帮助对方改进。只有首先尊重对方，提出的问题才容易被对方接受。小曼没有按照业务流程的要求操作，这是事实。当店长向她提出时，她会比较容易接受，并加以改进。在员工有失误的时候，如果店长的言语针对员工的个性，则听起来像是对其进行人身攻击，员工会有抵触情绪。如果店长描述员工所做的事，员工就能感觉到：店长只是想帮助他，只是对其工作中的失误不满意，而并没有对他这个人不满意。

当一个员工有良好的表现时，店长想去表扬他，也可以有两种说法：

说法 1：“谢谢！你今天工作认真、顾全大局。”这句话就是针对员工个性而言的。

说法 2：“你今天工作认真、顾全大局，我很感谢你在下班之后还能开展营销活动。”这句话就是针对员工所做的具体事情而言的。

因为是表扬员工，所以这两个说法看起来都可以接受，但如果仔细分析，就会发现：针对员工所做的事来表扬员工，显得更真诚、更有效。如果店长提到所欣赏员工的具体行为，那么便增加了员工重复这种行为的可能性。当然，店长由于非常忙碌，可能没有时间来评价员工所做的一切，因此，说些肯定或赞扬员工个性的话，如“小李，干得好”，也能起到很好的激励作用。总之，在任何时候都不要放弃激励员工的机会。但要记住，在批评员工的时候，不要针对员工的个性，那样会伤害员工。

四、追踪技能

（一）追踪的重要性

适当的反馈对员工提高工作效率是非常重要的，它不仅能为员工的努力指明方向，而且还可以激发员工的上进心和工作积极性，从而提高企业的整体效益。

（二）追踪技巧

店长的关键职责之一是向员工提供工作反馈，而有效反馈的关键在于向员工描述他所做的事，而非其个性，将陈述的重点放在员工的表现上。店长可以运用的反馈方式有三种：正面反馈、不良反馈和建设性反馈。

1. 正面反馈——表扬

正面反馈是店长针对员工良好的表现和行为给予正面的表扬。表扬员工的时候，要尽量针对员工所做的具体事情，只有这样才是真诚的表扬。当员工正确执行了工作程序或遵守工作制度时，店长要使用正面反馈。因为正面反馈有助于激励员工继续保持高服务标准和工作热情。例如：

“小娜，你今天接一待二顾三做得很不错!”

“珍珍，你今天的表情相当好!”

“小玲，今天有位客户赞扬你介绍产品时非常耐心、热情，要继续保持啊!”

店长发现员工具有良好的行为表现时，要给予及时的反馈，这样员工就会更加清楚自己努力的方向，而且受到表扬后会更有干劲。事实上，店长在现场还可以给员工一些行为举止上的正面反馈，比如做一个 OK 的手势，或微笑、点头等。

自检：表扬本身是不需要什么技巧的，关键是要有表扬的好习惯。请反思一下，你每天表扬几次你的员工？如果平均不到一次，这说明你是个不善于表扬员工的店长。

2. 不良反馈——负面反馈和一般反馈

有些店长可能会对员工这样说："你怎么这么粗心啊!"诸如此类的反馈就是负面反馈。所谓负面反馈，是指店长对员工的人格、个性进行描述，而不是对事件的描述，员工不能从负面反馈中得到任何有用的帮助。如果店长这样说："今天你在为客户办理补卡业务时，没有复印客户的身份证。"这种反馈与刚才的负面反馈就不一样，我们称之为一般反馈。所谓一般反馈，是指对事件本身进行直接描述。

[**例 13－3**] 负面反馈的主管

有一次，张先生入住郑州的羚锐酒店，在电梯间，听到一位主管正对一位服务员训话："你清理房间怎么那么慢？你知道为什么别人不愿意跟你一个班吗？就是因为你的速度太慢。"

这就是典型的负面反馈，因为主管只对服务员的人格进行评价而没有帮助服务员做任何改进。

3. 建设性反馈

当员工错误地执行了工作程序或没有遵守工作制度时，店长要使用建设性反馈，目的是用积极的方式纠正员工错误的行为。

建设性反馈的内涵包括以下几个方面：

（1）指出问题，描述具体行为。在下面的例子中，下划线所标出的内容都是具体描述某一件事情，没有任何倾向性的评判和个性色彩，因此员工比较容易接受。

店长对某位员工说："<u>我看你去复印身份证的时候没有对客户说明你要离开一下</u>，以后注意这一点，你的服务就更完美了。"

（2）建议对方应该怎样做（如果对方不会做，应该示范一下），并解释这样做的原因。告诉对方应该怎样做是建设性反馈的核心，指出对方问题的目的是帮助他改正错误，而不是让他难堪，更不是显示自己的权力或比他人聪明。以下例子中画线的部分，就是对员工的建议。对于这样的建设性意见，员工一般会愉快地接受。

"你今天的表情不太阳光，<u>我建议你放一面小镜子</u>，这样可以随时看见自己的表情，并能够时刻提醒自己，你认为我这个建议怎么样?"

（3）可以告诉对方如果现在改善，客户或员工本人会得到什么利益。反馈是为了实现良好的沟通而不是向别人发泄，所以建设性反馈可以指向目标。无论是赞美别人还是批评别人都不要失去目标这个中心。在具体运用中，可以在每次反馈之前都技巧性地用一句话来指明方向、概括目标，比如我们赞美一位学员："你的学习态度非常认真，每天都用半个小时来读书，这对你将来成为一位管理者非常有帮助，即使你将来不是一位管理者，认真的学习态度也会大大提高你的职业适应性，使你能够在职场中脱颖而出。"这时候的赞美就是和一个人的具体工作、具体目标结合在一起了，这样的反馈就会对对方产生积极的作用。

例如：“我看你去复印身份证的时候没有对客户说明你要离开一下，以后注意这一点，你的服务就更完美了。”

画线的部分就是告诉员工如果她纠正目前做法的话，将会达到什么样的目标。

（三）三明治技巧

店长可以同时使用正面反馈和建设性反馈，即先给予员工正面反馈，然后提出建设性反馈，这种技巧我们称之为“三明治技巧”。例如：

“你今天的站姿不错，如果表情更阳光一些，你的服务就更出色了。”

“这个报告很不错，就是第二章节的内容不够具体，如果再具体一点，这就是一个完美的报告了。”

生活中也有这样的例子：

“妈妈，今天的菜整体不错，如果这条鱼味道再淡一点的话，就更好了。”

（四）把握反馈的良机

店长对员工说话要选择时机，不能不分场合、不分环境，有些话适合在公开场合说，有些话适合在私下里悄悄地说。店长要根据反馈的内容和反馈的态度以及反馈所指向的目标，选择恰当的方式和场合。当新员工犯了错误时，店长最好能及时给予他反馈，而不是在几个月之后，这种时间上的即时性对员工的成长非常重要。如果店长想批评一个人，盛怒之下最好什么话也不要说，先冷静一分钟，这种时间上的推移反倒会创造反馈的良机。冷静之后再重新反馈，就会避免很多沟通上的障碍。

五、辅导技能

（一）什么是辅导

在门店管理中，店长可以使用正面的追踪技巧来鼓励员工良好的表现，使用建设性反馈来修正员工的错误，帮助员工改正工作中的错误。然而，有时候仅用这些基本的沟通方式还是不够。当店长遇到问题型员工，也就是那些犯有严重错误的员工时，就必须通过辅导的技巧来解决问题。

辅导就是店长帮助问题员工发现自己的问题，帮助员工解决问题，重新使其获得良好表现的过程。一般而言，需要店长辅导才能解决的问题通常都是严重的问题。

（二）什么情况需要辅导

在工作中出现以下情况，需要店长采取辅导手段：

(1) 员工经常违反公司制度，如经常迟到；

（2）员工最近几天情绪不好，继续发展下去会影响工作效果，如员工抱怨、消极怠工；

（3）员工的工作表现持续下降，如员工在工作中发脾气或员工之间、员工与客户之间发生冲突；

（4）被通报批评的员工有强烈的负面情绪反应。

有时，员工的工作压力很大，会对店长或其他人大发脾气或发牢骚。不论是什么原因导致员工产生负面情绪，店长都应该沉着冷静，以积极的态度快速地处理门店发生的问题，使门店的运作恢复正常。然后，店长利用辅导的方式仔细地与员工讨论负面情绪的产生原因，寻求解决的方案。

当员工以愤怒的情绪回应店长时，很多店长的第一反应可能是更加愤怒，将员工生气的态度视为对自己的挑战，并强烈地感觉到必须维护自己作为“领导”的权威。如果这样做，可能会导致更加糟糕的局面出现，使问题更加激化。

店长应该先让员工愤怒的情绪平静下来，请他回到自己的岗位上继续工作。如果店长觉得员工的情绪仍过于激动，工作也没有效率可讲，面对这种情况，店长可以有两种选择：一是请他到单独的房间里，和他进行私下的沟通；二是请他回家稳定情绪，第二天再进行沟通。因为只有在双方都心平气和的情况下才能够有效解决问题。

（三）辅导前的准备工作

辅导前的准备工作是店长辅导员工成功的关键，店长在与员工坐到一起之前应考虑以下因素：

（1）收集全部事实，从相关人员那里了解情况；

（2）清楚地列出问题并举出事例，员工做了什么，说了什么，或察看工作记录；

（3）思考描述员工行为的词语，就事论事，而不是就事论人；

（4）正面看待员工，任何情况下都需要心平气和；

（5）做好应对员工可能的过激行为的思想准备，并想好应对之策；

（6）考虑将要问的问题，以开放式问题为主；

（7）预先设想员工会问的一些问题及会有的举动，并考虑好应对方式等。

例如：店长不应该坐在宽大的办公桌后面，与员工隔桌而坐，而应该与员工平行坐在沙发上，尽量不接不重要的电话等。找一个安静的地方讨论和分析问题，不受外界干扰，与员工进行充分的交流。一定要亲自告诉员工你要和他谈话，并以请求的口吻提出为佳，要说明目的、时间和地点。例如：“李萍，明天下午两点，你有空吗？我们一起谈谈你最近的考勤情况，怎么样？”

（四）辅导员工的步骤

在辅导员工的时候，只要遵循辅导员工的六个步骤，就可以使店长以专业的态度来实现辅导的目的。

1. 第一步：陈述目的

店长应该让员工知道辅导的目的，而且这个目的是积极的，这样就能减少员工的忧虑，并让员工知道店长的期待。例如店长对某员工说："今天，我们讨论的是如何保证准时上班的问题。"而不能说："今天，我们要谈谈你总是迟到的问题。"因为后者是一种负面的评价，容易引起对方的反感。同时，店长应该记住：设法让员工放松心情。可以这样做：

（1）亲自给员工开门；

（2）给员工倒一杯开水；

（3）面带和善的表情；

（4）停下手头的工作，表示对员工的重视；

（5）恰当地安排座位，不要在宽大的办公桌后面与员工交流，让员工有距离感和压力感；

（6）最重要的是要表达积极的、帮助员工改进的良好意愿。

例如，店长可以给员工倒一杯水，面带微笑地说："我今天请你过来，主要是想同你讨论一下你近期的工作表现，看如何使你发展得更快。"

2. 第二步：描述问题

对事不对人，陈述员工所做的具体事情，不要陈述员工的个性，表达要具体明确。例如，店长可以对员工说："根据考勤记录，这个月你一共迟到五次，我很想知道是什么原因。"要注意：店长在辅导中要用关心的态度和语气，其前提是假设员工是无辜的，而不能主观地认为就是员工的责任。例如，店长面带微笑、语重心长地说："近一周，我连续三次看到你为客户服务时，没有面带微笑，你能告诉我是什么原因吗？"

3. 第三步：积极聆听，收集信息

店长应该允许员工解释他/她的行为，充分运用积极聆听的原则和技巧收集更多的事实，并且努力理解员工的观点。

4. 第四步：双方确认原因

店长应该深入挖掘事实，搞清楚问题产生的原因，不要把问题和原因混在一起。例如："你为什么老迟到？你知不知道迟到对我们的工作有多大影响？"作为一个专业的店长应注重解决问题并想办法找到原因。只有找到原因，才能从根本上解决问题。一个专业的店长在和员工谈话时，应该是这样的：

店长："你能告诉我，为什么连续五次迟到吗？"

员工："每天早上都堵车，我也没有办法啊。"

店长："你是否认为一个合格的员工必须准时上班呢？堵车并没有影响其他员工上班，

而你迟到了，是不是说明你对工作的重视程度不够呢？”

与员工谈到这里，员工迟到的原因基本上也就找到了，堵车并不是真正的原因，而是他对工作的重视程度不够，不愿意早起，这才是真正的原因。

5. 第五步：解决方案

店长在和员工谈话的时候，可以采用开放式的提问。例如：“你觉得怎样才能准时上班呢？”或者可以采用封闭式的提问，提出自己的看法。例如：“你看这样行不行：你每天晚上早睡半个小时，设个闹铃，提前10分钟从家出发。这样是不是可以避免堵车？”店长在辅导员工时，重点在于帮助员工找到一个可以解决问题的办法，要逐渐引导员工自己说出解决办法，包括两步：

（1）询问员工自己的解决方案；

（2）帮助员工提出更合理的解决方案，并与员工达成共识。

6. 第六步：员工总结

店长需要知道员工如何理解解决办法、如何承诺解决办法，例如店长可以问：

“你觉得今天的谈话对你有什么帮助？”

“你有信心按照我们商定的解决方法去实施吗？”

“你能把我们的谈话总结一下吗？”

“你能重新总结一下你如何保证准时上班吗？”

辅导的目的在于获得员工对解决办法的认同和承诺，而且最后的结论应由员工自己说出来，相当于员工的正式承诺，这对员工以后的行为将起到约束作用。

任务3 案例学习

案例1

怒气冲冲的员工

某日上午，一位员工怒气冲冲地来到人力资源部办公室，提出要投诉，对上级管理方式不满。当时该员工情绪非常火爆，说话时分贝也不低。而负责接待的女同事为安抚该员工情绪，非常礼貌地说：“你不要激动，别生气，有问题向我们反映，我们会调查，如果属实，一定给你一个答复。”不料，该员工立即大声喊叫：“调什么查，难道你以为我骗你的呀，还是说你们人力资源部与管理人员一样不讲道理，我不与你谈了。”随后，不论这位女同事如何向他解释，该员工也不答话，只是自己大声抱怨无处讲理，因当时正处于办公繁忙时间，办公室内还有其他员工，因此为避免事态恶化，店长就走过去解决。

资料来源：百度文库，见 http://wenku.baidu.com/view/30cf2321af45b307e87197a2.html.

问题

1. 假如你是这位店长，你会如何解决？
2. 解决的方案或流程是什么？

案例 2

罚款后

员工来店铺做导购其实目的很简单：为了挣钱、为了学东西或者为了以后更好的发展，可以说为了生存、升职、生涯。生存是最基本的一项。待遇是每一个员工都会关注的，往往一点疏漏就会影响员工的情绪。

在正常的店铺运营中，罚款是避免不了的，每家店铺都有自己的规章制度。当员工触犯了这些规章制度后，就会受到相应的经济惩罚。有一次，一名男员工上班迟到了，按照店铺的规章制度，他被处以 20 元的罚款。当时，他心里挺不服气，当天工作变得很没精神，业绩自然做得不好。店长私下找他沟通，告诉他："如果把工作当成一种游戏，你会享受到这场游戏给你带来的喜、怒、哀、乐。而且任何的游戏都是有规则的，当违反游戏规则后果会是什么呢？首先你应该了解规则是什么，知道游戏规则后才能玩好这场游戏。"

针对店员的一些问题，很多时候店铺管理者采用的都是罚款方式，这固然能督促他们更加卖力、积极地工作，但同时也激发了他们的消极情绪。这时，如何合理地安抚、开解他们，就成为店长不能忽略的工作。例如：要告诉他们为什么罚款，如何做才能避免挨罚，替他们积极地想办法解决问题。这样，员工就会明白：罚款的目的是促使他们改正错误。

资料来源：百度文库，见 https://wenku.baidu.com/view/626023630b1c59eef8c7b44b.html.

问题：

该案例告诉我们管理员工不良情绪的最好方法是什么？

任务 4　学思之窗

员工管理和团队精神培养

团队精神是大局意识、协作精神和服务精神的集中体现，核心是协同合作，反映的是个体利益和整体利益的统一，进而保证组织的高效率运转。

团队精神的形成并不要求团队成员牺牲自我，相反，挥洒个性、表现特长保证了成员共同完成任务目标，而明确的协作意愿和协作方式则产生了真正的内心动力。团队精神是组织文化的一部分，良好的管理可以通过合适的组织形态将每个人安排至合适的岗位，充分发挥集体的潜能。如果没有正确的管理文化，没有良好的从业心态和奉献精神，就不会有团队精神。

一、团队精神的作用

1. 目标导向

团队精神能够使团队成员齐心协力，拧成一股绳，朝着一个目标努力，对团队中的个人来说，团队要达到的目标即是自己必须努力的方向，从而使团队的整体目标分解成各个小目标，在每个队员身上都得到落实。

2. 团结凝聚

任何组织群体都需要一种凝聚力，传统的管理方法是通过组织系统自上而下的行政指令，淡化了个人感情和社会心理等方面的需求，团队精神则通过对群体意识的培养，通过队员在长期的实践中形成的习惯、信仰、动机、兴趣等文化心理，来沟通人们的思想，引导人们产生共同的使命感、归属感和认同感，逐渐强化团队精神，产生一种强大的凝聚力。

3. 促进激励

团队精神要靠每一个队员自觉地向团队中最优秀的员工看齐，通过队员之间正常的竞争达到实现激励功能的目的。这种激励不是单纯地停留在物质的基础上，而是要能得到团队中其他队员的认可。

4. 实现控制

在团队里，不仅队员的个体行为需要控制，群体行为也需要协调。团队精神所产生的控制功能，是通过团队内部所形成的一种观念的力量、氛围的影响，从而约束、规范、控制团队中个体的行为。这种控制不是自上而下的硬性强制力量，而是由硬性控制向软性内化控制；由控制个人行为，转向控制个人的意识；由控制个人的短期行为，转向对其价值观和长期目标的控制。因此，这种控制更为持久且更有意义，而且容易深入人心。

二、团队精神的培养方法

团队精神日益成为一个重要的团队文化因素，它要求团队分工合理，将每个成员放在适合的位置上，使其能够最大限度地发挥自己的才能，并通过完善的制度、配套的措施，使所有成员形成一个有机的整体，为实现团队的目标而奋斗。团队精神的养成需要从以下几个方面入手：

1. 明确提出团队目标

目标是把人们凝聚在一起的力量，是鼓舞人们团结奋斗的动力，也是督促团队成员的标尺。要注意用切合实际的目标凝聚人、团结人，调动人的积极性。

2. 健全团队管理制度

管理工作使人们的行为制度化、规范化。好的团队都应该有健全、完善的制度规范。如果缺乏有效的制度，就无法形成纪律严明、作风过硬的团队。

3. 创造良好的沟通环境

有效的沟通能及时消除和化解领导与成员之间、各部门之间、成员之间的分歧与矛盾。因此，必须建立良好的沟通环境，以增强团队凝聚力，减少内耗。

4. 尊重每一个人

尊重人是调动人的积极性的重要前提。尊重团队中的每一个人，人人都感受到团队的温馨。关心成员的工作与生活，将会极大地激发成员献身事业的决心。

5. 引导成员参与管理

每个成员都有参与管理的欲望和要求。正确引导和鼓励这种愿望，就会使团队成员积极为团队发展出谋划策，贡献自己的力量与智慧。

6. 增强成员全局观念

团结出战斗力。团队成员不能计较个人利益和局部利益，只有将个人、部门的追求融入团队的总体目标中去，才能达到团队的最佳整体效益。团队中成员之间的关系，一定要做到风雨同行、同舟共济，没有团队合作的精神，仅凭一个人的力量无论如何也达不到理想的工作效果，只有通过集体的力量，充分发挥团队精神才能使工作做得更出色。

资料来源：360 百科，见 https://baike.so.com/doc/160337-169427.html.

任务 5　团队项目实战训练

【实训情景】沟通技能训练

值班经理在大厅巡视，观察报架和促销信息展示架，镜头将以下内容特写：

有些报纸散放在报架下方，有些报纸在报夹上快要散落下来了，有些报纸还是昨天的。

不远处的导购小璐正闲着，值班经理走到小璐面前。

值班经理：小璐，趁着现在客人不多，请你把报架整理并更新一下，谢谢！

导购小璐：好的，我明白啦。

（值班经理继续巡视其他台席。）

小璐立即开始整理身后的报架，将散落在报架下方的报夹拿起，将报纸整理好后放到报架上（没有更新报纸），然后继续到门口做导购工作。

一个小时后。值班经理巡视到营业厅门口附近，看到导购小璐闲着。

值班经理：小璐，刚才让你做的工作，你做得怎么样了？

导购小璐：经理，我已经做完了。

值班经理：谢谢你啊，我去看看。

（然后走近报架，注视了两秒钟，值班经理皱起了眉头，转向小璐。）

值班经理：小璐，你过来一下！

导购小璐：经理，怎么了？（说着走到了报架旁边。）

值班经理：比刚才整齐多了，但是为什么没有把昨日的报纸换下来呢？

导购小璐：噢，对不起，刚才我没有听清楚，我还以为您只是让我码整齐呢，我现在做吧。

值班经理：那好吧。

（值班经理话外音：当时不是告诉我听明白了吗？怎么检查时又告诉我没有听清楚呢？）

【实训任务】你认为问题出在哪里？请各组讨论解决以上问题后，修改情景剧，并进行情景模拟表演。

项目十四 突发事件和安全管理

知识目标

1. 了解门店可能遇到的突发事件和安全事件
2. 掌握门店突发事件和安全事件的处理流程
3. 掌握危机事件的处理原则和对策

技能目标

1. 能够运用科学的处理流程和技巧，有效地解决突发事件和安全事件
2. 能够按照危机事件处理办法应对危机事件

任务 1 大家来讨论

税务机关的检查

有一天，酒店门迎组的伙伴在对讲机里告诉主管今天有 3 个税务局的人来了，他们已经将人安排在雅间 5 号了，主管收到通知之后就赶忙到了雅间 5 号。

主管进入雅间后，先做了自我介绍。之后，有一个人说："我们是税务机关的，今天想了解一下企业所得税的缴纳情况。"主管就跟他说："呀！不好意思，财务人员不在店里办公，我打个电话联系一下他，看他什么时候能过来。不好意思啊，因为我担心自己说不清楚，能不能把您的工作证给我看一下呢？我好先说清楚您是哪个部门的，他也就清楚该准备什么资料了。"这个信息其实对财务是很重要的，他能够据此判断这是否是一次日常的巡检。

检查人员："你知道你们是在哪儿缴的税吗？"

主管："我们的税肯定是缴了，这个我知道肯定没问题，但是怎么缴的、在哪缴的，我就不清楚了，因为这都是财务负责的，您也知道我们都不管这个事。"

检查人员："那就算了！要不然这样吧，你就让他带着……到我们单位去。"

这时候一定要做好记录。对于什么时候去、去哪个科室找哪位同事、大概几点钟去比较合适、带什么材料等，一定要记录清楚。随后将信息转告给相关的部门，让他第一时间按照约好的时间带上资料去处理相关事项。当然，主管最好向专业人士咨询这种检查是何种性质的。如果只是例行检查，财务直接去办理即可。

资料来源：联商网，见 http://www.linkshop.com.cn/web/archives/2016/349849.shtml.

? 讨论：

当遇到类似的突发事件时，正确的应对技巧有哪些？

任务2 操作指导

一、面对媒体

一个没有受过专门训练的员工，在介绍公司的有关政策、方针、规划时都会带有片面性。因此，如果一位店长没有受过专门的训练，或在上级未授权的情况下，就不应该接受新闻媒体的采访，而应将此类采访请求转给上级处理。如果门店有突发事件发生，很容易引起媒体的兴趣，或者一些客户也可能会带媒体记者来采访。面对媒体，店长应该做到以下几个方面：

（1）保持镇静和自控，友好热情地接待。不少店长碰到带着摄像机的记者，就很不礼貌地直接走上去，伸出手挡住摄像机的镜头，并且态度生硬地拒绝他们的采访或者索要他们的证件。这些做法是非常不专业的，这只会恶化门店和媒体的关系，造成负面影响。

店长应该满脸笑容地迎上去，站在记者的前方（实际上是挡住记者的道路和摄像机的镜头）说："先生您好，请问有什么可以帮助您？"

还可以说："我是店长，我一定会尽力配合您的工作，请您先到办公室喝杯水，我也顺便了解一下您今天要采访的内容，这样我们能更好地配合您的工作。您这边请。"

如果记者不愿意到办公室或接待室，店长可以这样说："对不起，先生，有的客户自我保护意识特别强，可能不会合作，我担心引起不必要的麻烦。您看这样行吗？您先跟我去办公室，简单告诉我您的要求，这样我能帮您与客户和员工解释清楚。请跟我来。"

（2）立即请记者到大客户接待室或店长办公室，端茶倒水。

（3）确认记者身份，查看记者证，确认清楚记者的单位和所属部门。

（4）记下记者的采访目的、新闻标题、采访内容等。

（5）给相关领导打电话。向记者说明自己没有权限，但乐于协助他的采访工作，帮助他联系公司相关的部门和人员。

（6）如果领导同意采访，就尽力配合记者。

（7）如果领导不同意采访，就礼貌但坚决地拒绝记者的采访。

另外，店长在与媒体记者打交道时，还应注意一些事项：

第一，礼貌且坚决地不让记者摄影、照相或在门店内采访客户和员工；

第二，不要向记者作出任何承诺；

第三，在没有得到上级指示或帮助之前，不要推测或回答记者的任何问题；

第四，在没有查明事实之前，不要假定记者获得的信息是正确的；

第五，在获悉真相之前，不要假定公司就是事件发源地；

第六，不要让员工或客户议论该事件。

二、面对危机

如今，零售行业处在一个危机和机遇并存的时代，在卖场的经营运作过程中，时时刻刻都存在各种各样的突发事件发生的可能。很多辉煌的企业都曾出现过危机，危机管理对于每一个发展中的企业都有着生死攸关的决定性意义。

一个优秀的企业越是在危急的时刻，越能显示出它的综合实力和整体素质。实践证明，一个企业如果在危机处理方面采取的措施失当，将使企业的品牌形象和企业信誉受到致命打击，甚至危及生存。而如果企业以积极主动的态度面对危机，就能掌握和主导危机的发展，化解危机。

视频：

危机处理的态度

（一）危机处理的原则

处理危机事件、实施危机管理时，绝对不能随心所欲，必须按照一定的原则，妥善地处理，用稳妥的方法赢得公众的谅解和信任，尽快恢复企业的信誉和形象。应当遵循的基本原则有下面几项：

1. 积极性原则

遇到危机时，要用负责的、积极的态度调查、了解、分析、判断、决策，寻求最佳的解决方案，争取专家的帮助和公众的支持与谅解，这是危机公关的起码态度。

2. 主动性原则

企业内部的人员要挺身而出，勇于承担责任，寻找解决问题的契机，变被动为主动，变不利因素为有利因素。

3. 及时性原则

危机公关的目的在于尽最大可能控制事态的恶化和蔓延，将危机造成的损失降至最低程度，事件发生后，公关人员要迅速作出反应，果断进行处理，赢得了时间就等于赢得了形象。

4. 冷静性原则

相关人员要沉着、冷静，秉持理性精神，不能急躁、随意、信口开河。

5. 真实性原则

危机发生后会产生种种猜疑、误解，甚至会流传出许多谣言。企业应本着实事求是的态度，公布事实真相，让事实说话，防止谣言蔓延而影响企业的形象。

6. 责任性原则

企业要勇于承担责任，做到不推卸、不埋怨、不寻找客观理由，这样才能赢得公众的谅解和好感。

7. 善后性原则

做好危机事件的善后工作，包括对公众损失的补偿、对社会的歉意、对自身问题的检讨等。

8. 灵活性原则

企业应进行有针对性的、灵活的处理。由于危机多属于突发性的，不可能有既成的措施和手段，因此，企业根据实际情况灵活处理很重要。

（二）危机处理的基本对策

危机处理的对策包括总的对策和具体对策。

1. 总的对策

危机处理的总的对策是：重视事实，迅速调查，妥善处理，做好善后工作，再造企业形象。

2. 具体对策

根据不同的公众对象分别采取不同的对策。

（1）对上级有关部门。及时请示汇报，及时报告事态的发展，求得上级部门的指导。对外回答敏感问题之前，须向上级部门请示报告，严格按照统一的口径对外发布信息。

（2）对企业内部员工。迅速而准确地把事件的发生和将采取的对策告知员工，使大家齐心协力、共渡难关。

（3）对受害者。认真了解受损情况，实事求是地承担责任，并诚恳道歉；冷静地倾听受害者的意见，重视受害者的要求；给受害人以同情和安慰，避免出现自我辩护的言行；保持与受害者的联系。

（4）对新闻界。主动与新闻界取得联系，向新闻界提供事实真相和相关的信息，并表明自己的态度，取得新闻界的谅解，争取新闻界的合作。公开宣布发布新闻的时间，并按照规定的时间发布新闻，在部分事实结果没有明朗之前，不信口开河，不盲目评论。充分利用新闻媒介与公众沟通，引导和控制舆论局势。如果有关危机的新闻报道与事实不符，应及时指出并要求更正，但应保持冷静和理性的态度，及时对新闻界的合作表示感谢。

（三）危机处理的基本措施和过程

当危机不可避免地发生后，所要做的就是如何减少损失，挽回形象。危机处理的基本措施可通过危机处理的四个过程来加以说明。

1. 立即调查情况，制定计划以控制事态的发展

在处理危机时，首先应组织有关人员，尤其是专家参与，成立危机处理小组，对危机的状况作全面的分析：危机产生的原因是什么？发展状况及趋势如何？受影响的公众有哪些？谁是危机的直接受害者、间接受害者和潜在受影响者？具体受影响的程度如何？他们可能希望通过什么方式解决危机？危机信息对外扩散的发布渠道和范围是怎样的？这些问题必须弄清楚，因为这将是企业采取补救措施的直接依据。在找到这些依据之后，就可以根据这些依据来制定相应的对策。时间和公开化仍是此阶段的要素，如果有必要，甚至可以每天向外界宣布调查的进展情况。

2. 迅速反应，把握主动，积极沟通，有效管理信息的进与出

危机的属性就是公开性，危机处理可以说就是危机沟通。在传播与沟通中，企业一定要掌握报道的主动权，也就是要“说真话，赶快说”。因为一旦外界通过其他渠道了解到某些事实真相，将会使企业陷于非常不利的局面。解决办法是：由发言人在最短时间发表坦诚的声明，承诺将迅速对危机进行处理，并及时对外通报，及时安排准确的信息披露，以进行有效的舆论引导，避免媒体的炒作。例如：三菱汽车频发的事故引起舆论警觉后，又爆出该公司 23 年来蓄意隐瞒客户投诉的消息，结果三菱被迫在全球范围内召回近百万辆问题汽车。三菱在蒙受了巨大经济损失的同时，也失去了消费者的信任，而这种损失是无法用金钱估算的。

3. 当企业与公众的看法不一致、难以调解时，必须通过权威机构发表意见

企业要善于借助公正性和权威性的机构来帮助解决危机，邀请第三方协助调查，以获得公众的信任。事实证明，在很多情况下，权威机构的介入将对危机处理起决定性作用。例如：雀巢公司的“奶粉风波”恶化后，成立了一个由 10 人组成的专门小组，监督该公司执行世界卫生组织规定的情况。这个专门小组中有著名医学家、教授、公众领袖乃至国

际政策专家。此举大大加强了雀巢公司在大众心中的可信性。

4. 做好善后工作，尽快挽回声誉

出现重大责任事故，导致社会公众利益受损时，企业更要承担起责任，给予公众一定的精神补偿和物质补偿。在进行善后处理工作的过程中，必须做到一个“诚”字。例如：美国福特汽车公司因为凡士通的问题轮胎而名声大受影响。为挽回损失，公司耗资350万美元在全美200多家知名网站上刊登了一则告示：“有关凡士通轮胎一事，请点击福特的正式新闻主页。”主页上介绍了更换轮胎的地址、公司新闻公报以及联系方式。福特汽车公司这则广告所传达的信息是：请相信我们的努力，一切问题都可以得到解决。调查显示，广告刊出后的头7天，点击数达到5 000万次。虽然福特汽车公司因轮胎事件声誉受损，但随后进行的大规模的广告活动至少证明它是一家负责任的企业。

三、面对政府官员

政府官员来到门店，一般是执行公务。门店应该尊重政府的权威，配合政府官员进行必要的行政、执法工作。店长不要假设政府官员来到门店一定对门店不利，而是应该以积极、礼貌的态度迎接政府官员，因为对政府官员的任何抵触都可能会对门店的正常工作造成不良影响。面对政府官员，店长应该做到以下几个方面：

（1）彬彬有礼地表达出关切与合作的态度。这种彬彬有礼是指既有礼貌又有尊严，而不是卑躬屈膝。

（2）安排他们到僻静的房间谈话，先了解他们的意图和来历，然后向领导作必要的请示，再视具体情况配合他们的工作。

（3）了解他们的真正意图。在了解他们真正意图的时候，店长应该采用积极、礼貌的表述方式，可以这样说：“欢迎各位领导到我们门店，请问各位领导今天的主要工作是什么，以便我更好地配合各位领导的工作。”

（4）观察他们的态度。

（5）向上级汇报整个事件并请求帮助。

（6）主动回应，告诉他们有关人员会立即到达向他们汇报。

（7）尽量使他们感到舒适。

面对政府官员时，店长需要注意以下几个方面：

第一，不能无理拒绝他们执行公务；

第二，不能与他们顶撞；

第三，在没有得到指示或帮助之前，不要回答他们的问题；

第四，在没有和公司管理层达成一致之前，不要表明你的立场；

第五，不能随便回答超出职责范围的问题。

四、面对客户受伤或生病

门店中客流量很大，不可避免会出现客户受伤或生病的情况，店长处理此类事情的一般步骤是：

（1）表示关注，亲自处理。有些店长或营业员在客户受伤或突然出现意外时，不敢上前处理，只是站在旁边观望或口头安慰。因为他们担心过分关注这件事会惹祸上身，客户会赖上门店或自己。其实这种想法是不对的，如果店长或营业员在旁边冷眼观望，给客户的印象就会更差，也不符合门店为客户服务的精神。

（2）不要随意使用门店自备的药物（避免失误）。对于急性病发作的客户，门店应该在有能力的情况下进行必要的前期处理，以免延误宝贵的抢救时机。在条件许可的情况下，每个门店都应该至少有两位持有“红十字救护员证”的员工。

（3）对于病情较轻的客户，店长应派人将其送到医院。

（4）当客户病情严重时，需要保持原状，不要轻易搬动，因为这可能会造成更严重的二次伤害。应立刻拨打120求救。

（5）为客户垫付费用。

（6）对所发生的事情形成文字，向上级报告，更重要的是找出事情发生的原因。

五、面对员工受伤或生病

当门店中的员工受伤或生病时，店长应该做到以下几个方面：

（1）使用命令式领导风格。在员工受伤或生病的紧急时刻，店长应该表现出命令式的领导风格，因为这个时候的片刻犹豫都可能会导致更严重的后果。

（2）使用门店自备药物，进行简单处理。自己的员工受伤或生病时，可以取用门店自备的药物进行初步的处理。

（3）派人将受伤或生病的员工送往医院，如果员工伤势或病情严重，则保持原状，拨打120求救。

（4）垫付所需费用。

（5）对所发生的事情形成文字，向上级报告，并找出事情发生的原因。

知识点：

连锁门店日常消防安全、生产安全管理参考

六、面对火灾

（一）处理突发火灾注意要点

在遇到突发的火灾时，店长应该注意以下几个要点：

视频：

门店突发事件的防范与处理

（1）先保证人身的安全，再考虑财产的安全。

（2）尽快疏散客户和员工。

（3）当火势较轻时，应组织员工用门店的灭火器材灭火，同时拨打119。

（4）当火势较猛时，迅速拨打119，命令所有人员退到安全的地方。

（5）清点人员，防止有人滞留火场。

（6）在可能的情况下，抢救公司财产。

（二）日常工作注意要点

店长在日常工作中可以安排必要的消防演练，培养员工的消防意识和消防技能，以下是需注意的几个要点：

1. 熟悉环境，谨记出口

所有门店都必须清楚地标示疏散通道、安全出口及楼梯方位等，以便关键时刻方便所有人员尽快逃离现场。请记住：在安全无事时，一定要居安思危，给自己预留一条通路。店长应至少每月一次在例会上对营业员就消防知识进行必要的提问。

2. 通道出口，畅通无阻

楼梯、通道、安全出口等是火灾发生时最重要的逃生之路，应保证在任何时候都是畅通无阻的，切不可堆放杂物或设闸上锁。请记住：自断后路，生命受阻。不少门店会在安全出口的楼梯处堆放杂物，这些杂物大都是易燃品，在火灾发生的时候，这样的安全通道就变成了死亡通道。

3. 扑灭小火，惠及他人

当发生火灾时，如果发现火势并不大，且尚未对人造成很大威胁，若周围有足够的消防器材，如灭火器、消火栓等，应奋力将小火控制、扑灭；千万不要惊慌失措地乱叫乱窜，置小火于不顾而酿成大灾。请记住：争分夺秒，扑灭初期火灾。如果浓烟滚滚，就表明应该撤离现场，因为浓烟的毒性很大，如果没有必要的防护器材，身处其中是非常危险的。

4. 保持镇静，辨明方向，迅速撤离

突遇火灾，面对浓烟和烈火，首先要令自己保持镇静，迅速判断危险地点和安全地点，决定逃生的办法，尽快撤离险地。千万不要盲目地随着人流相互拥挤、乱冲乱窜。撤离时要注意，朝明亮处或外面空旷地方跑，要尽量往楼层下面跑，若通道已被烟火封阻，则应背向烟火方向，通过阳台、气窗、天台等向室外逃生。请记住：只有沉着镇静，才能想出好办法逃生。

5. 不入险地，不贪财物

身处险境，应尽快撤离，不要因顾及贵重物品，而把逃生时间浪费在寻找、搬离贵重物品上。已经逃离险境的人员，切莫重返险地，自投罗网。请记住：留得青山在，不怕没柴烧。

6. 简易防护，蒙鼻匍匐

逃生时经过充满烟雾的地方，要防止烟雾中毒、预防窒息。为了防止火场浓烟呛人，可用毛巾、口罩蒙鼻，匍匐撤离。烟气较空气轻而飘于上部，贴近地面撤离是避免烟气吸入、滤去毒气的最佳方法。穿过烟火封锁区，应佩戴防毒面具、头盔、阻燃隔热服等护具，如果没有这些护具，那么可向头部、身上浇冷水，或用湿毛巾、湿棉被、湿毯子等将头部和身体裹好，再冲出去。请记住：多件防护工具在手，总比赤手空拳好。

7. 善用通道，莫入电梯

按规范标准设计建造的建筑物都会有两条以上逃生楼梯、通道或安全出口。发生火灾时，要根据情况选择进入相对安全的楼梯通道。除楼梯外，还可以利用建筑物的阳台、窗台、楼顶等攀到周围的安全地点，沿着落水管、避雷线等建筑结构中的凸出物滑下楼也可脱险。在高层建筑中，电梯的供电系统在发生火灾时随时会断电，或因灼热电梯变形而使人困在电梯内，同时由于电梯井犹如贯通的烟囱般直通各楼层，剧毒的烟雾会直接威胁被困人员的生命。请记住：逃生的时候，乘电梯非常危险。

8. 避难场所，固守待援

假如用手摸房门已感到烫手，此时一旦开门，火焰与浓烟势必迎面扑来。如果逃生通道被切断且短时间内无人救援，可采取创造避难场所、固守待援的办法。首先应关紧迎火的门窗，打开背火的门窗，用湿毛巾或湿布塞堵门缝，或用水浸湿棉被蒙上门窗，然后不停地用水淋透房间，防止烟火渗入，固守在房内，直到救援人员到达。请记住：坚盾何惧利矛！

9. 缓晃轻抛，寻求援助

被烟火围困暂时无法逃离的人员，应尽量待在阳台、窗口等易被人发现和能避免烟火近身的地方。在白天，可以向窗外晃动鲜艳衣物，或外抛轻型晃眼的东西；在晚上，可以用手电筒不停地在窗口闪动或者敲击东西，及时发出有效的求救信号，引起救援者的注意。请记住：充分暴露自己，才能争取有效拯救自己的机会。

10. 火已及身，切勿惊跑

火场上的人如果发现身上着了火，千万不可惊跑或用手拍打。当身上衣服着火时，应赶紧设法脱掉衣服或就地打滚，压灭火苗；能及时跳进水中或让人向身上浇水、喷灭火剂就更有效了。请记住：就地打滚虽狼狈，烈火焚身可免除。

七、面对停电

在遇到停电事故时，店长应该遵循以下原则：

（1）采用命令式领导风格。

（2）各台席要处理完最后一笔业务，将电脑关闭，将现金等立即锁进保险柜并打乱密码。

（3）由保安在门口摆放停电告示板，并礼貌告知客户，只能出不能进。

（4）立即与电力公司联系，弄清楚停电原因和大约来电时间，立即向上级经理和公司相关部门汇报。

（5）当停电时间较长时，应通知客户离开，并致歉意。

（6）如果门店没有客户，而且停电时间较短时，可以安排员工休息。如果停电时间较长，则要留下值班人员，其他人员放假回家，并让回家的人员 24 小时开机，来电后会通知他们。

（7）与下一班次的工作人员沟通。

（8）记录事故报告单，在门店存档，并传真到上级部门和相关部门。

八、面对抢劫

请记住：劫匪的主要目的是抢劫金钱或财物。为确保门店中每个人的安全，店长应该要求所有人员立刻按照劫匪的要求去做。金钱有价，而人的生命是无价的。劫匪处于高度的紧张状态，任何的犹豫和刺激都可能使后果不堪设想。

[例 14-1] 面对抢劫该怎么办

在东北某小镇曾出现过两名歹徒抢劫某银行 8 万元的案件。在歹徒骑着摩托车逃跑的时候，银行工作人员和旁边小店的人员开始追赶歹徒，结果歹徒开枪打死 4 人。奋不顾身与歹徒搏斗、追赶歹徒的精神虽然可嘉，但是拿 4 条人命去换回 8 万元显然是不值得的。

在面对抢劫时，任何人都要遵守以下原则：

（1）保持冷静，按照劫匪的要求去做。不要犹豫或与劫匪争论，劫匪想要什么就给他什么。不要采取任何可能危及自身及他人安全的行动。如果门店内设有不会发出声音的报警器，那么要在没有危险的情况下启动它。如果门店安装的是本地报警器（会发出巨大的鸣叫声），则一般情况下不能启动，除非确保劫匪不可能伤害任何人。

（2）细心观察，记下劫匪的外在特征和衣着，以便能够准确地向警方描述劫匪的特征。但要注意：不要凝视劫匪，因为劫匪一般比较担心被记下特征。观察劫匪逃跑的方法和去向，可能的话注意车辆的外形和车牌号码，不要追踪劫匪。

（3）当劫匪逃跑后，要快速采取行动，立即通知上级和警方，关闭门店。

（4）让所有的员工和客户（目击证人）都留在门店中，等待警方的到来。可为目击证人提供免费的饮料，鼓励他们留下来等候。如果目击证人坚持要离开，就让他们离开，但要求他们留下姓名、住址和电话号码。要求目击证人尽快写下劫匪的特征，越早获取详细的描述，其精确度也就越高。保护好犯罪现场，不要让任何人触碰留有指纹、血迹和头发的物品，全面与警方合作。

（5）先不要向警方透露损失的金额，直到稽核完成后，通常是在第二天再向警方提供此数字。

（6）由现场最高职位人员（一般是店长）立即将整个事件的过程填写事件报告单，签字后传真到公司相关部门。

九、门店安全的数字化管理

（一）产品安全的数字化管理

门店可以建立食品安全云网系统。在产地端、流通端、销售端等多个端口设置产品安全监控体系，从而在各个环节进行商品抽检并同步数据，实现食品安全检测追溯体系的全程可视化。还可以建立“一品一码”商品溯源系统，消费者仅需扫描商品外包装上的二维码，即可了解商品的生产信息、物流信息、销售信息等。

（二）内部安全隐患和安全问题的数字化管理

（1）相关设施安全的数字化管理。通过安装监测设备，一旦内部的设施如冷藏冷冻设备、电梯等发生故障、消防设施老化过期、消防安全隐患出现（如冒烟、温度过高）等，该设备就会将相关信息发送到数字化平台并通过发送警示信息提醒相关的责任人。

（2）安全问题出现后的数字化管理。门店内一旦出现安全问题，通过数字化平台，可以立即将信息同时传送到相关人员那里，从而立即响应，及时处理。

任务3　案例学习

案例1

超市内的“交通事故”

2013年6月21日，上海市嘉定区安亭一超市两名保洁员将装满15箱饮料的平板推车推到自动扶梯上时，车辆脱离控制加速下滑，之后撞倒一名老太太，并致其死亡。6月26日晚，佛山市禅城区印象城沃尔玛超市内，超市员工文小姐被购物手推车从背后撞到，导致受伤。

这两起意外的接连发生，让人们的不安全感进一步加深：连逛超市都可能发生“交通事故”，被购物车撞死，这让人以后还怎么敢上街啊?！虽然这两起个案各自孤立，具有突发的偶然性，但其背后的深刻教训依然值得深思。

资料来源：《南方日报》电子版，见 http://epaper.southcn.com/nfdaily/html/2013-07/05/content_7203880.htm.

问题

1. 你认为这些安全事故发生的内在原因是什么？
2. 超市该怎样杜绝类似事件的发生？

案例 2 建材专卖店的投诉事件

某建材专卖店曾发生过一件这样的事情：

某天早上，店长接到一个投诉电话，投诉的内容是该专卖店出售过期商品，要求专卖店给予赔偿，赔偿数额是商品出售价格的两倍。投诉者还表示，如果不给予妥善处理，他将利用自己是媒体工作者的身份把事情曝光出来。在店长接到投诉电话的同时，专卖店的导购员小李也接到了顾客打来的同样的电话。小李已经被吓得没了主意。因为公司在另一个城市的专卖店曾经发生过类似的投诉事件，由于没有处理好，被有关部门勒令停止营业，整顿三天。幸好当时没有被媒体曝光，否则后果还会更加严重。

经过了解，店长发现此顾客是在 11 月 5 日购买的产品，产品上打印的保质期是 11 月 15 日，从这个意义上说，商品是在保质期内销售的。但在出售单上写着使用日期是 11 月 18 日，从这意义上理解，顾客坚持认为专卖店在明知道产品的使用日期是过期的情况下还出售商品给他，这是很不负责任的行为，因此要求给予赔偿。对于建材涂料，过保质期三天使用和在保质期内使用应该是没有什么区别的，这个问题导购员小李在出售商品时已经向客户说明过，但现在客户反咬一口，说明这位顾客是有意来为难他们的。

资料来源：高彩凤．顾客投诉及突发事件应对技巧 [M]. 北京：中国发展出版社，2009.

问题

这个事件其实已经是一个危机事件了，如何转危为安甚至使危机变为良机？

任务 4 学思之窗

突发事件与责任担当

对于突发事件的处理，既可以看出一个门店的应变能力，又能展现一个门店是否具备高度的责任感和积极的价值取向。门店在面对突发事件时所采取的不同态度和方法，对门店形象的塑造将会产生“差之毫厘，谬以千里”的效果。只有同时具备了管理能力和责任感的门店，才能真正获得尊重，真正把握门店成功发展的良好时机。

由于关系到社会、组织和个人的安危，对于突发事件需要紧急采取特别措施，及时、有效地处理。随着突发事件的发展、演变，它所造成的损失可能会越来越大。因此，对突发事件的反应越快，反应决策越准确，突发事件所造成的损失就会越小，这一点对门店至关重要。当突发事件发生时，门店的反应速度对整个事件的处理起着非常关键的作用。三鹿奶粉事件正可以说明这一点，三鹿集团在得知毒奶粉事件后并没有及时作出任何应对措施，开始极力撇清责任，到最后事态发展到非常严重时才承认，最终落到无法挽回的地步。而同样对于“毒奶粉”事件，伊利集团一接到国家质检总局的通知，就将市场上一款含有三聚氰胺批次的产品全部回收，并向消费者带来的影响深表歉意。并在第一时间全面贯彻国家有关部门的指示，严格执行“三清理”原则：严格清理所有的原料供应环节可能出现的问题；严格清理库存产品、执行最新的检测标准，库存的问题产品一律销毁，决不允许进入市场；严格清理市场，在第一时间把检测不合格的产品从市场上全面收回，并在各地组织专门队伍进行不间断的市场监督，不让有问题的产品出现在市场上。这充分反映了伊利集团是一个非常有责任感、有担当的企业，受到消费者的信赖与尊重。

门店只有针对可能的突发事件制定应急预案，才能保证面临突发事件时能够积极应对处理，在勇于担当和承担责任之时，抓住良机持续发展，为和谐社会建设发挥积极作用。

任务5　团队项目实战训练

【实训情景】抽奖风波

某品牌家电为了庆祝中秋佳节，在距离中秋节还有一个月的时候，组织策划了一次购物抽奖的活动。

活动方式：每购买一件××牌电器产品即可获得一张奖券，填写清楚必要项目后，参与抽奖。

活动频率：每周一次。

抽奖方式：每周六上午10点，公开抽奖。

所有的准备工作基本就绪，抽奖券、海报印制完毕，路演公司确定，卖场装饰物品准备齐全，对所有的区域经理、产品经理、业务代表、内勤人员、电话服务中心进行了活动方案与实施细则培训。

9 月，促销活动开始，抽奖地点选在了某超市门前，前两个周六的抽奖在公证人员的现场公证下有条不紊地进行，除了一些小插曲外，一切正常。

然而，百密一疏。第三周开奖这一天，路演抽奖结束后，公证人员刚要离去，有几位顾客从人群中拥到台前，口里不停地嚷嚷着："你们这活动骗人。""我们几个都来三周了，也没见有人抽到奖。""是不是里面没有我们的奖券？"

四五个顾客一嚷嚷，导致了好多不明真相的观众的不满，出现了信任危机。

在现场，活动负责人李先生耐心地向几位顾客解释抽奖活动的公平性，以及国家公证的可信性，但是没有效果。他们要求现场清点抽奖券，以便确认他们填写的购物抽奖券就在刚才的抽奖箱里。由于经手的人较多，李先生不敢保证所有的客户奖券已经百分之百收集齐全。

【实训任务】

1. 如果你是李先生，接下来你会如何处理？

2. 请各组讨论后，拿出处理方案。

参考文献

[1] 程华汉．营业厅现场管理 [M]. 北京：北京大学出版社，2007.

[2] 王吉方．连锁企业门店开发与设计 [M]. 北京：科学出版社，2008.

[3] 张明明．连锁企业门店营运与管理 [M]. 北京：电子工业出版社，2009.

[4] 高彩凤．顾客投诉及突发事件应对技巧 [M]. 北京：中国发展出版社，2009.

[5] 范莉莎．连锁企业门店开发与设计 [M]. 北京：北京理工大学出版社，2012.

[6] 陆影．连锁门店营运与管理实务 [M]. 4 版．大连：东北财经大学出版社，2018.

图书在版编目（CIP）数据

门店运营与管理实务/陈杏头主编．--3版．--北京：中国人民大学出版社，2022.2
新编21世纪高等职业教育精品教材．市场营销系列
ISBN 978-7-300-30188-4

Ⅰ.①门… Ⅱ.①陈… Ⅲ.①商店-运营管理-高等职业教育-教材 Ⅳ.①F717

中国版本图书馆CIP数据核字（2022）第010481号

中国特色高水平高职学校建设项目成果
教育部骨干专业配套教材
浙江省重点建设高职院校成果
浙江省高职高专市场营销优势专业建设成果
新编21世纪高等职业教育精品教材·市场营销系列
门店运营与管理实务（第3版）
主　编　陈杏头
Mendian Yunying yu Guanli Shiwu

出版发行	中国人民大学出版社		
社　　址	北京中关村大街31号	**邮政编码**	100080
电　　话	010－62511242（总编室）		010－62511770（质管部）
	010－82501766（邮购部）		010－62514148（门市部）
	010－62515195（发行公司）		010－62515275（盗版举报）
网　　址	http://www.crup.com.cn		
经　　销	新华书店		
印　　刷	运河（唐山）印务有限公司	**版　　次**	2013年10月第1版
开　　本	787 mm×1092 mm　1/16		2022年2月第3版
印　　张	17.5 插页1	**印　　次**	2024年6月第4次印刷
字　　数	374 000	**定　　价**	40.00元